KB168066

인생 망치는 법

L'art de se gâcher la vie by Marie Andersen
Copyright ⓒ IXELLES PUBLISHING S.A., Bruxelles, 2013
Korean translation copyright ⓒ 2017 by Esoope Publishing Co. All rights reserved.

This Korean edition was published by arrangement with IXELLES PUBLISHING S.A.(Paris)
through Bestun Korea Agency Co., Seoul.

이 책의 한국어판 저작권은 베스툰 코리아 에이전시를 통한 저작권자와의 독점계약으로 이숲에 있습니다.
신저작권법에 의하여 한국 내에서 보호를 받는저작물이므로 무단전재와 무단복제를 금합니다

L'art de se gâcher la vie

인생 망치는 법
불행해지는 습관 버리기

마리 안더슨 지음 | 이진 옮김

이숲

삶이란 지혜의 웃음소리일 뿐.
때로는 울음, 때로는 비명,
때로는 눈물, 때로는 고통.
그러나 지혜로운 자여, 속지 마라.
인생이란 한 번의 긴 웃음,
나머지는 겉모습, 허깨비일 뿐이니.
　　　　　　　　　－샤리프 바르주크

　　레옹에게

불행은 운명이 아니라 선택이다

무엇이 핵심인가?
존재하려는 노력, 행동하는 힘,
살려는 욕망, 사랑하는 기쁨…
바로 삶 자체다.
-앙드레 콩트 스퐁빌

누구나 자기 삶이 멋진 모험이 되기를 바라지만, 살다 보면 그런 바람에서 너무도 멀어진다.

지나온 삶이 순탄했든 기구했든 사람들은 대부분 사는 데 필요한 기본적인 것들, 예를 들면 입고, 먹고, 자고, 자녀를 양육하고, 가까운 사람들과 애정을 나누는 등 정서적 안정을 유지하는 데 최소한 필요한 것보다 훨씬 더 많은 것을 가지고 있다. 또한, 자기 인생을 즐기고, 새로운 것들을 발견하는 데 장애가 되는 것은 그리 많지 않다. 잘 생각해보면 행복에 필요한 조건은 모두 갖추고 있는 셈이다.

그런데도 삶은 고통스럽고 절망스럽다. 욕구와 현실의 조화를 이루며 살아가기가 너무도 힘들다. 그렇다고 열심히 노력하지 않은 것도 아닌데, 행복은 멀기만 하고 늘 불행하다는 느낌을 떨쳐버릴 수가 없다. 습관적인 불행을 벗어나기가 너무도 어렵기 때문인지, 서점에는 '행복의 기술'을 알려준다는 책들이 넘쳐나고 있다. 하지만 읽어보면 대부분 너무도 당연한 교훈을 반복하고 있거나 현실적으로 실현하기 어려운 방법을 제시한다. 그래도 사람들은 행복에 대한 환상을 품고, 이 불가능한 기술에 대한 기대에 마음을 빼앗긴다.

나는 이 책에서 행복해지는 방법을 약간 도발적인 시각으로 재조명하고, 그와 동시에 은밀하고 끈질기게 행복을 방해하는 여러 기제를 하나하나 살펴보려고 한다. 말하자면 내가 제시하는 것은 '역설적인 행복의 기술'인 셈이다.

갑자기 닥치는 불행으로부터 우리를 보호해줄 수 있는 것은 아무것도 없다. 삶의 고난은 불공평하게 우리를 덮친다. 불행에 완벽하게 대비하고 대처하는 사람은 없다. 그렇다면 불행의 원인을 짚어보는 일이 무슨 소용이겠는가? 그렇잖아도 삶은 복잡하고 고단한데, 이런 것들을 구태여 들춰내서 무슨 좋은 일이 있다는 것인가? 그리고 나쁜 습관을 고치기는 왜 그리 어려울까? 우리가 살면서 무심코 반복하는 사소한 행동이 인생을 망친다는 말은 사실일까? 불행에서도 역설적으로 행복을 찾을 수 있을까?

인간은 아주 오래전부터 행복한 삶의 조건을 연구해왔다. 시대마다 각기 다른 법과 도덕과 신앙에 따라 고유한 행복의 유형을 설정했고, 그것을 정형화할 필요가 있으면 개인의 욕구는 무시하기도 했다.

그렇다면 우리 시대에 설정된 행복의 조건과 그 유형은 어떤 것인가? 그것은 행복을 추구할 자유와 그 자유에 대한 무한 책임이다. 자신이 원하는 행복을 찾는 것은 이제 권리의 수준을 넘어서 마치 의무처럼 여겨진다! 이처럼 큰 자유에는 물론 큰 대가가 따른다. 이제는 각자가 자기 삶을 자유롭게 결정하고, 그 결정에 대해 책임져야 한다. 바로 이런 상황 때문에 자기 인생을 스스로 망칠 위험도 그만큼 커졌다.

살다 보면 크고 작은 불행과 근심이 마른하늘에 날벼락처럼 찾아오기도 하지만, 사실은 우리 자신이 마치 피뢰침처럼 그 불행과 근심을 끌어당겼는지도 모른다. 다시 말해 우리를 불행하게 하는 것은 바로 우리 자신인 경우가 대부분이다. 그토록 행복을 원하면서도 우리는 왜 자신을 불행으로 몰아넣는 것일까? 그 이유를 알 수 없을 때 어떻게 하면 이런 고통에서 벗어날 수 있을까?

나는 심리학자이자 심리 치료사로서 오래전부터 환자들이 건강하고 아름다운 삶을 새롭게 만들어가는 과정을 지켜봐 왔다. 그들은 고난과 싸우면서 자신을 성찰하고 성장해서 결국 자신을 옥죄던 굴레에서 해방되곤 했다. 하지만 때로 자기 의지와는 달리 제자리를 맴돌며 자신을 괴롭히는 증상에 저항하면서도 역설적으로 거기에 집착하기도 했다. 그렇게 그들은 혼란스러운 상태에서 제동 장치와 가속기를 동시에 밟고 있었다. 한마디로 갈팡질팡하면서 자신을 불행하게 하는 습관을 떨쳐버리지 못하고 있었다. 나는 그들에게 "이렇게 혼란스러워하는 여러분과 함께 있다 보면 '인생 망치는 법'이라는, 조금 엉뚱한 제목으로 책을 한 권 써도 되겠다는 생각이 들어요."라고 농담처럼 말하곤 했다. 내게 영감을 준 그들에게 진심으로 감사한다. 목적을 분명하게 인식하고 있다면, 엉뚱함은 고정관념이 지배하는 현실의 본질을 직시하는 좋은 수단이 될 수 있고, 또 자각과 발전을 유도할 수도 있다. 이것이 내가 이 책을 쓴 목적이다.

불행에 관해 말하자면 나 자신도 금메달 감이다. 나 역시 여러 차례 길을 잃고 헤맸고, 헛된 싸움에 매달려 불확실한 승리를 꿈꾸면서 나 자신을 학대해왔다. 내가 그런 절망적인 상황에 놓여 있다는 사실을 나 자신은 자각하고 있었을까? 가끔 그러기도 했지만, 항상 그러지는 못했다. 위험을 알리는 적신호가 들어와도 의도적으로 무시하려고 애쓰면서 내가 옳은 길을 가고 있다고 믿었다. 아니 그렇게 믿고 싶었다. 그나마 다행이라면, 그런 잘못된 노력에는 늘 대가가 따랐다.

실제로 무엇이 싸울 만한 가치가 있는 것인지를 알기는 쉽지 않다. 상황이 명료해지고 답이 나올 때까지 혹은 상대가 마침내 이해할 때까지 기다려야 할 때도 있다. 하지만 '인내'라는 그 고상한 미덕은 세월이 지나면서 우리를 불행으로 몰아넣는 공범이 되기도 한다. 우리가 '용기'와 '의지'라고 부르는 미덕이 때로 병적인 '고집'으로 변질되는 것과 마찬가지다.

그렇다. 우리가 불행해지는 습관을 버리지 못하는 이유는 바로 헛된 고집을 피우기 때문이다! 절대 바뀌지 않을 것을 바꾸려는 고집, 성과 없는 일에 집착하는 고집, 쓸데없이 고민하는 고집, 불가능한 것을 가능하다고 믿는 고집, 자신의 생각이 무조건 옳다고 믿는 고집, 두 갈래의 길 사이에서 선택하지 못하고 갈등만 계속하는 고집, 체념하고 무조건 따르려고 하는 고집, 똑같은 행동을 반복하면서도 효과가 없다는 사실을 외면하려는 고집…. 이런 것들이 바로 헛된 고집의 전형이다.

우리는 합리적이지 않기에 불행하다. 너무 성급하게 일반화하고, 엉뚱한 이유를 끌어다 대고, 확인하지도 않은 채 믿어버리고, 모든 것을 자기한테 편리하게 해석한다. 불편한 상황에 그대로 눌러앉거나 극단적으로 행동하기도 한다. 불가항력을 받아들이지 않고, 쓸데없는 일에 에너지를 쏟는다. 한 걸음도 물러나지 않고 자기 생각만을 고집하고, 상대를 이해하려고 들지도 않으며, 혼자 좌절에 빠져 현실과 동떨어진 생각에 매달린다. 이런 상황에서 행복해질 수 없음은 명백하다.

자신이 부질없는 노력을 계속하고 있다는 사실을 깨닫기는 쉽지 않다. 설령 깨달았다고 해도, 자기 의지와 상관없이 눈앞의 방법만을 유일한 해법처럼 여길 때가 많다. 다른 방법을 전혀 모르고, 효율성을 따져보지도 않은 채 부모나 주변 사람들이 의지했던 방식을 그대로 따르기도 한다. 그러다가 늘 해왔던 방식이 통하지 않으면, 주변 상황과 다른 사람들을 탓한다. 혹은 자신을 무가치하고 무능력한 존재로 취급하며 학대하기도 한다.

어느 정도까지 자신에게 충실해야 할까? 언제 이 고단한 노력을 멈춰야 할까? 어떤 상황을 한계점으로 판단하기는 간단한 일이 아니고, 또 시간이 지나면 나아질 수도 있다는 희망을 버리기도 어렵다. 자기가 지금 하고 있는 노력이 쓸데없는 짓이 아니고, 고통의 시작도 아니라는 사실을 어떻게 확신할 수 있을까? 아예 아무것도 하지 않고 가만히 있는 것이 평온을 얻는 유일한 방법은 아닐까? 우리 행동은 반드시 어떤 결과를 내야 할까? 만약 이 모든 것이 자신의 자만에 지나지 않고, 헛된 바람을 쫓는 것과 다를 바 없다면, 남이 알아주는 결과도 없고 남이 보기에는 무의미한 것에도 어떤 매력이 숨어 있는 것은 아닐까? 앞으로 우리는 이런 질문들을 좀 더 구체적으로 살펴볼 것이다.

내게 "우리 가게는 영혼을 치유하는 약국입니다."라고 말했던 어느 서점 주인이 떠오른다. 나는 이 책이 슬퍼하는 잿빛 영혼들의 상처에 바르는 연고가 되기를 바란다. 지친 전사들이 무기를 내려놓고, 사는 맛을 되찾는 데 도움이 되기를 희망한다. 풍차는 돈키호테에게나 맡겨두고, 이제 무의미한 싸움과 헛된 기다림을 끝내는 계기가 되기를 바란다. 자기 인생을 혼란스럽게 하고, 불행하게 하던 태도를 버리고, 진정으로 자신이 원하는 방식대로 원하는 목표를 향해 의미 있게 살아가는 즐거움을 향해 첫걸음을 내딛는 출발점이 되기를 바란다.

이 책은 3부로 구성됐다.

1부에서는 우리가 스스로 불행해지는 데 흔히 구사하는 전략들을 살펴볼 것이다. 우리를 잘못된 방향으로 이끄는 고집에는 해로운 생각, 비생산적인 완고함, 역효과를 내는 태도가 있다. 나는 여기서 이런 고집에서 벗어나기 위한 여러 가지 시도를 제안할 것이다. 그리고 자신을 해롭게 하는 행동의 원인을 깊이 있게 설명할 것이다. 최근 연구 결과는 우리가 어떤 익숙한 행동을 할 때 그것이 자신에게 해를 끼치더라도 습관적으로 반복하려는 심리적 기제가 있다는 사실을 밝혀냈다. 이 이론은 매우 놀랍지만, 대단히 합리적이다. 사실, 심리학자들은 오래전부터 이 이론을 알고 있었지만, 최근에 신경과학자들이 과학적으로 입증했다는 데 큰 의미가 있다. 이 이론에 관해서는 1부 마지막 부분에서 자세히 설명할 것이다.

2부에서는 절대 바뀌지 않는 것들을 어떻게 받아들일 것인지를 이야기할 것이다. 다시 말해 삶을 되돌아보고 나쁜 습관을 바꾸기 위해 필요한 것들을 좀 더 철학적인 관점에서 살펴볼 것이다. 불행한 삶에서 벗어나려면 삶과 사람, 그리고 자신이 불완전하다는 사실을 인정해야 한다. 여기서 나는 모든 사물의 유한성과 존재의 본질적인 고독에 대해 이야기할 것이다. 정답을 눈으로 보고 이해하는 것만으로는 충분하지 않다. 숨을 가다듬을 시간이 필요하다. 만약 '행복'이라는 문제에 그렇게 쉬운 정답이 있었다면, 우리는 지금 모두 행복해야 하지 않겠는가. 행복의 기술을 가르쳐준다는 책들이 권하듯이 행복을 부르는 주문은 때로 도움이 될 수도 있겠지만, 흔히 눈앞에서 흩날리는 먼지가 돼버린다는 사실을 잊지 말자.

3부에서는 생각을 행동으로 옮겨 변화하기를 제안할 것이다. 그동안 불행했다면, 이제 행복의 가능성을 스스로 만들어낼 때가 됐음을 이야기할 것이다. 그리고 우리가 어떻게 책임감 있게 힘을 길러 자기 삶에 자신이 원하는 의미를 부여할 수 있는지도 이야기할 것이다.

불행은 선택일 뿐, 운명이 아니다. 인생에서 많은 에너지를 소모하는, 아주 쓸모없고 해로운 혼란이 만들어낸 결과다. 나는 이 책을 통해 여러분에게 자신을 성찰하고, 행복을 향한 길로 걸어가자고 손을 내밀 것이다. 그리고 그 길이 끝나는 곳에서, 지금은 비록 이상하게 들릴지 몰라도 여러분이 모두 "아, 다행이다!" 하고 웃을 수 있기를 진심으로 바란다.

1부···고집

잘못된 생각을 고집할 때
고집은 그 자체 말고는 아무런 능력도 없다.
　　　　　　　　　　　　-아이스킬로스

고집은 끈기나 용기의 동의어가 아니다. 고집은 자신뿐 아니라 다른 사람들까지 지치게 하고 모두에게 피해를 준다. 하지만 끈기와 용기는 예측 가능한 발전을 향한 노력을 뒷받침한다. 나는 이 '고집'이라는 불행해지는 습관을 통해 불필요하고 비효율적인 것들에 집착하는 태도와 생각, 그리고 그것들이 유발하는 불쾌감에 관해 이야기하고자 한다.

우리는 왜 고집을 피울까? 확인하지 않고 믿는 생각, 즉 잘못된 생각 때문이다. 마음에 들지 않는 것이 있어도 바꾸려 하지 않는 심리 때문이다. 목적을 이루는 데 전혀 도움이 되지 않는 것을 미련하게 계속하려는 비합리적인 태도 때문이다.

성경에도 일렀듯이 사람은 남의 눈의 티는 빼라고 하면서도 자기 눈의 들보는 보지 못한다. 남의 어리석은 행동과 이해할 수 없는 태도를 비난하기는 쉽다. 하지만 자신은 늘 현명하고 합리적인가? 자기 쪽에서 보면 그럴 수도 있겠지만, 우리는 근거 없는 습관에 따라 목표를 세우기도 하고, 편협한 선입견을 고집하기도 한다. 때로는 제대로 알지도 못하면서 남을 비판하고, 몰이해한 평가를 내리고, 생각 없이 동의한다. 이것이 과연 이로운 일일까?

1장

그릇된 믿음과 해로운 생각 ✎
···

깊이 생각한다는 것은 생각을 뒤흔들어놓는 것이다.
-장 로스탕

우리는 많은 것을 믿는다. 더 나은 삶을 살아가려면 확고하게 정립된 수많은 생각, 예를 들어 과학적으로 그 유효성이 입증된 생각 같은 것들이 필요하기 때문이다. 우리는 이런 생각들을 직접 검증하지 않고 이미 확인된 사실로 받아들인다. 지구가 태양 주위를 공전한다든가, 물 분자는 수소와 산소 원자로 이뤄졌다는 것을 직접 확인하지 않아도 사실로 믿고 있다. 우리가 이런 생각을 의심하지 않는 이유는 이를 확고히 뒷받침할 만한 요건이 충분히 갖춰졌기 때문이다. 그럴 때 이런 생각은 '지식'이 된다. 이와 마찬가지로 우리는 역사적 사실 또한 과거의 기록을 일일이 확인하지 않고도 실제로 일어났던 사건으로 간주한다.

그렇다면 지식과 믿음을 어떻게 구별할 것인가? 믿음을 확고히 하기 위해 우리가 의심 없이 사용하는 방법은 아주 다양하지만, 그것은 생각만큼 그리 믿을 만하지 않다.

우리는 대학이나 연구소 같은 권위 있는 기관에서 가르치는 것을 무조건 신뢰한다. 이것은 이른바 '흰 가운 증후군'으로 권위 있는 교수나 연구자가 말하는 것은 맞든 틀리든 무조건 믿는 경향이 있다. 다윈의 진화론은 과학적·역사적 사실로 판명됐지만, 바로 이런 이유로 당시 주류 학자들의 주장을 믿고 많은 사람이 진화론을 반박했다. 실력은 검증되지 않았지만, 특정한 지위에서 권위를 갖춘 사람들이 어떤 주장을 펼치고, 뒤이어 영향력 있는 다른 사람들이 이 주장을 반복하고, 게다가 미디어에서까지 떠들어대면 거부할 수 없는 집단적인 권력까지 생긴다. 진실은 뿌리째 부정되고, 더는 조정할 수 없는 오해가 자리 잡는 것이다.

우리는 문자로 기록된 것을 무조건 신뢰한다. 실제로 생각이 글로 인쇄되면 가치 있는 것으로 여겨지는 경우를 흔히 볼 수 있다. 이 책을 쓰는 나 또한 그런 사실을 잘 알고 있다. 어리석어도 '잘 먹히는' 내용을 얼마든지 글로 풀어놓을 수 있다. 이런 식으로 일단의 미치광이들이 인간의 맹신이 어디까지 갈 수 있는지를 실험하려는 듯이 과학적 오류를 담은 황당한 주장을 늘어놓기도 한다. 그런데도 그것이 사람들에게 인정받는 이유는 오로지 글로 쓰여 책으로 출판됐기 때문이다.

우리는 인터넷에서 찾은 정보를 대부분 사실로 믿는다. 마치 다수의 의견이 곧 진리라는 듯이 수많은 사용자가 접근한 정보는 스스로 정제된다고 생각한다. 하지만 블로그나 SNS에는 사용자가 아무렇게나 지껄인 내용이 여과되지 않고 그대로 담겨 있다. 편집자나 기획자도 없고 정보를 걸러줄 심사위원도 없다. '복사하기-붙여 넣기'를 통해 퍼져나가는 잘못된 정보는 수없이 재생돼 마침내 기정사실이 된다.

우리는 'TV에 나왔다.'는 것이 대중을 상대로 어떤 영향력을 발휘하는지 잘 알고 있다. 이것은 실력 있고 검증된 전문가만이 방송에 나오리라는 전혀 근거 없는 믿음에 바탕을 두고 있다.

우리는 친한 사람의 말은 무조건 믿는 경향이 있다. 그들에 대한 애정이 마치 보증서 같은 역할을 하지만, 때로 이런 믿음은 우리를 실패의 구렁텅이로 몰아넣기도 한다. 하지만 그는 자기가 한 말에 책임지지 않는다.

우리는 자신이 속한 사회 그룹에서 자신을 주류로 간주하는 경향이 있다. 또한 무의식적으로 가장 영향력 있는 의견의 지배를 받는다. 이런 현상은 그 그룹의 구성원들을 결속하는 공감대를 형성해서 그 의견을 더욱 공고하게 한다. 하지만 이런 식으로 파뉘르주의 양들은 모두 바다로 뛰어들지 않았던가![1]

우리는 직접 목격한 것을 믿는다. 그러나 실험심리학은 사람의 지각이 얼마나 부정확한지를 간단하게 밝혀냈다. 인간의 두뇌에는 존재하지도 않는 것에 의미를 부여하는 놀라운 능력이 있으며, 이것은 흔히 착시효과로 나타난다. 사실을 해석할 때 사람은 각자 필요에 따라 선별적으로 중요도를 부여하는 경향이 있다. 그리고 자신에게 유리한 상황을 설정하기 위해 사실을 재구성하거나 심지어 현실에 없는 기억을 만들어내기까지 한다.

우리는 자신이 직접 경험한 것을 믿는다. 비록 그 경험이 단 한 번뿐이었고, 자신의 가설을 입증하는 요소가 턱없이 부족해도 그런 믿음에 집착하는 경향이 있다.

이렇듯 우리가 기준으로 삼는 것은 부실하고 흔히 실수도 일어나지만,

---

1) Panurge: 16세기 프랑스 작가 프랑수아 라블레의 소설에 등장하는 인물로 자신과 다툰 상인에게 복수하기 위해 그에게서 양 한 마리를 사서 바다에 빠뜨린다. 이 광경을 본 다른 양들도 모두 바다로 뛰어들고, 마지막 양을 잡고 있던 상인마저 바다에 빠져 죽는다. 아무 생각 없이 맹목적으로 다수의 의견에 따라 행동하는 사람을 가리키는 풍자적인 표현이다. 북유럽의 설치류인 레밍(나그네쥐)이 떼를 지어 절벽으로 달려가 떨어져 죽는 현상을 빗대서 말하는 '레밍 효과(lemming effect)'와 비슷한 의미다.

우리는 세상에 대한 자신의 이해가 현실에 깊이 뿌리내리고 있고, 의심할 여지가 없는 사실이라고 믿는다. 이렇게 고정된 생각이 흔들리지 않도록 그 기준에서 벗어난 사실들을 무의식적으로 걸러낸다. 그리고 시간이 지나면서 생각은 점점 확고해진다. 바로 이것이 우리가 말하는 '믿음'이라는 것이 형성되는 과정이다. 살아가면서 인생에 대한 진지한 질문을 던지기까지 이런 믿음은 아무 문제 없이 작동한다.

그러다가 어느 날 자신의 존재 자체를 송두리째 뒤흔드는 사건이 일어난다. 그때까지 의지해온 방법이 전혀 통하지 않고, 확고했던 믿음조차 이 사건에 대해 납득할 만한 설명을 제공하지 못한다. 더는 앞으로 나아갈 수 없는 막다른 지경에 몰려 드디어 자기 삶에 대해 근본적인 질문을 던져야 할 순간이 찾아온 것이다. 하지만 오랫동안 믿어왔던 것들에 근본적인 의문을 던지기는 결코 쉬운 일이 아니다. 획기적인 노력이 필요하다.

예로부터 인간은 행복의 조건에 대해 고민해왔다. 여러 시대에 걸쳐 현자들, 철학자들, 과학자들, 사회학자들이 연구해왔고, 오늘날에는 심리학자들이 그 과제를 이어받았다. 최근 심리학은 행복이라는 개념에 정립된 체계를 도입하려는 흐름을 보이는데, 성급한 일반화에는 주의해야 한다. 실제로 '행복하게 사는 방법'은 언제 어디서나 볼 수 있다. 항시적으로 편재하는 거대한 스크린을 통해 우리는 행복해지는 방법들을 늘 확인할 수 있다. 행복해지려면 유명 셰프처럼 요리하고, 인테리어 전문가처럼 집을 꾸미고, 최신 유행의 옷과 최신 모델의 스마트폰을 사야 한다. 이렇게 대중을 충동질해야 경제도 살아난다며 자위할 수도 있겠지만, 우리는 자기 삶의 방식을 결정할 때 이처럼 현시적이거나 혹은 은밀한 메시지를 좀 더 주의 깊게 살펴봐야 한다.

행복만큼 정의하기 어렵고 모호한 것도 없다. 그리고 이보다 더 개인적인 것도 없다. 다시 말해 정해진 행복의 방법이 없다는 뜻이다. 행복과 불행을 결정하는 단 한 가지 기준이 있다면, 그것은 바로 우리 자신이다.

귀신의 존재를 믿는 것은 호기심으로 스코틀랜드의 오래된 성으로 여행을 떠나는 구실이 될 수도 있다. 하지만 마루가 삐걱거리거나 문이 흔들리는 소리가 나면 집에 귀신이 산다며 새파랗게 질려 덜덜 떠는 것은 명백한 과학적 근거를 외면하는 그릇되고 해로운 믿음을 고집하는 데서 비롯한 어리석은 행태다. 인간관계도 마찬가지다. 어떤 사람이 내 의견에 반대하면, 우리는 흔히 그가 나를 비난하거나, 나를 해코지하려는 의도를 품고 있다고 착각한다. 하지만 그렇지 않은 경우가 압도적으로 많다. 어떤 사람이 내 의견에 반대하는 이유는 그 자신에게서 비롯한 것이지 나를 공격의 표적으로 삼고 있는 경우는 드물다. 하지만 본래 이기적인 인간의 속성상 우리는 늘 자신이 대화의 주인공이라고 생각하고, 사람들이 아무 잘못도 없는 자신을 무시하고, 질책한다고 착각한다.

어떤 생각의 옳고 그름을 판단하기는 쉽지 않다. 인간을 행복하거나 불행하게 하는 믿음에 관해서라면 더욱 그렇다. 이런 종류의 판단은 그 유효성을 가늠하기가 거의 불가능하기에 그것을 규정하려는 시도 자체가 별 의미 없다. 그럼에도 가장 중요한 기준을 든다면 그 생각이 우리에게 미치는 영향일 것이다. 어떤 생각은 우리에게 유용하고, 또 어떤 생각은 해롭고, 또 어떤 생각은 아무런 영향도 미치지 않는다. 어떤 생각이 사람에게 미치는 영향은, 그것을 증명할 수 있든 없든 또는 그것이 많은 사람의 의견이든 아니든 간에, 그 고유한 성질과는 상관없을 때가 많다.

동종요법[2]을 둘러싸고 일어난 논쟁을 예로 들어보자. 수백만 명이 열광한 이 흥미로운 논쟁에는 과학, 돈, 믿음, 건강, 웰빙처럼 사회적 규범이나 대항문화와 관련된 다양한 주제가 관여한다. 동종요법 지지자들이 내세우는 주장은 이 치료법이 실제로 효력을 발휘해서 병을 낫게 한다는 것이다. 혀 밑에 넣고 녹여 먹는 작은 알맹이에 어떤 미립 물질이 들어 있는지, 또는 믿을 만한 전문가가 성분을 분석했는지 따위는 이들에게 전혀 중요하지 않다. 중요한 것은 오직 이 치료법을 썼더니 실제로 고통이 완화됐고, 부작용도 없었다는 사실이다. 단순한 플라시보[3] 효과일 수도 있지만, 어쨌든 결론은 마찬가지다. 이에 맞서 동종요법을 반대하거나 회의적으로 바라보는 사람들은 이 효과를 전혀 신뢰하지 않고, 시도해본 적도 없이 무조건 부정하거나 외면한다. 이런 반응을 보이는 것도 물론 그들의 자유다. 하지만 서로 대립하는 이들 두 진영이 벌이는 논쟁을 보면 누구도 상대의 주장에 주의를 기울이지 않는다. 차분히 들어보거나 이해하려고 하지 않고 정면으로 충돌해서 상대를 제압할 생각밖에 없는 것처럼 보인다. 플라시보 효과는 단순한 망상과는 거리가 먼 심리적 효과로서 이것을 무시하는 것은 어리석은 짓이다. 수많은 과학적 연구가 환자의 믿음이 치료에 매우 큰 영향을 미친다는 사실, 심리적 효과가 약물의 한계를 크게 뛰어넘는다는 사실을 밝혀냈다.

믿음에는 어떤 광적인 힘이 있다. 또한 파괴하는 힘이 있는 만큼 치유력도 있다. 천국이나 천사의 존재를 믿는 것, 민간요법을 믿고, 세상의 종

---

2) homeopathy: 서양의 대체의학에서 가장 큰 비중을 차지하는 치료법으로 병의 원인 물질과 같은 종류의 물질을 극히 낮은 농도로 희석해서 복용하면 인체의 자연 치유력을 활성화할 수 있다는 가설을 따른다.

3) placebo effect: 위약 효과. 약효가 전혀 없는 거짓 약을 진짜 약으로 알고 복용한 환자의 병세가 호전되는 현상을 말한다.

말을 믿는 것, 네 잎 클로버는 행운의 상징이며, 보름달이 뜰 때 출산하면 불길하다고 믿는 것,[4] 제비 한 마리가 봄을 불러오고, 돈이 행복을 가져다준다고 믿는 것은 아무래도 좋다. 어차피 술이 중요하지, 술통이 중요한 것은 아니니 말이다.

그래서 만약 우리가 진짜 불행해지기로 작정한다면 이렇게 아무짝에도 쓸모없으면서도 우리를 절망으로 몰아넣는 믿음에 따라 충실하게 행동하면 될 것이다. 자신을 부끄러운 존재로 여기고, 스스로 겁을 주고, 자신을 불행에 가두고, 자신의 가능성을 메마르게 하는 생각에 집요하게 매달리면 된다. 온몸이 마비돼 움직이지 못할 때까지 그런 생각에 집착하면 된다.

행복이란

> 행복, 이 끔찍한 말 때문에 쏟았던 눈물에 대해 생각해봤니?
> 이 말이 없었다면 더 마음 편히 자고, 더 여유롭게 살았을 텐데.
> ─귀스타브 플로베르

"전 한 번도 행복하다고 느낀 적이 없어요." 마흔다섯 살의 나탈리는 이렇게 털어놓았다. "다른 사람들보다 딱히 운이 없는 것도 아닌데 전 항상 제자리를 찾지 못했다는 느낌이 들어요. 왜 우울한지 콕 집어낼 수는

---

4) 『미국 산부인과 저널(The American Journal of obstetrics and Gynecology)』에 발표된 바에 따르면 1997년부터 2001년 사이 노스캐롤라이나에서 50만 건이 넘는 출산 사례를 연구한 결과, 달의 주기와 출생률 사이에는 아무런 인과관계가 없었다. 『뉴잉글랜드 의학 저널(The New England Journal of Medicine)』에 발표된 다른 연구에서도 결과는 동일했다. 하지만 사람들은 여전히 그렇게 믿고 있다.

없지만, 인생의 즐거움이나 평온함, 성취감처럼 당연히 느껴야 할 것들을 느끼지 못하는 것 같아요. 말하기 부끄럽지만, 제 인생은 온통 거짓으로 채워진 것 같다는 거예요. 늘 행복한 척해도 사실은 전혀 그렇지 않아요. 직장에서도 최선을 다하는 것처럼 보이겠지만, 사실은 지겨워 죽을 지경입니다. 다른 사람들과 함께 있는 자리에서 전 언제나 상냥한 미소를 짓고 있지만, 사실은 그 자리가 불편합니다. 남편을 사랑하지만, 감정이 전과 다르고, 잠자리도 별로 즐겁지 않습니다. 아이들을 사랑하지만, 때로 너무 힘겹게 느껴집니다. 한마디로 인생의 어떤 면에서도 완전히 만족하거나 성취감을 느끼지 못해요. 전 행복할 수 있는 모든 조건을 갖췄지만, 행복하지 않아요."

행복하다는 것은 좋은 기분이 끊임없이 계속되는 것을 말하는 것일까? 질투나 분노가 치민다면, 의심하거나 실망한다면, 슬프거나 걱정스럽다면 행복하지 않다는 것일까?

그러나 이런 감정이 들지 않는 사람은 사이코패스뿐이다. 나탈리는 다른 많은 사람처럼 '행복은 이런 것이다.'라는 고정관념 때문에 행복을 느끼지 못한다. 이런 생각은 틀림없이 어른들의 세상이 환상적으로만 보이던 어린 시절에 자신도 모르게 형성된 것이다. 아이의 천진한 눈에 비친 어른들의 세상은 위대하고, 풍요롭고, 약속으로 충만한 정상에 오르는 것처럼 언젠가는 꼭 이뤄야 할 목표였을 것이다.

우리는 자신이 반드시 '이런 모습'이어야 한다고 생각하기 때문에 불행하다. 재산도 웬만큼 있어야 하고, 남부럽지 않은 외모와 몸매도 갖춰야 하고, 세상사에 밝아야 하고, 정치적 신념도 있어야 하고, 유명한 그림을 제대로 감상하는 교양도 있어야 하고, 남들도 다 읽는다는 베스트셀러 작가의 책도 읽어야 하고, 음악에도 조예가 깊어야 하고, 취미도 고상해야 하고, 함께 식사할 만한 수준 높은 친구도 많아야 하고, 특히 남들이 부러워하는 상대와 결혼해야 하고, 어느 모로 보나 훌륭한 자식들도 있어야 한다.

남과 자신을 상대적으로 비교하고, 스스로 열등감을 느끼게 하는 자기 비하의 필요에서 비롯해서 머릿속에 깊이 뿌리내린 이런 생각들은 수도 없이 많다. 우리는 좋은 것, 아름다운 것을 누리지 못하는 자신의 삶을 슬퍼한다. 한 번뿐인 인생인데, 부유하고 안락해 보이는 사람들이 누리는 것들을 한 번도 즐기지 못하고 죽어야 한다는 사실에 절망한다. 하지만 지금 자신의 삶이 오랫동안 꿈꾸던 삶과 다를 수는 있겠지만, 그래도 그것이 자신의 삶이다.

행복에 관해서는 아주 사소한 욕구에서부터 이루기 어려운 목표에 이르기까지 수많은 생각이 떠돌고 있다. 게다가 이것은 현대의 인류, 특히 생존에 걱정 없는 선진국 사회에서는 매우 중요한 이슈가 됐다. 사실 이런 행복의 문제는 한편으로 사치스럽기도 하지만, 그만큼 절실하기도 하다.

행복을 바라보는 시각은 시간이 흐르면서 진화를 거듭해왔지만, 행복하기가 왜 이토록 어렵냐는 의문은 여전히 남아 있다. 행복해지려면 어떻게 해야 하는지를 모두 알고 있으면서도 그것을 실천하지는 못한다. 그렇다면, 혹시 어딘가에 속임수가 있는 것은 아닐까? 어쩌면 행복이란 것은 아예 존재하지 않는 것은 아닐까? 행복이란 것이 현대 인류가 고안해낸 허구일 뿐이라면? 크로마뇽인도 우리처럼 필사적으로 행복해지려고 했을까? 이 점에 대해 작가 파스칼 브뤼크네르는 아주 적절한 말을 남겼다. "우리는 행복을 느끼지 않는 사람을 불행하다고 여기는 인류 역사상

최초의 사회에서 살고 있다."[5]

인간을 행동하게 하는 것은 불편이다. 안락은 햇볕 아래 잠든 고양이처럼 인간을 무기력하고 무관심하게 만든다. 그렇다면 행복은 잘 정돈된 찬장이나 밍밍한 음식처럼 따분한 것일까? 우리는 어쩌면 실현할 수 없는 것을 욕망하게 하는 유행을 좇느라고 인생을 낭비하고 있는 것은 아닐까? 인간이란 원래 행복할 수 없는 존재라고 솔직하게 고백해야 하지 않을까?

행복에 관해 진지하게 말할 때에는 먼저 그것을 정의하는 일에서부터 시작해서 여러 가지 다양한 작업이 필요하다. 어쩌면 우리는 행복과 기쁨을 혼동하고 있는 것은 아닐까?

나는 아프리카의 탄자니아에서 몇 년간 지내면서 그 나라 사람들의 즐거운 삶을 보고 몇 가지 생각한 점이 있다. 꼭두새벽부터 머리에 바구니를 이고 작은 밭을 향해 느릿느릿 걸어가는 여인들이 노래하고 웃는 소리가 들려온다. 여기저기 기운 누더기 옷을 깔끔하게 차려입은 아이들은 삼삼오오 짝을 지어 멀리 떨어진 학교까지 재잘재잘 지껄이며 신나게 걸어간다. 자연스럽기 그지없는 충만함과 느긋함이 섞인 환희가 넘친다. 길을 가던 마을 사람들은 멈춰 서서 서로 안부를 묻고, 수다를 떨고, 장난을 치고, 웃음을 터트린다. 아무도 뛰지 않고, 화를 내거나 싸우지 않는다.

이 헐벗은 땅에 사는 사람들이 어쩌면 이렇게도 기분 좋게 살아갈 수 있을까? 그들은 우리보다 운이 더 좋은 것일까? 우리와 달리 골치 아픈 문제가 별로 없기 때문일까? 주위에서 죽는 사람이 우리보다 적기 때문일까? 낙담할 만한 일이 적기 때문일까? 그들의 삶은 우리 삶보다 더 단순할

---

5) Pascal Bruckner, *L'Euphorie perpétuelle: Essai sur le devoir de bonheur*(영원한 조화, 행복의 의무에 대하여), LDP, 2002.

까? 더 평안할까? 더 확실할까?

가난과 에이즈, 말라리아가 창궐하는 곳. 가뭄과 홍수가 번갈아 일어나고, 식량은 늘 바닥나고, 전기는 매일 끊기는데도 이곳에는 느긋하고, 편안하고, 만족한 분위기가 감돈다. 부패가 만연한 정부는 국민 따위는 안중에도 없다. 치안은 찾아볼 수도 없고, 대다수 국민이 극심한 빈곤 상태에서 살아간다. 하지만 첩첩이 쌓인 역경에 맞서 그들은 무엇이든 스스로 능란하게 해결한다. 아무것도 할 수 없는 상황이 닥치면, 그들은 그 상황에 자신을 맞추고, 더 나아지기를 기다리면서 삶을 이어간다. 이것은 아프리카에서 보편적인 삶의 방식이자 분명한 철학이다. 나는 행복을 결정하는 요소가 물질적 안락과 정부의 정책이라는 생각이 지배하는 시대를 살아가는 우리 자신에게 묻고 싶다. 물론 우리를 둘러싼 환경을 그들의 상황과 비교할 수도 없고, 또 우리가 그들처럼 살아갈 수도 없다는 것도 잘 알고 있다. 하지만 나날이 불만만 쌓여가는 풍요 속에서 그들의 즐겁고 평화로운 문화에 눈길을 돌려보는 것은 어떨까?

가난한 사람들에게 가장 중요한 것은 건강과 집과 음식, 그리고 가족의 안전이다. 그들에게는 좋은 교육을 받는다거나 무언가를 이루겠다는 희망을 품는 것조차도 사치다. 만약 누군가의 바람이 이뤄지면 그것은 모두 함께 노래하며 기쁨을 나눌 만한 축복이다. 세상에서 가질 수 있는 것이 거의 없음을 알게 된 사람은 너그러워진다. 화를 내봤자 아무짝에도 쓸모없으니 그저 기다리거나 포기한다. 기술로 세상을 정복했다고 생각하는 우리로서는 상상할 수 없는 지혜다. 우리 사회는 큰 힘을 지녔지만, 그만큼 혼란도 크다. 물건이 넘치도록 많지만, 그만큼 쓸모없는 것도 많고, 지식이 풍부해졌지만, 그만큼 근심도 많다.

진정으로 행복하려면… 행복해져야 할까?

행복의 문제는 결국 행복이 없을 때의 문제다. 그렇다면 행복은 오늘날처럼 삶을 영위하는 데 필요한 것들이 모두 채워진 다음에야 생기는 관심사일까? 행복은 인생이 너무 평탄하고 쉽다고 생각할 때 우리를 따분함에서 벗어나게 하는 하나의 목표일까? 우리는 왜 다다를 수 없는 '행복'이라는 이상을 좇을까? 우리를 앞으로 나아가게 하는 동기가 필요하기 때문일까? 하지만 우리가 이뤄야 할 목표가 슬픔과 절망의 원인이 돼버린다면, 우리는 왜 절대로 따지 못할 하늘의 별을 좇아다닐까?

어떤 행복에나 그에 따른 어둠이 있다. 작가 샤를 페기는 이렇게 말했다. "우리는 행복하지 않다. 성숙한 사람들은 삶이 수월하지도 기쁘지도 않다는 것을 직감적으로 알고 있다. 우리가 꿈꾸는 행복은 단지 꿈일 뿐이다." 이 말에 동의하든 동의하지 않든 간에 이 견해에는 적어도 직설적인 솔직함이 있어 우리를 안심하게 한다. 즉, 페기는 삶의 필수적인 조건, 모든 사람의 목표가 돼버린 '행복'이라는 상태에 도달하지 못하더라도 그것이 오히려 정상이며 나 혼자만이 느끼는 좌절은 아니라고 말한다. 실패는 성공보다 좀 더 인간적이고, 그렇게 나쁜 것도 아니기에 실패라는 말 자체의 배경에 깔린 근거 없는 죄책감을 덜어준다.

슬픔은 원하는 만큼 충분히 사랑하지 못한 상태와 관련 있고, 좌절은 원하는 것을 이루지 못한 야망과 관련 있다. 슬픔은 인간의 자연스러운 감정이지만, 우리는 어려서부터 슬퍼하지 말고 눈물을 닦으라는 명령을 들으며 자란다. 분노 역시 정상적인 감정 표현이다. 원하는 것을 얻지 못했을 때 느끼는 불만의 표현이며, 이해받지 못할 때 혹은 다른 사람의 눈에 자신이 존재하지 않을 때 느끼는 실망의 표현이다. 분노는 공격성이 아니라 오히려 방어의 수단인 경우가 많다. 때로 자신을 보호하고 존중받기 위해 분노는 꼭 필요하다. 자기 영역을 정당하게 방어하는 것과 남의 영역을 침범하는 것 사이에는 큰 차이가 있다.

조용한 주택가에서 창문을 열어둔 채 밤늦도록 드럼을 연습하는 소년이 있었다. 이웃 사람은 소년과 부모에게 여러 차례 항의했지만, 달라지지 않았다. 어느 날 밤 화가 치민 이웃 사람은 소년의 집에 들이닥쳐 거침없이 분노를 폭발했고, 떠날 때에는 쾅! 하고 문을 닫았다. 그때까지 아들의 드럼 소리에도, 이웃의 항의에도 귀를 닫고 있던 소년의 부모는 결국 그의 분노에 반응해서 아들이 밤늦게 소음을 내지 못하게 했다. 이 일화에서 이웃 사람의 분노는 공격이 아니라 방어였다.

분노와 슬픔은 자신이나 타인을 파괴하는 행동으로 이어지지 않는다면 부정적인 감정이 아니라 불편한 감정일 뿐이다. 언짢은 상태보다는 유쾌한 상태가 심리적으로 유익하다는 것을 부정할 사람은 없지만, 반드시 그렇지만은 않다. 목 놓아 울고 나면 기분이 후련해지고, 소란하게 싸우고 나면 해묵은 앙금이 사라진다. 이런 감정 표현은 고통을 씻어주고, 마음을 편하게 해준다.

하지만 불행하게도 분노는 어린 시절부터 늘 단절로 끝난다. "네 방으로 가서 화가 풀리면 다시 와." "아무리 억울하고 불만스럽다고 해도 어쨌든 화내는 건 나쁜 짓이야!" 이럴 때 분노는 슬픔으로 변해서 어른들한테서 받은 상처와 고통과 억눌린 감정이 모이는 거대하고 컴컴한 저수지로 흘러 들어간다. 우리 영혼의 한구석에 숨겨진 이 어두운 공간은 감추고 싶은 기억과 알 수 없는 불안으로 가득 차고, 거기서 나는 악취를 먹고 자란 두려움은 우리를 현실과 비루하게 타협하게 하면서 자기만이 불행하다고 느끼게 한다. 이것은 어쩔 수 없는 인간의 속성이다.

부모는 자식에게 '너의 행복만을 바란다.'면서 많은 것을 희생한다. 하지만 이런 희생은 자식에게 '부모의 기대에 부응해야 한다.'는 무거운 유산이 돼버린다. 성숙하지 못한 자식은 부모가 자신의 불행을 자식의 성공으로 보상받으려는 것처럼 느끼기도 한다. 이와는 반대로 자식이 부모에 대해 이상적인 이미지만을 간직하고 있다면 현실과 상관없이 부모가 늘 행복하다고 착각하기 쉽다. 이런 현상은 부모가 솔직하게 감정을 드러내지 않았기 때문일 수도 있고, 자식이 자신의 기대에 어긋나는 현실을 인정할 수 없기 때문일 수도 있다.

인생은 물려받은 땅과 같다. 기름진 땅이든 척박한 땅이든 어쨌든 가족의 땅이다. 어려서는 아빠처럼 땅을 갈고 엄마처럼 김을 맨다. 하지만 시간이 지나면서 자신이 하고 싶은 대로 땅을 가꿀 것이고 또 그렇게 하는 것이 옳다. 자기 마음 내키는 대로 원하는 것을 심고 가꿔야 한다. 밀밭도 좋고, 꽃밭도 좋다. 아이들에게 물려줄 과실나무도 좋고, 아무 열매도 열리지 않는 야생 그대로의 풀밭도 좋다. 아무려면 어떤가. 우리의 행복을 틀에 맞추려고 하지 말자. 기름지든 척박하든 이제 자기 손에 들어온 땅에는 일손이 필요하고, 풍년도 있고 흉년도 있겠지만 자기가 심은 대로 열매가 열릴 것이다.

남들은 더 행복하다

누구나 자신이 다른 사람이기를 꿈꾼다.
-프랑수아 앙세르메

남들이 자기보다 행복하다는 생각이 들면 금세 우울해진다. 이런 상황은 주위에서 흔히 볼 수 있다.

아니는 이렇게 고백했다. "전 언제나 샤를로트를 부러워했죠. 40년 넘게 그 친구를 볼 때마다 저보다 운도 좋고, 좋은 기회도 많았기에 저보다 훨씬 행복하리라고 생각했습니다. 매번 연애만 하다 끝나는 저와는 달리 샤를로트는 안정적인 가정을 이루고 예쁜 집에서 살면서 누구나 선망하는 곳으로 여행도 자주 떠났죠. 그 친구는 저보다 예뻤고 지갑도 제 것보다 두둑했어요. 그 친구 옆에 있으면 전 늘 기가 죽었고, 이것이 우리 사이의 우정에도 장애가 됐습니다.

나이가 들어서야 우리는 마음을 터놓고 대화할 수 있게 됐는데, 그때 전 놀라운 사실을 알게 됐습니다. 샤를로트는 남편과 오래전부터 위기를 겪고 있었고, 그 친구의 일상은 따분하기 짝이 없었다고 합니다. 그리고 무엇보다도 직업이 없었기에 자신이 땀 흘려 벌지 않은 돈으로 집을 꾸미고 몸치장하는 것이 늘 부끄러웠답니다. 그래서 그 친구는 가슴 설레는 연애도 하고, 신나는 여행도 하고, 훌륭한 직업도 있는 제가 오히려 부러웠다는 거예요. 그런 사실을 알았을 때 저는 정말 큰 충격을 받았죠."

겉모습을 중요시하고, 성공을 과시하라고 종용하는 사회에서는 실제로 그렇지 않더라도 행복해 보이는 것이 중요하다. 그러나 이것은 사회에 만연한 위선으로 사람들을 메마르게 하고, 친구뿐 아니라 자신과도 멀어지게 한다. 아니와 샤를로트는 이런 사회 분위기에서 각자 자신의 삶을 위선적으로 과시하다가 진실한 우정을 꽃피울 기회를 놓친 사례다.

우리는 눈에 보이는 것만을 믿으면서 혼자 의심하고, 실망하고, 당황하고, 비관한다. 남에게 감추고 싶은 자신의 불행과 절망, 그리고 불신이 주는 고통은 아주 흔하고 또 인간적이지만 밖으로 쉽게 드러나지 않는다. 이것은 현대의 외로운 영혼들 각자가 저 복잡하고 비밀스러운 자신의 내면 밑바닥에 깊이 묻어두고 절대 꺼내지 말아야 할 금기이기 때문이다.

행복할 만한 조건을 갖췄다고 해서 반드시 행복한 것은 아니다. 더 행복해지려면 친구처럼 돈을 더 많이 벌어야 하고, 회사 동료처럼 더 다정한 배우자가 있어야 하고, 쉽게 성공한 사람처럼 더 유력한 부모가 있어야 한다. 게다가 모든 이가 부러워하는 사람들처럼 더 멋진 직업이 있어야 하고, 심지어 자기에게는 별로 필요 없어도 남들이 가지고 있는 이런저런 물건을 가져야 한다. 이미 17세기에 데카르트는 이렇게 말했다. "선망만큼 인간의 행복에 해로운 악은 없다."

우리는 자신만이 만족스럽지 못한 삶을 살아간다고 생각하지만, 그것이 사실인지를 확인하지는 않는다. 아니, 확인할 수가 없다. 남들에게 만족한 삶을 사느냐고 묻다 보면 자신의 불만을 드러내게 되고, 절망은 나약함이고, 중단된 야망은 실패라는 사실이 밝혀지기 때문이다. 그러니 잠들기 전에 혼자 베개나 끌어안고 훌쩍이도록 하자. 남들은 절대 의심 속에서 허우적거리지 않고, 절망의 심연이 어떤 것인지를 알지 못하며, 할 일을 못했다는 수치심 따위는 모르리라고 혼자 굳게 믿자. 남들은 이런 구차한 질문을 스스로 던지지도 않을 테고, 편안하게 잠들고 나서 다음 날 아침 좋은 기분으로 일어날 것이다. 그에 대한 증거는 페이스북에 있지 않은가! 많은 페북 친구가 파티를 열고, 맛있는 음식을 먹으며, 한데 모여 활짝 웃고 있지 않은가! 혼란에 빠진 외로운 자신과 비교하면 그들은 너무나 행복하게 살고 있다(하지만 이것이 사실이라면 그들은 SNS에 그토록 많은 시간을 할애하지 않을 것이다. 아니, 그럴 시간조차 없을 것이다.).

오직 자신만이 자기 내면을 들여다볼 수 있다. 아무도 남의 걱정과 슬픔과 숨겨진 고통을 짐작할 수 없다. 훈련이 잘된 사람들의 특징은 그것을 절대 남의 눈에 띄지 않게 하는 데 있다.

난 정말 운이 없어

> 나의 행운은 남의 불운이다.
> ―에티엔 레이

힘든 시기에는 한 가지 문제가 해결되기도 전에 또 다른 문제가 생긴다. 누구나 이런 상황을 겪어본 적이 있을 것이다. 왜 가까운 사람을 잃거나 실직당하고 나면 배우자가 이혼을 원하고, 가족이 교통사고를 당하고, 자신이 병에 걸리는 등 고통스러운 사건이 연달아 일어날까? 불운이 끈끈하게 들러붙어 마치 저주처럼 따라다니는 듯한 느낌은 어디에서 오는 것일까? 액운이 들었을까? 계속해서 불행을 겪는다면, 우리에게도 어떤 책임이 있는 것일까?

불운에는 세 종류가 있다. 우선 우연히 일어나는 불운이 있다. 예를 들어 온 동네가 정전돼 냉동고에 막 채워놓은 아이스크림이 모두 녹아버린 경우가 바로 그런 것이다. 두 번째 불운은 정신 상태를 드러내는 경우다. 스스로 불행하다고 느껴 모든 일의 나쁜 면만을 보게 될 때 우리는 불운하다. 예를 들어 도로에서 청소차의 뒤를 계속 따라가야 하는 상황이 벌어지거나 마트에서 줄을 서도 사람들이 가장 느리게 빠져 나가는 계산대 앞에 서게 될 때 우리는 자신이 불운한 사람임을 다시 한 번 확인한다. 마지막으로 행동이나 심리 상태가 유발된 불운이 있어. 예를 들어 운전 중에 한눈을 팔다 사고가 나는 경우가 바로 그것이다.

불운이 닥치면 처음에는 자신에게 무슨 일이 일어났는지 제대로 파악하지 못한다. 경황이 없는 중에도 애써 충격을 가라앉히고, 정신을 바짝 차려 문제를 해결하려고 한다. 하지만 험한 파도가 지나가자마자 곧바로 또 다른 파도가 밀려오고, 어떻게든 문제를 해결하려고 하면 오히려 엉망이 돼버리는 것 같은 기분이 든다. 폭풍이 지나가고 나서 조금 떨어져서 바라보면 그토록 큰 참사를 일으킨 복잡한 원인이 비로소 드러나기 시작한다.

이런 참혹한 사건들은 때로 구름 한 점 없는 하늘처럼 평온한 시기에 찾아온다. 그래서 인생에는 늘 불운과 사고, 죽음이 도사리고 있음을 더욱 절실하게 깨닫게 된다. 이처럼 준비되지 않은 상태에서 예기치 못한 불운을 겪는 사람은 저주받았다는 느낌이 들기도 한다.

어느 날 갑자기 삶을 지탱하던 균형이 깨지고, 일이 꼬이기 시작하면서 닥쳐오는 사건들을 감당할 수 없게 된다. 너무 힘에 겨워 극단적인 생각도 해보지만, 간신히 바닥을 짚고 일어나려고 하는데 또다시 엄청난 파도가 덮쳐온다. 의지할 곳 없이 허공에 내동댕이쳐진 듯한 상황에서 이런 과정이 계속 되풀이된다. 첫 사건이 우연이었다면, 그다음부터 일어나는 사건들은 우연이 아닌 경우가 많다. 평상시에는 어렵잖게 해결할 수 있는 상황에도 불안정하고 부정적인 감정 상태에서는 제대로 대처하지 못하기 때문이다. 직장에서 일에 조금 소홀했던 것이 경력에 오점을 남기고, 스트레스 때문에 수면이 부족해서 면역력이 떨어지면 병에 걸린다. 기분이 우울해져서 퉁명스러워지면 인간관계가 망가진다.

이처럼 중심을 잃으면 잘못된 선택을 하게 되고, 이것이 다음 문제를 일으키는 원인이 된다. 통찰력을 잃어버리고, 감각이 무뎌지며, 늘 시간에 쫓긴다. 결국, 걱정과 실패를 되풀이하다 보면 바라는 것은 오로지 지금의 이 곤경에서 벗어나는 것뿐이다. 푸념을 들어주던 친구들의 인내심에 한계가 왔다는 것을 알게 되고, 자신을 비하하면서 천천히 사회에서 고립되고, 자폐 상태가 돼간다.

자신을 엇나가게 내버려두지 말자. 봄바람이 불기만을 기다리며 어두운 시기에 겨울잠을 자고 싶은 유혹이 강렬하더라도 자신을 고립된 공간에 가두지 말자. 현실을 직시하고 상황을 판단하기 위해 혼자 있는 시간이 필요할 때도 있지만, 그런 만큼 홀로 상처를 핥으며 절벽 아래로 추락할 위험도 크다는 사실에 주의하자.

불행의 독성은 역설적으로 남들의 관심을 지나치게 바라서 스스로 불행을 키운다는 데 있다. 인정받고 싶은 욕구와 연민에 목마른 상태에서는 자신도 모르는 사이에 주변에서 일어나는 모든 일을 고통으로 받아들이게 된다. 심한 화상 환자가 무엇엔가 피부를 조금만 스쳐도 아파서 견디지 못하듯이 대수롭지 않은 일에 눈물을 흘리고, 아무것도 아닌 일에 시비를 걸고, 발에 차이는 돌멩이 하나에도 절망한다. 누군가가 손을 내밀어주고, 응

원해주고, 자기 말에 귀를 기울여주고, 자신을 이해해주기를 간절히 바라지만, 그런 사람이 막상 가까이 다가오면 밀쳐낸다. 이처럼 스스로 피해자의 누더기를 걸치고, 자기가 만들어낸 슬픈 이야기의 주인공이 되는 것이다.

이런 불행의 악순환에서 벗어나기는 쉽지 않다. 등산을 모르는 사람이 에베레스트를 정복하겠다고 나서면 오를 방법도 찾기 전에 주저앉게 마련이다. 이처럼 불행의 과장된 이미지는 그 불행의 실체와 상관없이 겁을 주고 꼼짝도 못 하게 한다. 하지만 세상에 오르지 못할 산은 없다. 걷는 법을 다시 배우고, 한 걸음씩 내딛는 재활의 훈련이 필요하다는 사실을 받아들이는 것이 중요할 뿐이다. 과거에 어려움을 극복했던 경험을 떠올리자. 작은 걱정거리부터 큰 근심거리에 이르기까지 자신이 문제를 정확하게 판단하고 어렵잖게 해결했다는 사실을 기억하자. 에베레스트는 결국 커다란 돌무더기일 따름이니 하나씩 하나씩 정복해나가자. 모든 것을 한꺼번에 감당할 수 없다는 사실을 받아들이자. 그날에는 그날의 고통이 있다. 다른 고통은 차차 따라올 것이다.

만약 자신이 기울인 노력에서 만족을 느낄 수 없다면 스스로 만족할 계기를 만들어야 한다. 시련의 나날을 지내면서 스트레스와 고통을 줄일 방법이 없다면, 자신만의 오아시스를 상상하는 것도 좋은 방법이다. 그곳은 자기가 좋아하는 일을 하고, 에너지를 충전하는 곳이다. 아주 작은 불씨도 그만큼의 행복을 준다. 인생이 팍팍하고 가는 길이 가시밭이라면, 그 길가에 꽃을 심어보자.

언젠가 반드시 찾아오는 행운에도 불운처럼 세 종류가 있다. 먼저 기대하지도 않았는데 우연히 찾아오는 행운이 있다. 예를 들어 길에서 주운 복권이 당첨되는 등의 경우가 그것이다. 두 번째는 긍정적인 정신 상태에서 생기는 행운이다. 이것은 대개 사소한 일상에서 느끼는 행복으로 예를 들어 약속이 취소돼 집에서 편히 쉴 수 있게 됐다고 기뻐하는 등의 경우가 그것이다. 마지막으로 자신이 만들어내는 행운이 있다. 예를 들어 좋은 직장을 구했거나 행복하게 부부 생활을 하는 등의 경우를 말한다. 다시 말해 행운은 행동하지 않고 기도하는 사람에게만 찾아오는 것은 아니다.

완벽한 내가 왜 타협해

> 모든 것을 통제한다는 것은 모든 것을 통제할 수 없다는 사실을
> 인정할 때 얻을 수 있는 기쁨을 포기한다는 것이다.
> -장 클로드 리오데

늘 변함없는 모습을 유지한다는 원칙을 세웠다면 세상일이 바라는 대로 되지 않을 때도 자신의 감정을 통제할 수 있어 좋다. 그러나 다른 의견을 아예 무시하고 검토하려는 노력도 없이 오로지 자기주장만을 고집하는 태도는 불행으로 향하는 지름길이다. 이런 원칙을 고수하는 사람은 절대로 변하거나 적응하지 않고 꼿꼿이 버티면서 말한다. "나는 완벽해! 타협 따위는 하지 않아. 나는 나의 길을 갈 테니, 나를 따를 사람은 따르고, 싫으면 떠나. 남들이 어떻게 생각하든 그건 내가 알 바 아니야!"

그러다가 모든 것을 잃는다면, 그것은 당연히 다른 사람들의 잘못이다.

40년 넘게 이웃에 사는 과부 제르멘과 홀아비 쥘은 끊임없이 다투며 앙

숙으로 살았다. 신혼부인 클레르와 질은 이런 상황을 모르는 채 주인이 사망한 후에 입주하는 조건으로 쥘의 집을 싸게 구입했다.

몇 달 뒤에 쥘은 잠자던 중에 숨이 멎었고, 이 젊은이들은 드디어 새로 산 작은 집에서 신혼살림을 차렸다.

불행하게도 이 부부의 행복을 용납할 수 없었던 제르멘은 쥘의 갑작스러운 죽음에 이들도 책임이 있다고 생각했다. 그녀는 젊은 부부의 일에 끊임없이 참견하고 성가시게 굴었다. 처음에는 젊은 부부도 참을성 있게 제르멘에게 예의 바르게 대했지만, 공격에 가까운 그녀의 생트집은 그들이 새 보금자리에서 마땅히 누려야 할 행복을 방해했고, 결국 부부는 그런 집을 샀던 것을 후회하는 지경에 이르렀다. 제르멘의 훼방은 날이 갈수록 심해지고 무례해졌다. 제르멘이 눈에 보이지 않을 때 부부가 집 마당에 나가는 것이 처음에는 고양이와 쥐 놀이처럼 대수롭지 않았지만, 이제는 그야말로 고통스러운 일이 돼버렸다.

부부는 제르멘에게 자신들에게는 조용히 휴식을 취하고 평화롭게 마당을 거닐 정당한 권리가 있다고 단호하게 말했다. 하지만 이웃이 이런 경고를 아랑곳하지 않고 완고하게 고집을 부리자, 젊은 부부는 만약 자신들의 평화를 지킬 수 없다면 두 집 사이에 높은 벽을 세우겠다고 통보했다. 그러나 자기 생각밖에 하지 않는 이웃은 눈 하나 깜짝하지 않았다.

"젊은 것들이 나를 가르치려 들다니!"

이런 고집의 결과로, 제르멘의 집 앞에는 높은 장벽이 세워졌다.

유연하게 사고하고 싶지 않다면 세상을 흑백으로 바라보면 된다. 모 아니면 도, 성공 아니면 실패, 맞거나 틀리거나. 그 사이 미묘한 차이나 조정은 있을 수 없다. 세상에는 천사와 악마, 좋은 사람과 나쁜 사람, 카우보이와 인디언만이 있을 뿐이다.

무엇보다도 타협이란 있을 수 없다. 회색은 몹시 불쾌하다. 회색은 비겁하고, 나약하고, 기회주의적이다. 어중간한 답은 아무도 만족시키지 못하니 아예 생각조차 하지 말아야 한다. '미묘한 차이'라니 그따위가 뭐란 말인가. 타협이니 협상이니 하는 것들은 약한 자들의 궁색한 변명이다. 검은색과 흰색의 조화는 검은 바탕에 뿌려진 흰 점들이 될 수도 있다는 생각은 하지도 말자. 게다가 검은색과 흰색 사이에는 수만 가지 색이 있다니, 그런 터무니없는 생각이 세상에 퍼져서는 절대 안 된다.

자기중심적인 완강한 태도를 보여주는 몇 가지 전형적인 표현이 있다. "나는 원칙에 따라 말한다."는 표현은 자기 의견이 모두가 동의해야 할 명백한 원칙을 바탕으로 삼고 있다고(아닌 경우가 대부분이지만) 자신을 스스로 설득하는 수단으로 사실은 본인에게만 통하는 진실을 말할 뿐이다. "그래도 이렇게 하는 것이 정상이다."라며 자신이 원하는 것을 말하는 것도 같은 종류의 오만이다. 이것을 달리 말하면 '이 원칙에는 아무도 반대하지 않고 모두 동의한다. 이 방법이 가장 확실하다.'는 뜻이다.

다양성을 부정하면 고립된다. 자기 생각을 부정하라는 것이 아니라 다른 사람의 생각과 비교하는 것이 도움이 된다는 것이다. 다른 사람의 이익과 이해와 논리를 들여다봄으로써 우리의 신념은 유연해지고 시야는 넓어져 많은 문제를 해결할 수 있게 된다. 남의 생각을 알려고 노력하고, 내 생각을 방어하려고 성벽을 쌓지 말고 자발적으로 생각의 중심을 옮겨야 한다. 그것은 마치 미지의 나라를 탐사하러 떠났다가 집으로 돌아오는 길에 여행에서 얻은 지식을 모아 현재 위치를 점검하고 수정하는 것과 같다.

이미 오랜 세월 함께 위기를 헤쳐 온 마르틴과 피에르는 이혼의 고비를 맞았다. 해가 갈수록 감당하기 어려워지는 갈등 속에서 약간은 체념한 상태에 있던 이들 부부는 그래도 상담을 청했다. 이들 사이에는 사랑하는 어린 아들이 있었고, 또 마음속 깊은 곳에서는 이별을 원하지 않았기 때문이다. 각자의 세계관이 이미 확고해진 나이에 만난 이들은 서로 상대에게 맞추며 살아가기가 쉽지 않았다. 자신의 원칙을 지키고 그것을 상대에게 강요하는 싸움은 이 부부를 우울하고 예민하게 만들었다. 적응하는 것은 양보하는 것이고, 양보하는 것은 자신의 존재를 부정하는 것으로 믿었기 때문이다.

어떤 사람들은 자기 생각에 너무 집착한 나머지 다른 사람들이나 자신이 마주한 현실과 타협할 기회를 잃는다. 그러나 '지적 능력'의 올바른 정의는 '가능성을 만들어가면서 현실에 적응하는 능력'이다. 마르틴과 피에르는 각자의 원칙에만 충실했던 사람들이다.

한 남자가 손에 지도를 들고 시골길을 걷고 있다. 지도에 난 길을 찾지 못하자 그는 화를 낸다. "이럴 리가 없어, 여기에 당연히 길이 있어야 해. 지도에 그렇게 나와 있잖아!" 그는 눈앞에 있는 길보다 지도를 더 신뢰한다. 그의 생각이 현실 인식을 지배하는 것이다. 상대를 바꾸려고 애쓰는 다른 부부들과 마찬가지로 피에르와 마르틴은 서로 다른 지도를 손에 든 채 상대를 만날 수 있다고 생각한다. 각자 자신의 원칙에만 매달려 있는 두 사람은 현실을 있는 그대로 받아들이기보다 부부 생활이 자신의 지도와 맞아떨어지기를 바라는 것이다. 바로 이런 고집이 풍요로운 두 인격체가 만나 위기를 극복하며 하나의 세상을 만들어가지 못하게 방해한다. 이들은 고통의 원인을 상대에게서만 찾고 서로 원망한다.

이들이 위기를 극복하려면 상대의 결점을 찾기보다 부부가 함께 풀어야 할 문제에 대해 의논해야 한다. "이 문제는 우리 둘이 함께 풀어야 해. 우리는 둘만의 시간을 충분히 갖지 못한 것 같아, 더 잘 소통하는 방법을 배워야겠어. 일과 가정에 분배하는 시간을 어떻게 분배할지 다시 생각해보자. 우리 아들 성적이 너무 떨어졌어. 함께 방법을 찾아보자."

원망 따위는 내려놓고 악화된 상황을 바로잡기 위해 함께 노력해야 한다. 상대를 비난하는 짓은 그만두고 책임감과 자발적 의지를 갖추자.

그거 하나 때문에

> 일생에 단 한 번이라도 진실을 바로 보려면
> 모든 것을 의심해야 한다.
> ─르네 데카르트

"전 뭔가를 제대로 해보려고 할 때 한 번도 도움을 받은 적이 없습니다. 친구들을 보면 부모가 사업 밑천도 대주고, 대출 보증도 서줍니다. 학비를 대주거나 자동차를 사주기도 하죠. 저희 부모님은 경제적인 여유가 있어도 모른 척하셨죠. 그래서 전 매달 집세를 내느라고 허리가 휘었습니다. 부모님의 도움이 없으니 아무것도 살 수 없었고, 월급의 절반이 집세로 나가니 저축도 못 했죠. 어서 돈을 벌어야 했기 때문에 할 수 없이 마음에 들지 않는 직장에 취직했습니다. 제 사업을 하고 싶지만 목돈이 없으니 엄두도 못 냈죠. 경제적으로 너무 쪼들려서 사회생활도 제대로 못합니다. 밖에 나가면 돈이 드니까요. 휴가 때 여행을 떠나는 것은 꿈도 못 꿉니다. 만나는 사람이 없으니 당연히 애인도 없습니다. 가정을 꾸리고 싶은 마음은 간절하지만 돈이 없으니 어쩔 수 없죠."

이 여성은 자기 인생의 모든 역경을 하나의 인과관계로 엮어서 자기 처지를 단순하게 이해한다. 누구나 이렇게 여러 상황을 한 가지 원인으로 정리해서 거기에 모든 사태의 책임을 돌리고 싶어 한다. 도미노 놀이처럼 처음 넘어지는 조각에 따라 모든 조각이 손 쓸 틈도 없이 줄줄이 넘어진다.

그러나 인생은 도미노보다 훨씬 유연하고 복잡하다. 그리고 도미노 놀이처럼 선명하게 정리될 수도 없다. 원인과 결과는 서로 복잡하게 얽혀 있고, 논리는 허공에 떠다니는가 하면, 감정은 뒤죽박죽이 되고, 해석은 기억과 모순되기도 하고, 여러 가지 사실이 서로 겹치면서 이해하기 어려운 난장판이 벌어지지만, 우리는 자기에게 편리한 대로 모든 것을 터무니없이 단순화한다. 대부분 문제에는 항상 복합적인 원인이 있지만, 각각의 원인 하나만을 끄집어내서 보면(그 원인들을 각각 구별해낼 수 있다고 가정한다면) 그 자체로는 아무런 영향을 미치지 않기에 중요하지 않다고 여기게 된다. 하지만 문제는 여러 가지 원인이 일으키는 시너지 효과다.

우리가 문제를 한 가지 원인에서만 찾을 때 여러 가지 결과를 얻는다. 무엇보다도 생각을, 특히 자기 성찰을 많이 하지 않아도 된다. 얼마나 쉬운가! 부모나 상사나 배우자에게 잘못을 돌리면 모든 것이 그들 탓이니 나로서는 해결 방법도 없고, 내 책임도 아니다. 또한, 마음 내키는 대로 남을 실컷 원망하고 비난할 수 있다. 그렇게 자신의 모든 욕구불만을 이 통로로 분출할 수 있다. 그러나 이렇게 단순한 해석의 가장 좋은 점은 뭐니 뭐니 해도 행동의 가능성을 완전히 부정해버리는 것이다. 원인이 외부에 있다면, 자기 힘으로는 어떻게 해볼 도리가 없다. 이와 반대로 원인이 내부에 있다면 바로 자신이 불행의 원인이고 모든 잘못은 자신에게 있다. 이미 모든 것을 망쳐버렸고, 이 처절한 실패의 책임은 자신에게 있다고 자백함으로써 스스로 날개를 꺾어버린다. 이제껏 실패하는 인생만을 살아왔으니 앞으로도 그럴 것이 뻔하다.

원인이 무엇이든 중요한 것은 피해자로 남는 것이다. 내 행복의 열쇠를 다른 사람이 쥐고 있다는 이런 생각은 제단 위에 묶인 채 꼼짝 못 하는 제물처럼 완벽한 효과를 발휘한다.

내 행복은 오직 너에게 달렸어

> 이 세상 아무것도 인간이 자유롭게 느끼지 못하게 할 수 없다.
> 어떤 일이 닥치더라도 결코 종속되지 않으리라.
> 인간은 생각하는 존재이므로.
> ─시몬 베유

다비드는 어머니가 자신을 무시하고, 지나치게 간섭한다고 하소연했다. 그의 어머니는 아들의 사업에 대해 끈질기게 트집을 잡았다. 그는 집의 일부를 민박집으로 개조했고, 제법 잘 운영하고 있었다. 자신이 쓸모없어졌다고 느낀 어머니는 아들이 하는 사업이 마음에 들지 않았다. 전에 그녀는 노후에 자신을 돌봐주리라고 믿었던 아들이 유학을 결심하자, 죽은 남편이 물려준 집에 살아도 된다며 만류했고, 아들이 사랑하는 여자를 만나면 어떻게든 헐뜯어 결국 독신으로 남게 했다. 다비드는 경제적으로 독립했지만, 장성한 아들에게서 버림받았다고 믿는 어머니를 곁에 둬서 마음 편히 사업을 계속할 수 없었다.

시달리고 지친 다비드는 점점 시들어갔다. 그의 내면에 억눌린 광기는 계속되는 비탄으로 표출됐다. '어머니가 날 이해해준다면! 어머니가 내 계획을 인정해준다면! 하루라도, 한순간이라도 어머니가 날 자랑스러워하는 눈길로 바라봐준다면 정말 행복할 텐데.' 그의 행복은 받을 수 없는, 한 번도 받은 적이 없었고 앞으로도 받을 수 없을 어머니 눈길에 달려 있었다.

어린 시절 우리 행복은 부모와 주위 사람들에게 달렸다. 갓난아기는 완벽하게 의존적인 존재로서 삶을 시작한다. 아기의 만족감은 정신적·육체적 생존에 필요한 요소가 충족되는 수준에서 결정되고, 감정적 욕구는 단순하고 비교적 쉽게 채워진다. 이처럼 아기의 행복은 자신이 아니라 남에게 달렸다.

하지만 어른은 어떤가? 남이 우리를 도울 수 있고, 격려하고, 칭찬할 수는 있지만, 우리가 원치 않거나 우리 힘으로 이룬 것이 아니라면 행복을 느끼지 못한다. 남이 우리에게 친절을 베풀고, 우리를 기쁘게 하고, 감동하게 하고, 사랑으로 우리를 돕는다고 해도 그것은 우리 행복의 절대적 조건이 될 수 없다. 조건 없는 사랑은 엄마와 아기 사이에만 존재한다.

인간은 본질적으로 관계적인 존재지만 행복을 찾는 일은 오직 자신에게만 달렸다. 어느 날 갑자기 고통스러운 상황이 우리를 뒤흔들어 놓을 수도 있고, 벗어나기 어려운 문제가 앞길을 막을 수도 있지만, 그것을 극복하는 방법은 오직 자신만이 알 수 있다. 행복한 사람이 불행한 사람보다 꼭 편한 삶을 사는 것은 아니다. 둘 사이의 중요한 차이는 상황을 받아들이고 적응하는 방법에 있다.

모든 부부에게는 그들만의 어려움이 있다. 자녀 교육, 가사 분담, 돈 문제, 직장과 가정 사이의 균형, 부모의 간섭, 소통 문제, 섹스 문제 등으로 어떤 이들은 끝없이 전쟁을 치르고, 또 다른 이들은 초연하게 대응한다. 어떤 이들은 어떻게든 상대를 이기려고 고집을 부리지만, 또 다른 이들은 웃으면서 이렇게 말한다. "아내와 저는 아이들 교육 문제에 대해 의견이 같은 적이 한 번도 없었죠. 그런데 벌써 이렇게 이십 년이 지났지 뭡니까."

그렇다고 해서 이들이 그만큼 불행해지는 것은 아니다!

혼자 영화 찍기

> 우리가 보는 모든 것은 보이지 않는 것의 그림자에 불과하다.
> —마틴 루터 킹

"아내는 계속 화를 냅니다. 벌써 사흘째 골이 나 있습니다. 말을 걸어보려고 했지만 찬바람이 쌩쌩 불어요. 그래서 모른 척하고 있으면 원망 섞인 눈초리를 보냅니다. 이런 아내의 태도에 대해 어떻게 처신해야 할지 모르겠습니다. 솔직히 말해서 그렇게 인상을 쓰고 있는 사람한테 누가 가까이 가고 싶겠습니까? 하지만 밤에 침대 한구석에서 등을 돌린 채

웅크리고 있는 아내를 보면 얼마나 불행해하는지 알 것 같아요. 소리 없이 울고 있는 것을 알면서도 아내를 달래줘야 할지, 아니면 방해하지 말고 그대로 내버려둬야 할지 잘 모르겠습니다.

약간 죄책감이 드는 것도 사실이지만, 아내는 제가 죄책감을 느끼도록 상황을 고의적으로 몰아갑니다! 제가 뭘 잘못했죠? 말이라도 해주면 좋잖아요! 전 도저히 이해하지 못하겠어요. 물론 물어보면 되겠지만, 아내는 틀림없이 이렇게 대답할 겁니다. '날 사랑한다면 왜 그러는지 알 거 아냐!' 제가 원인을 짐작해서 알아내야 한다니, 이건 너무하지 않습니까? 제가 무슨 점쟁이도 아니고…. 저한테는 그런 능력이 없어요! 여자들은 정말 속을 알 수가 없어요!"

사랑한다고 전지전능해지는 것은 아니다. 배우자는 배우자일 뿐, 나와는 다른 인간이다. 상대를 약간 또는 많이 이해할 뿐이고 나머지는 마음에 담아둘 것인지 말 것인지 선택해야 한다. 이해받기를 원한다면, 상대가 스스로 알아차리기를 바라지 말고 자기 생각을 분명하게 말해야 한다. 구차하게 말하지 않아도 상대가 알아준다면 더 좋지 않겠느냐고? 맞는 말이지만, 내가 원하는 것을 상대가 다 이해할 수는 없다. 그래도 기억하고 마음을 써준다면 애정이 돈독해진다.

우리는 흔히 자신이 들여다보는 자기 내면을 남들도 똑같이 들여다보고 있다고 착각한다. 하지만 그럴 수는 없다. 예를 들어 나는 수줍음이 많아서 낯을 가리고 소극적으로 행동하지만, 남들은 내가 콧대가 높아서 다른 사람들에게 관심도 없고 거만하게 군다고 생각한다. 이런 오해는 당연히 왜곡된 소통의 원인이 된다. 거만한 사람과 수줍은 사람을 대하는 태도는 전혀 다를 수밖에 없다. 게다가 수줍음이 거만함으로 비친 것은 정말로 오해에서 비롯했다고 단언할 수 있을까? 만약 자신이 남들에게 어떻게 비치는가를 알게 된다면 우리는 무척 혼란스러울 것이다. 대부분 자신이 생각하는 것과는 전혀 다르기 때문이다. 그렇다면 아무도 나를 이해하지 못한다는 말인가? 아니면 내가 나 자신을 잘못 알고 있다는 말인가?

그 대답은 경우에 따라 다르다. 다음 두 가지 경우를 보면 답은 의견이 같은 사람의 수에 따라, 그리고 성격적인 특성에 따라 달라진다는 것을 알 수 있다.

첫째, 많은 사람이 나를 보고 공격적이라고 말한다면, 이 말에 귀를 기울일 만하다. 인정하고 싶지 않더라도 이것은 사실일 확률이 높다. 이를 부정하면 남들이 나를 이해하지 못한다는 서글픈 자괴감에 빠질 뿐이다. 반대로 단 한 사람만이 내가 공격적이라고 말한다면 이 말에는 신빙성이 없거나, 내가 그 사람에게만 공격적이라는 뜻이다. 그의 말을 염두에 두느냐 마느냐는 내 선택에 달렸지만, 그 밖의 사람들과 맺는 관계에도 주의를 기울여야 한다.

둘째, 공격적 성향은 사람 사이의 관계에서 형성되는 성질로, 내가 남의 말을 염두에 둘 것인지 말 것인지를 결정할 때 나타나는 이차적인 특성이다. 내가 착한지 나쁜지, 또는 공격적인지 사교적인지를 혼자서 말할 수 있을까? 우리는 혼자 있으면서 착할 수는 없다. 남들은 모두 아니라고 하는데 나 혼자만 사교적이라고 고집할 수 있을까? 이런 것은 분명히 남들만이 판단할 수 있는 성질이다. 우리는 혼자 자기 방에 있으면서 거만할 수는 없다. 하지만 상대와 무관하게 깔끔하거나, 용감하거나, 게으를 수는 있다.

만약 자기 세계에서만 머물고 싶다면 남의 말을 전혀 개의치 않고 자기 생각에만 몰두하면 된다. 반면에 줏대 없이 살아가고 싶다면 무조건 남의 평가만을 따르고 자기 생각은 무시하면 된다. 이 두 가지 모두 우리를 불행하게 하는 확실한 방법이다!

누구도 자신의 모든 것을 보여주지 않는다. 의도하든 의도하지 않든 자신의 일부만을 드러낸다. 마치 모든 사람이 스크린 뒤에 숨어 몇 개의 구멍을 통해 상대를 들여다보는 것과 같다. 자신이나 남이 무의식적으로 드러내는 부위를 보고, 무의식적으로 상대를 인식한다. 우리는 상대가 자신의 극히 일부만을 보고 있다는 사실을 모르기에 그가 우리를 온전히 이해하고 있다고 착각한다. 그리고 상대도 역시 스크린에 가려져 있어서 우리가 자신의 어떤 면을 봤는지 알지 못한다. 이처럼 우리는 상대에 대한 지극히 단편적인 정보를 가지고 우리 자신의 경험과 욕구, 감정적 준거 등 각자의 기준에 따라 상대를 인식하고 해석한다.

나는 남들의 의도를 모르고 지나칠 수 있고, 그들 역시 나의 의도를 알지 못한 채 지나칠 수 있다. 내게는 그들의 행동이 비논리적이거나 일관성이 없는 것처럼 보일 수도 있고, 내 행동이 그들에게 그렇게 비칠 수도 있다. 이처럼 상대에 대한 각자의 해석은 자주 빗나간다. 나는 내가 상대에게서 봤다고 믿는 것을 그의 스크린에 투사하고, 상대도 역시 자신이 봤다고 믿는 것을 내 스크린에 투사한다. 이렇게 양쪽에서 서로 상대에 대해 만든 영화를 스크린에 투사해 상영하는 것이다!

서로 잘 이해하고 있음을 확신하면 조화롭고 충만한 느낌이 든다. 비록 일부는 상상으로 채워지더라도 두 사람이 서로 이해하는 것은 행복한 인간관계의 밑바탕이 된다. 그러나 한계가 있는 상호 간 묵인은 상대에 대한 무지를 방치하고 있는 만큼, 때로 오해와 실망의 원인이 되기도 한다.

작은 공동체 모임을 운영하는 다섯 여자가 있었다. 모두 열의가 대단했지만 모여서 회의할 때면 분위기가 팽팽해지고 다툼이 일어나곤 했다. 가장 큰 원인은 토론할 때 생기는 오해에 있었다. 이들은 각자가 너무 열성적이어서 같은 사안을 다른 회원들이 다르게 받아들이고, 다른 결론을 내릴 수도 있다는 사실을 인정하지 않았다. 그래서 이들은 간단하지만 효과가 확실한 시도를 해보기로 했다. 즉, 회의가 끝나면 서로 질문을 던져보기로 한 것이다. "너는 이 회의를 어떻게 요약하겠니? 너는 이 일을 어떻게 이해했니?" 이 실험은 효과만큼 재미도 있었다. 서로 잘 통한다고 믿었던 친구들이 너무도 다르게 생각하고, 전혀 다른 결론을 내린다는 사실을 분명히 알게 됐기 때문이다.

오늘날 사회에는 오해를 양산하는 아주 효과적인 시스템이 있다. 바로 문자 메시지다. 휴대전화로 아무 느낌 없는 짧은 메시지를 보내는 것은 왜곡된 관계를 시작하기에 매우 좋은 방법이다. 문자 메시지에는 감정을 드러내는 음색이나 억양 없이 오로지 전달하는 정보만이 있다. 이모티콘 같은 장치로 정형화한 감정을 표시할 수는 있지만 초라하기 그지없는 수단이다. 문자 메시지를 보낸 사람은 상대의 반응을 보지 않고 가상의 방패 뒤에 안전하게 숨어 있지만, 메시지를 제대로 이해하지 못한 상대는 제대로 반응할 수 없어 감정이 상하고, 원망과 분노를 품을 수도 있다. 마주 보고 대화할 때 이뤄지는 소통의 결과와는 전혀 다른 내용을 상상하고 혼자서 극적인 영화를 만들어내는 것이다.

이메일을 통한 소통도 이와 크게 다르지 않다. 그보다 더 나쁜 경우는 이미 많은 사람에게 필수가 돼버린 SNS다. SNS는 이미 사적인 영역을 넘어섰다. 선풍적으로 인기를 끄는 이런 의사 표현 방법은 공공 분야에도 예외 없이 적용돼 정치권만이 아니라 정부 기관에도 해를 끼친다. 사용법이 쉬운 만큼 신속하고 즉각적으로 반응하는 이런 소통 방식은 생각을 정리하거나 한 걸음 물러나서 문제를 바라볼 여유를 주지 않는다. 늘 이런 방식으로 소통하는 사람은 성찰하고, 비판하고, 분석하는 능력을 잃게 마련이다. 오늘날 우리는 전례 없이 많은 양의 소통을 하고 있지만, 그만큼 불통을 양산하고 있다. 가장 현대적인 표현 방법이 오히려 오해와 공격의 기술을 가장 많이 발달시킨 것이다.

그러나 이런 문제가 발생한 것은 어제오늘의 일이 아니다. 태초부터 인간은 늘 오해하며 살아왔다. 확인하지 않고 상상하면서 남의 행동을 이해하려 하지 않고 자기 마음대로 해석하지만, 그런 사실조차 모르는 채 오직 자신의 믿음과 자신의 생각에만 매달렸다. 자신의 기준만으로 해석하고, 믿고 싶은 것만을 믿는다. 그렇게 하는 것이 속 편하기 때문이다.

하지만 혼자서 영화를 만든다고 해서 그다지 문제될 것도 없지 않은가? 현실에서 벗어나 아무 고민 없이 인생을 아름답게 포장하는 것이 뭐가 나쁘다는 말인가? 영사기만 제대로 작동한다면 별로 걱정할 일은 아니다. 내면에서 혼자 만드는 영화는 우리를 꿈꾸게 하고, 인생에서 우리가 맡은 역할과 시나리오를 더 탄탄하게 구성해준다. 이것은 오직 자신만의 활동이고, 그것이 긍정적이든 부정적이든 자신에게 국한된 문제다.

그러나 자신과 관계를 맺고 있는 상대가 있고, 그의 스크린에 자신이 만든 영화를 투사할 때 불행히도 싸움이나 증오, 분노처럼 원치 않은 반응을 불러일으킬 수 있다. 이런 영화는 세상을 바라보는 자신만의 시선일 뿐, 현실과는 거리가 있다. 예를 들어 착각이 코미디를 만들 수도 있다. 상대가 당연히 자신에 관해 모든 것을 알고 있다고 믿고, 아무것도 확인하지 않은 채 그의 반응에 대해 혼자 상상하고 불평하고 분노하는 사람이 있다. 코미디가 따로 없다. 하지만 방구석에서 혼자 영화를 만들 때는 재미있을지 몰라도 남과 함께 살아가는 현실에서는 코미디가 비극이 될 수도 있다.

아주 감상적인 영화를 만들 수도 있다. 어느 날 오후, 앞집에 사는 남자가 찾아와 다정한 목소리로 저녁 식사에 초대한다고 말하면 그 순간 장밋빛 인생이 시작됐다고 상상할 수도 있다. 그렇게 시작된 짝사랑을 알아차리지 못하는 상대를 평생 마음에 품고 살아갈 수도 있다. 아름다운 이야기이지만 슬픈 인생이다. 그 허깨비 같은 상상이 충분한 만족을 준다면 모를까, 늘 사랑에 굶주린 상태로 살아야 하기 때문이다.

또는 젊고 아름답고 행복했던 시절에 사랑했던 연인들이 등장하는 영화를 거듭 상영하며 여생을 살아갈 수도 있다.

알렉상드르는 점잖은 50대 남자로 아내인 길렌과 30년 동안 불만족스러운 관계를 유지하고 있었다. 그는 우물쭈물하면서도 아내가 얼마나 가증스러운 인간인지를 내게 낮은 목소리로 조목조목 털어놓았다. 아내는 사람들이 보는 데서는 남편을 치켜세우지만, 둘만 남으면 그를 경멸하고 그가 하는 일을 무시한다고 했다. 자녀 앞에서도 남편을 비방하기 일쑤라고 했다. 벌써 몇 년 전부터 남편이 몸에 손도 대지 못하게 하면서도 손님들이 있을 때에는 마치 다정한 잉꼬부부처럼 연극을 한다고 했다. 자신은 한 번도 일을 하거나 돈을 번 적도 없으면서 남편을 구두쇠 취급한다고도 했다. 알렉상드르는 한마디로 지옥에서 사는 기분이라고 침울하게 말했다. 하지만 그는 누그러진 목소리로 자신은 아직도 기다리고 있다고 했다. 결혼 전에 아내가 얼마나 사랑스럽고 다정했는지, 아기를 가지기로 했을 때 얼마나 열정적으로 사랑을 나누었는지를 돌아보면서 언젠가는 아내가 옛 모습으로 돌아와 이렇게 이해심 많은 남편을 둔 자신이 얼마나 행복한지를 깨닫고, 그동안 참을성 있고 너그럽게 모든 것을 견뎌왔던 남편에게 감사하게 되리라고 말했다.

알렉상드르는 아내가 스스로 잘못을 깨닫는 날이 오기를 기다린다고 했지만, 정작 자신은 무엇을 깨달았을까? 수십 년 동안 아내가 변하기를 헛되이 기다렸으면서 아직도 그것을 바라는 것일까?

나는 알렉상드르처럼 사회적으로 안정된 남자들이 평화로운 가정생활을 유지하는 비결이 '친절'이라고 생각하는 경우를 심심치 않게 봐왔다. 친절은 미덕이니 삶의 푯대로 삼는 것은 본인의 선택이고, 누구나 그럴 자유가 있다. 하지만 기왕 그렇다면 더 적극적이고 당당하게 그 푯대를 높이 들자. 그리고 환상에 빠지지 말자. 사람은 누구나 자기 눈으로 세상을 바라보고, 자기 잣대로 세상을 잰다는 사실을 잊지 말자. 친절한 태도가 어떤 사람에게는 우유부단하고 심지어 멍청하게 보일 수도 있다. 순교자의 삶은 사후에 영광이 따를 수는 있겠지만, 생전에 너무 고통스럽지 않은가! 착한 사람들이 모여 사는 이상적인 세상은 어린 시절의 꿈일 뿐이다. 착하고 귀여운 곰돌이들이 사는 나라가 존재한다고 지금도 믿을 수는 있겠지만 그렇게 두 눈을 가리면 인생에서 아무것도 배우지 못한다.

불행하게도 정말 슬픈 영화도 있다. 절망에 빠졌을 때 자괴감에 빠져 자신을 스스로 폄하하는 사람이 있다. '아무도 나한테 관심 없어. 내게는 남의 관심을 끌 만한 장점이 하나도 없으니 당연한 일이지. 나를 진정으로 원하는 사람은 없어. 내가 필요할 때에만 나를 좋아하는 척할 뿐, 내가 자기편을 들지 않거나 도움이 되지 않으면 곧바로 버리고 말겠지, 내게 연락하지 않는 건 내가 별 볼일 없기 때문이야. 바쁘거나 사정이 있어서 전화도 못 하는 건 아니야.'

이처럼 사람들은 스스로 온갖 종류의 영화를 만들어내지만, 그중에서도 최우수 작품상을 받아야 할 영화는 단연 공포영화다. '난 지금까지 모든 기회를 놓쳤어, 이제 내게 남은 건 빈 껍데기뿐이야.' '삼십 대 후반이 돼서도 아기가 들어서지 않으니 이젠 끝났어.' '내 권리를 지키겠다고 소송했다가는 변호사들하고 이전구투하면서 세월만 보내게 될 거야.' '이 회사에서는 날 인정해주지도 않고 미래에 대한 비전도 없어. 하지만 그나마 이 직장을 때려치우면 난 길거리에 나앉게 되겠지.' 이런 영화는 자기 생각을 정직하게 말하거나 자신이 원하는 것을 행동에 옮길 때 닥칠 수 있는 비극을 보여준다. 우리 사회는 이런 종류의 공포영화를 아주 좋아해서 매일 TV에서는 이 세상의 끔찍한 이미지를 끊임없이 전파한다. "아이들을 길에서 놀게 하지 마세요. 유괴당합니다.""길을 묻는 낯선 청년과 말하지 마세요. 가방을 훔쳐갑니다.""구걸하는 여자에게 동전을 주지 마세요. 속임수입니다." "딸이 혼자 길을 걸어가게 하지 마세요. 강간당합니다.""어디에도 안전한 곳은 없습니다.""모두가 엉망진창입니다.""지구에도 이 나라에도 미래는 없습니다!"

그중에서도 우리는 '모든 것이 엉망진창'이라는 영화를 가장 좋아하고, '우리는 넘어설 수 없는 벽에 부딪히고 말 겁니다.'와 '세상은 너무도 불공평합니다.'도 좋아한다. 이런 영화는 과장하기 좋아하는 우리 사회의 과장된 시각에서 나온 작품이다. 보톡스처럼 효과가 있지만 독성도 있다. 팔을 걷어붙이는 의욕을 부추기기도 하지만 자살 욕구를 부르기도 한다. '지구는 대재앙을 향해 한 걸음씩 다가가고, 땅은 점점 더 척박해지고, 먹거리는 점점 더 위험해지고, 경제는 최악의 상태로 달려가고, 중국인들은 세계를 장악하고 있다.'고 끝도 없이 되풀이한다. 세상은 얼마나 끔찍한가! 자동차가 늘어나서 공해가 점점 더 심각해고, 집세도 실업률도 범죄율도 극단주의도 가난도 늘어가고 있다! 소수의 부자들은 점점 더 부유해지고 우리는 모두 절대 빈곤에 시달리게 될 것이다!

계속 불행해지고 싶은가? 그렇다면 현실적이고 진지하게 만든 다큐멘터리 영화는 보지 말자. 이런 영화는 과거와 비교할 때 우리가 얼마나 편리해진 세상에 살고 있는지, 우리 아이들이 얼마나 큰 혜택을 누리고 있는지, 여성의 사회적 위상이 얼마나 높아졌는지, 기대 수명이 얼마나 늘어나고 있는지, 전 시민이 사회적·생태적 문제를 해결하려고 얼마나 많은 대책을 세우고 있는지, 우리가 숨 쉬는 공기가 얼마나 더 깨끗해졌는지, 하천으로 얼마나 더 많은 물고기가 돌아오고 있는지, 객관적인 사실을 보여준다.

지구 곳곳에서 수많은 사람이 절망적인 소식을 찾아 헤맨다. 이들은 심지어 정보 자료실과 네트워크를 만들어 이런 소식을 인터넷에 배포한다. "검색해보세요, 금세 찾을 수 있습니다." 정말 유쾌한 일이 아닐 수 없다!

세상은 모든 사람의 것이지만, 긍정적이고 낙천적이고 창의적인 사람들은 어떻게든 이 세상을 더 나은 방향으로 굴러가게 하고, 반면에 수동적이고 비관적인 소비자들은 절망에 빠져 이런 공포영화를 매일 관람하고 있다.

미련과 후회와 죄의식

가지지 못한 것에 대한 미련이 가진 것마저도 망친다.
-켄 키스

마크, 서른여섯 살.

저는 아내 몰래 바람을 피웠습니다. 아내를 사랑하기에 외도했다는 죄책감이 저를 괴롭힙니다. 카트린에 대한 저의 마음은 깊고 진지하며, 저의 사랑은 무엇으로도 흔들 수 없을 만큼 확고합니다. 저는 남은 생애도 아내와 함께 보낼 것이고 여기에는 한 치의 의심도 없습니다. 저는 아이들의 엄마인 카트린을 진정으로 사랑합니다.

엘리즈와 저지른 불장난은 아내와 완전히 별개 문제입니다. 처음에는 그저 부담 없는 짜릿한 놀이처럼 시작됐습니다. 저는 상황을 완벽하게 통제하고 있었죠. 여자에게 추파를 보낸 것이 이번이 처음은 아니었으니까요. 제가 아직도 남성으로서 매력을 잃지 않았다는 사실을 확인하면 정말 기분이 좋았습니다. 그런데 이번에는 좀 엇나간 것 같습니다. 엘리즈한테 완전히 빠졌는지 저 자신을 통제할 수가 없습니다. 엘리즈와 맺고 있는 관계는 흐뭇하기도 하고, 괴롭기도 합니다. 마치 약에라도 취한 것 같습니다. 엘리즈는 일부러 상황을 이렇게 만들려고 작정했던 것 같습니다. 그녀는 미혼이고 잃을 것도 없으니까요.

멈춰야 하는데 그럴 수가 없습니다. 어떤 열정에 휩싸여 헤어나지 못하고 있습니다. 카트린이 눈치채지 못하게 아주 조심하고, 꼬리를 잡히지 않으려고 무척 노력하고 있지만, 점점 불안해집니다. 이중생활은 저와 맞지 않는다고 생각했는데, 막상 해보니 그렇게 어렵지도 않습니다.

카트린, 서른세 살.

저는 방금 남편이 외도했다는 사실을 알게 됐습니다. 그렇잖아도 얼마 전부터 이상한 낌새가 보였던 참에 마크가 놓고 간 휴대전화를 들여다 봤습니다. 그 순간, 발밑에 있던 땅이 꺼지는 것만 같았습니다. 이제껏 믿어왔던 모든 것이 한순간에 무너져 내리는 것 같았습니다. 처음에 남 편은 끝까지 부인하더군요. 증거가 있는데도 바보처럼 억지를 부렸습니 다. 그러더니 나중에는 어떻게든 사태를 축소하려고 들었습니다. 아무 의미 없는 하룻밤 불장난이었다고 했습니다. 남편은 거짓말에 서툽니다. 저는 지금까지 남편을 잘 알고 있다고 믿었는데, 제 앞에 있는 사람은 나약한 거짓말쟁이였습니다. 저는 남편이 사실을 모두 말할 때까지 따졌 습니다. 벌써 여러 달 전부터 관계를 지속해왔더군요. 그, 그 여자하고! 차마 욕을 할 수는 없으니 그냥 그 여자라고 해두죠.

제 가슴은 갈기갈기 찢어지는 것만 같습니다. 철저하게 속고, 배신당하 고, 모욕받고, 더럽혀진 기분입니다. 지금까지 제 삶을 지탱해오던 모든 기준이 산산이 부서져 무엇을 어떻게 해야 할지 모르겠습니다. 남편과 헤어지고 싶지만 사랑스러운 두 딸이 이혼한 부모 밑에서 이리저리 옮겨 다니며 살게 하고 싶지 않습니다. 저도 어릴 적에 그런 괴로움을 겪어봐 서 그것이 얼마나 끔찍한 일인지를 잘 알고 있습니다.

엄청난 분노와 고통, 그리고 남편에 대한 환멸 때문에 견딜 수 없지만, 그래도 아직 남편을 사랑한다는 사실을 부정할 수는 없습니다. 남편을 사랑하기 때문에 남편을 더욱 증오합니다!

마크와 카트린은 고통과 분노와 눈물로 몇 달을 보냈다. 하지만 이제

두 사람은 현실을 직시하고, 고함을 지르기보다는 대화하면서 배신감을 딛고 서로 이해하려고 애쓰고 있다. 지금까지 한 번도 하지 않았던 말을 하고, 서로 낯선 시선으로 바라보는 훈련도 하고 있다. 이들은 모든 것을 무너뜨리지 않고 이 전쟁터를 빠져나가기 위해 각자 혼자만의 시간을 가지기로 했다. 최대한 아이들을 보호하면서 가정을 깨지 않기로 한 것이다.

처음에 마크는 죄인처럼 지냈다. 수치심과 패배감, 자괴감과 후회에 빠져 아내를 되찾을 수만 있다면 무슨 짓이든 하려고 했다. 외도의 짜릿한 쾌감은 이미 사라졌고, 마크는 부부 관계를 되살리려고 전력을 다했다. 카트린은 극단의 조치로 완벽한 투명성을 요구하며 마크의 일거수일투족을 점검하고, 이동 경로를 확인했다. 마크는 군말 없이 아내의 통제를 받아들였다. 카트린의 입장에서는 자신이 겪은 고통에 대해 남편이 대가를 치르는 것이 당연했다. 이 기간은 그들 인생에서 가장 어두운 시기였다.

시간이 지나면서 이들은 마땅히 받아야 할 고통을 양적으로 계산한다는 것이 얼마나 부질없는 짓인지를 깨달았고, 상대에게 고통으로 대가를 치르게 한다고 해도 절대로 만족을 얻을 수 없다는 것을 알게 됐다. 게다가 결코 이룰 수 없는 공평한 보상을 찾으려다가 그들 자신뿐 아니라 아이들의 인생까지도 망칠 수 있었다. 각자의 고통을 양으로 측정할 수 없으므로 어떻게 해도 공평해질 수 없었다. 카트린은 '남편도 배반당한 기분이 어떤 것인지를 느끼게 해주려고' 외도를 시도하려고 했지만, 단지 남편에게 상처를 주려는 목적으로는 만족할 수 없다는 것을 알았다.

미칠 것 같은 분노는 서서히 아픔으로 변했고, 아픔은 폭력과 복수심을 씻어냈고, 더 성숙한 질문을 던지게 했다. 무엇이 이런 비극을 낳았는지, 각자의 인생과 부부의 삶에서 이루고 싶은 것은 무엇인지를 자문했다.

상대에 대한 환상은 무너졌지만, 각자 남모를 어둠이 있고 약한 본성이 깃든 인간의 실체를 조금씩 인정하기 시작했다. 이들에게는 관용과 사랑으로 현실을 직면하는 것만이 유일한 출구였다. 왜냐면 두 사람은 아직 사랑하고 있었고, 그렇기에 고통스러웠던 것이다. 서로 학대하고, 욕보이고, 무시하고, 배반했지만, 사랑은 아직 살아 있었다. 여러 해 이들을 결속해온 강한 끈이 아직 이들 부부를 묶어놓고 있었던 것이다.

아주 천천히 상냥한 몸짓과 수줍은 미소가 다시 살아났다. 카트린의 시선에서 적의가 줄어들고, 겁먹은 개처럼 주눅 들었던 마크의 모습도 조금씩 달라졌다. 마지막으로 카트린이 싸움을 걸었을 때 마크는 분노를 터트렸다. 그는 죄인처럼 사는 삶을 더는 참을 수 없으며, 평생 벌받듯이 살 수는 없다고 소리쳤다. 그가 되찾은 강인함을 보면서 아내는 역설적으로 오랫동안 잊고 지냈던 남편에 대한 존중을 다시 느꼈고, 남편을 새로운 시선으로 바라보게 됐다.

누구에게나 분노의 순간이 있다. 이것은 지극히 당연한 현상이다. 분노는 마땅히 표출해야 한다. 눈물과 의심, 후회와 죄책의 순간도 있다. 상처를 주고, 해명하고, 치유하는 순간도 있다. 이런 과정을 거쳐 미련을 버리고 다시 일어나는 순간이 찾아오는 것이다.

영영 잊지 못할 수도 있다. 고통스러운 사건은 늘 기억에 남아 있을 것이다. 하지만 다음 단계로 넘어갈 수는 있다. 잘못을 저지른 배우자를 무기한 벌주는 것은 또 다른 방법으로 관계를 파괴하는 행동이다. 가해자가 피해자에게 보상해야 할 고통은 어느 순간부터 피해자의 고통보다 더 무거워지고, 가해자를 벌하는 피해자 또한 고통받게 된다. 끝나지 않는 싸움에서 두 사람은 모두 패배자다.

각자 자신의 슬픔을 떨치고 불행에서 벗어나기로 결심할 수 있다. 암흑의 장은 이미 쓰였지만, 상처를 딛고 난 뒤에 더욱 성숙해진다는 것을 깨닫고 나면 새로운 장을 시작할 수 있다. 후회와 미련을 버리지 못하면 서글프게도 존재 자체의 불행을 부른다. 우리는 결코 과거로 돌아갈 수 없다. 벌어진 일은 이미 벌어졌고, 실수와 실패도 삶의 한 부분이다. 때로 그 상처가 너무 깊더라도 그것이 아물게 하는 겻은 우리 손에 달렸다.

미련은 실패한 계획과 멀어진 소망을 떠올리게 한다. 미련은 다르게 전개됐다면 좋았을 과거, 이제 다시는 돌이킬 수 없는 미완의 과거에 대한 일종의 그리움처럼 우리를 따라다닌다. 이 실망스러운 과거를 치워버리지 않는다면 이것은 슬픔이 되고 원망과 고뇌로 변한다.

미련은 이미 경험했지만 다시 돌아가기를 원하거나 혹은 경험하지 못했지만 시도하기에는 너무 늦어버린 것들에 대한 감정이다. 이제 다시는 돌아갈 수 없는 시절, 잃어버린 소중한 물건, 실수로 판명된 선택에 대해 우리는 미련을 품는다. 미련은 지금도 지속하는 어떤 슬픔을 담고 있다. 과거로 돌아가지 못하는 우리의 무능력을 일깨우기 때문이다.

반면에 후회에는 지워지지 않는 죄책감을 담고 있다. 일상에서 우리는 흔히 미련과 후회를 혼동한다. 잘못을 인정하고 자신을 탓할 때 우리는 흔히 '유감스럽다.'고 말하는데, '너를 아프게 한 것이 유감스럽다.'는 말에서는 죄책감이 드러나므로 이때의 감정은 아쉬움이나 미련보다는 후회에 가깝다. 영어로 "I am sorry."라고 할 때 'sorry'는 'sorrow', 즉 비통과 어원이 같다. 후회에는 미련에 없는 참회의 뉘앙스가 있다. '당신에게 이 서류 작성을 맡긴 것이 유감이군요.'라는 말에는 그가 일을 처리한 방식이 마음에 들지 않으니 내가 책임지고 싶지 않은 죄책감을 그에게 떠넘기며 압박하려는 의도가 숨어 있다. 이 경우의 지배적인 감정은 후회보다 분노에 가깝다. 작가 파스칼 브뤼크네르는 이런 경우를 아주 적절하게 묘사했다. "후회에는 진심과 비양심이 뒤섞여 있다. 그것은 상처를 아물리려는 진심 어린 열의이자, 그런 상황을 모면하고 싶어 하는 숨겨진 욕심이다."[6]

참회한다는 것은 자신의 죄를 솔직하게 인정하는 것이고, 그렇게 함으로써 다시 정당해지기를 원하는 바람이다. 후회의 지향점은 실수를 만회하는 것이 아니라 그 실수 안에서 맴도는 데 있다. 자신을 매질하는 것 말고는 아무것도 하지 않는 위선적이고 부질없는 수치심과 확실하지 않은 형벌 사이에서 오락가락하고 있는 것이다. 과거를 바꿀 수 없다면 적어도 실수를 인정하고 잘못을 빌거나 잘못을 고치기 위해 무슨 일이든 할 수 있다. 피해자가 용서를 베푸는 과정은 가해자가 자신의 잘못을 인정하는 데서부터 시작된다. 그렇게 후회가 표출되면 인간의 근본적인 도덕적 감정으로 변해 후회하는 사람은 자신의 양심과 마주하게 된다. 그리고 말과 행동이 조화를 이루고, 긍정적인 미래를 지향하게 된다.

양심의 가책은 그 자체로 나쁜 것이 아니다. 양심의 기능이 작동해 진실을 말하도록 격려하기 때문이다. 이것이 표출되지 않으면 내부에서 은밀하게 썩어간다. 고백은 언제나 침묵보다 더 좋은 방법이다. 낙담하고 고뇌에 빠지는 대신 새살이 돋게 한다. 하지만 이것도 습관이 되면 그 한계가 드러난다. '하느님 아버지, 아베 마리아, 내 탓이오, 내 탓이오, 아멘.'을 되풀이하는 것도 빗나간 회개다.

---

6) Pascal Bruckner, *La Tyrannie de la pénitence, Essai sur le masochisme occidental* (회개의 전횡, 서양 마조히즘에 대하여), Grasset, 2006.

사회적 측면에서 보면 백색 행진[7]은 사회적 모순으로 불행한 일을 당한 피해자에게 조건 없이 큰 지원을 제공한다. 이것은 거대하고 분명한 연대를 뜻하고, 거기에는 대중적 양심과 집단적 회개의 표시가 포함돼 있다. 침묵의 백색 시위를 통해 사람들은 모두 하나가 돼 고통은 물론이고 수치심과 죄책감을 집단적으로 배출하고 희게 정화하는 것이다.

파스칼 브뤼크네르는 '참회'라는 방패 뒤에 숨어 책임을 회피하라고 부추기는 우리 사회의 비뚤어진 정서를 고발한다. "우리의 나태한 절망은 불의와 싸우지 말고 공존하라고 부추긴다. 우리는 늘 비타협적인 초자아라는 모자를 보란 듯이 머리에 쓰고 있지만, 무기력한 안락을 만끽하며 평화로운 지옥에서 안주한다."[8]

우리 내면에서 책임감과 죄책감은 이렇게 서로 대립한다. 우리 사회가 마치 허용된 마약과도 같은 나약한 타협에 안주하지 않게 하려면 비타협적인 치열한 토론이 필요하다. '우리는 모두 죄인이다!'라고 일반화한 죄악의 깃발을 흔들며 자신의 죄책감에 순응하기는 전혀 어려운 일이 아니다. 여기에 대해 시몬 베유는 회고록에서 이렇게 말했다. "이런 비관주의는 옳지 않다. 모든 사람이 죄인이라는 말은 아무도 죄인이 아니라는 말과 같다. 사회 구성원 각자가 집단적 양심의 가책을 앞세워 자신을 용서한다. '내게는 책임이 없다, 책임은 모두에게 있다.'면서 자신에게 면죄부를 주는 것이다."[9]

---

7) Marche blanche: 1996년 벨기에에서 발생한 시민운동으로 성폭행 후 살해된 소녀의 죽음이 계기가 돼 650만 명이 넘는 시민이 흰 옷을 입고 거리를 행진했다. 흰 옷은 중립과 존엄성, 정직을 상징하며 어떤 슬로건도 내세우지 않는 침묵시위가 특징이다.

8) Pascal Bruckner, *op. cit.*

9) Simone Veil, *Une jeunesse au temps de la Shoah* (대학살 시대의 젊음), Stock, 2007.

사회적인 면에서든 개인적인 면에서든 집단적 책임감은 물고기도 익사하게 한다. 이것은 '난 형편없지만 다른 사람들도 마찬가지다. 그러니 특별히 나한테만 문제가 있는 건 아니다.'라는 식으로 타인을 앞세워 자신의 책임을 벗어버리려는 비겁한 욕망이다.

심리학적 측면에서 보자면 이런 전반적인 단순화는 인간을 무명의 초라함 속으로 추락시킨다. 많은 사람이 그렇게 하고 있으니 괜찮은 것처럼 보이지만 이것은 소리 없이 우리의 자의식을 파괴한다. 집단적 책임은 도덕적 죄의식으로 희석되고, 현실적으로 분명히 존재하는 진짜 책임에서 달아날 수 있도록 도주로를 열어준다. 이를 바로잡으려면 양심이 시험에 들 때 죄의식과 책임감을 두개의 축으로 삼아 판단해야 한다. 그리고 이제 아무 쓸모없는 위선적인 거짓 고행에서 벗어나 자기 삶의 고삐를 거머쥐어야 한다.

이런 통찰에 접근하려면 죄의식이 두 개의 바탕에서 비롯된다는 점에 주목해야 한다.

첫째는 정직하고 현실적인 바탕으로, 넘어서는 안 되는 선을 의식하게 하는 도덕적 신호다. 이럴 때 죄의식은 타인에게 피해나 고통을 준 자신의 실수를 자각하게 한다. 잘못했다고 생각할 때 죄스럽게 느끼는 것은 조금도 나쁘지 않다. 자신을 꾸짖는 것도 필요하지만, 무엇보다도 자신이 지향하는 인간이 되지 못했다는 사실을 깨달으면서 점점 그런 인간이 돼가기 때문이다. 그리고 흔들리고 비틀거릴 때도 수치심으로 무너지지 않는 당당함을 마음속에 지킬 수 있게 된다. 이런 감정은 균형 잡힌 초자아의 발현으로, 상황이 명료할수록 더욱 효과를 발휘한다. 이것은 책임의식이고, 건강하고 필요한 윤리적인 죄의식이며 우리 내부에서 자신의 임무를 제대로 수행하는 경찰이 보내는 경계신호와 같은 것이다.

둘째는 좀 더 감정적인 바탕으로, 명백한 잘못이 없는데도 계속되는 막연한 죄의식이다. 무엇이든 시작도 하기도 전에 죄책감부터 느낀다. 용기를 낸 것에 대해, 의견을 가지고 표현한 것에 대해 느끼는 죄의식이다. 부정했을 때뿐 아니라 긍정했을 때도 나타나고, 즐긴 것에 대해, 휴식한 것에 대해, 기쁨을 느낀 것에 대해서도 나타난다. 자신의 한계에 대해, 남이 기대한 사람이 되지 못한 것에 대해, 실망시킨 것에 대해, 다른 길을 택한 것에 대해, 개별적인 것에 대해, 다른 것에 대해, 다시 말해 자신의 방식대로 존재하는 것에 대해 죄의식을 느낀다. 어떤 법도 어기지 않았고 어떤 폭력도 행사하지 않았다. 자신으로 존재하는 것이 죄가 아닌 만큼, 죄는 없는데 죄인만 있다. 왜냐면 죄의식의 기제는 어린 시절부터 작동하고, 느끼지 못하지만 여전히 우리 내면에 남아 있기 때문이다. 이처럼 무의식적으로 발현된 단순한 의도조차도 죄로 여기는, 바로 이 죄의식이 우리 인생을 멍들게 한다. 우리를 실패로 몰아가고, 자신을 파괴하는 행동을 유발한다. 이것이 어리석다는 것을 알지만 어쩔 수가 없다. 계속 그렇게 믿으며 고집을 피운다. 악마적이라고 할 만큼 효과적이다.

이처럼 끈질긴 죄의식의 원인은 자신감의 결핍으로, 그 뿌리는 어린 시절에 있으며 부모의 태도에 영향을 받는다. 하지만 여기서 충분히 언급하지 않은 또 하나의 영향이 있다. 그것은 오늘날 새로운 과제가 된 어린이의 너무 이른 '사회화'다. 사회화라는 말을 따옴표 안에 넣은 이유는 분별력이 생기는 초등학생보다도 어린 아이들에게 진정한 의미의 사회화를 말할 수는 없기 때문이다. 취학 연령이 되면 별다른 충격 없이 또래 아이들과 함께 섞일 정도로 성숙해진다. 다시 말해 무리에 속해도 특별히 자신을 비하하는 위험에 빠지지 않을 만큼 충분한 자의식이 생긴다는 것이다.

하지만 서너 살 정도의 아이가 유치원에 들어가 다른 아이들이 무리를 지어 노는 모습을 보면서 과연 무엇을 느낄까? 자기가 보고 있는 아이들도 자기만큼이나 미숙하다는 생각을 할 수 있을까? 자기만큼 불안하고 불확실한 존재라는 것을 알아차릴 수 있을까? 그러나 이런 생각은 겉으로 드러나지 않는다. 어른도 처음 참석하는 모임에서 낯선 사람들과 함께 있으면 그들이 자신보다 훨씬 더 여유 있어 보이는 법인데, 하물며 서너 살 먹은 아이는 어떻겠는가? 그 나이에는 자주 자신을 다른 아이와 비교하지만 그 차이를 감당할 자신감을 갖추기는 쉽지 않다. 어떤 이유에서든 이른 사회화의 길로 등을 떠밀린 아이는 인생 초반부터 자신의 나약함과 외로움에 사로잡히게 마련이다. 이때의 경험은 죄의식의 주된 요인인 불안감을 남기게 된다. 이 문제에 관해서는 나중에 다시 언급할 것이다.

코끼리를 물리치는 가루

> 마차에서는 다섯 길, 말에서는 열 길,
> 코끼리에서는 백 길 물러나 있으라.
> 하지만 악인을 피하는 것은
> 거리가 문제가 아니다.
> ―인도 속담

발레리는 정체 모를 위험에서 아버지를 구하느라 진을 뺐다. 심지어 자신의 결혼 생활과 자녀의 희생까지도 감수했다. 아버지는 그녀가 만들어 준 권좌에 왕처럼 앉아 온갖 요구를 계속했고, 발레리는 어린 시절부터 이 요구를 들어주느라 자신을 희생해 왔다. 아버지가 늙어갈수록 요구 사항은 더 많아졌고, 그 정도 역시 점점 더 심해졌다.

어느 날 그녀는 참을 수 없는 지경이 돼 이번에는 도저히 그냥 넘어갈 수 없다고 판단했고, 용기를 내어 아버지의 요구를 거절했다.

"알았다." 아버지는 부루퉁하게 대답했다. "그렇다면 다른 방법을 찾아보지, 전화 끊는다."

'뭐라고?! 이게 꿈인가? 이럴 리가 없는데, 이건 너무 간단하잖아. 분명히 나중에 폭발하고 말 거야. 난 아주 비싼 대가를 치르게 되겠지. 빨리 다시 전화해서 잘못했다고 빌까? 아니야, 그래선 안 돼. 다시 옛날로 돌아갈 수는 없어. 과연 그래도 될까? 아, 어떻게 해야 할지 모르겠어.'

발레리가 피하려는 비극은 대체 무엇인가? 아버지의 분노? 우울증? 자살? 위험은 다른 데 있는 것이 아닐까? 더는 아버지의 사랑을 독차지하는 완벽하고 착한 딸이 되지 못할 수도 있다는 두려움에 있는 것은 아닐까?

발레리의 생각은 오래전 천진난만하게 모든 것을 사실로 믿던 어린 시절에 굳어졌다. 사실을 확인하는 법을 모르는 채 자신의 안전이 부모에게 달렸던 시절에 말이다. 예를 들어 어떤 아이는 착하게 굴지 않으면 엄마가 죽을지도 모른다고 생각한다. 아이가 말을 듣게 하는 방법으로 협박밖에 몰랐던 엄마는 지쳤을 때 "너 때문에 엄마가 죽겠어!"라고 말하곤 했던 것이다. 이 말은 아이의 머릿속 깊은 곳에 붉은 낙인으로 영원히 새겨져서 아이는 엄마가 죽지 않도록 언제나 착하고 순종적으로 행동한다.

결국, 우리는 두려움을 피함으로써 문제를 계속 안고 간다. 사실을 확인하지 않고, 상대에게 맞서지도 않았으니 그것이 어릴 적 기억이나 상상에서 나왔는지 알 수도 없고, 또 어떤 원인이 있다고 해도 고칠 수가 없다. 가공의 위험을 파고들어 그 본질을 파악하지 않고 무조건 피하기만 하면 문제는 더욱 심각해진다. 문제가 어려워서 시작조차 못 하는 것이 아니라 해결할 시도조차 못 하기에 문제를 풀기 어려운 것이다. 예를 들어 대중 앞에 서면 겁을 집어먹는 사람이 연설을 계속 기피하면 무대 공포증은 점점 더 심해진다. 이 단순하지만 놀랄 만한 역효과의 메커니즘은 발전을 방해하는 가장 큰 장애물이다. 확인해보지도 않고 상상 속에서 두려워하는 것은 절대로 달라지지 않는다. 이런 두려움은 좀 어리석지 않은가?

나는 언젠가 코끼리를 물리치는 가루 이야기를 들은 적이 있다. 기차에서 맞은편에 앉은 한 노인이 여행자의 관심을 끌었다. 입가에 미소를 띤 노인은 일정한 간격으로 이상한 행동을 반복했다. 손에 든 작은 쌈지를 풀어 그 안에 든 초록색 가루를 조금 집더니 재빨리 창밖으로 뿌리고는 아주 흡족한 표정을 지었다. 여행자는 궁금증을 참지 못하고 그에게 물었다.

"죄송합니다만, 그 초록색 가루는 뭐에 쓰나요?"

"이건 코끼리를 물리치는 특별한 가루요."

"코끼리요? 하지만 이 근방에는 코끼리가 없는데요!"

"이 가루는 효험이 아주 좋지요!"

심리학자들이 즐겨 인용하는 이 일화에 등장하는 노인은 코끼리를 물리치기는 고사하고 개미도 막지 못할 것이다. 그의 행동은 순진하고 소심하기 짝이 없다. 당신은 어떤가? 존재하지도 않는 위험에 늘 대처하고 있는가? 사실을 확인하고 있는가? 모르는 것을 무조건 두려워하거나 걱정하지는 않는가?

미지에 대한 두려움

실패는 성공의 발판이다.
-노자

모든 위험이 상상의 산물은 아니다. 그렇다고 모든 위험을 확인할 수 있는 것도 아니다. 그중에서 우리가 본질적으로 더욱 강하게 거부하는 것이 있다면, 그것은 바로 미지의 위험이다.

아이가 처음 대하는 음식을 안 먹겠다고 고집을 부리면 대부분 부모는 아이의 반응을 무시하고 계속해서 먹으라고 강요한다. "일단 먹어보고 나서 얘기해. 싫다고만 하지 말고 한입만 먹어봐!" 부모는 아이가 해보지도 않고 무조건 거부하는 태도를 용납하지 못하고, 싫다 좋다를 말하기 전에 최소한 시도는 해봐야 한다고 믿는다. 그 음식을 이미 먹어본 적이 있는 부모로서는 이런 반응을 보이는 것이 당연하다. 하지만 부모 자신도 처음 대하는 것, 즉 미지와 마주쳤을 때 이 당연한 권고를 따르지 않는다. 경험해본 적이 없는 것과 마주치면 그것을 시도할 용기를 내지 못하고, 자신은 당연히 그것을 좋아하지 않으리라고 지레짐작한다. 잘 모르는 것을 시도했다가 사람들의 웃음거리가 될까 봐 걱정하고, 조심성 없는 초심자나 무지한 사람으로 비칠까 봐 겁을 낸다. 하지만 우리는 살아가면서 불확실성을 감당해야 한다. 세상은 우리가 모르는 것으로 가득 차 있고, 원래 인생이란 그런 미지의 것들과 갈등하며 살아가는 과정이다.

반면에 상황을 완벽하게 제어하기를 좋아하는 사람들은 어떤 위험도 용납하지 않는다. 그래서 시도하기도 전에 상황을 완전히 장악하려고 들고, 조금씩 알아가거나 익숙해지기를 거부한다. 하지만 당장 능력을 획득하려는 것은 물에 들어가지도 않고 수영을 배우려는 것이나 다름없다. 하버드 대학의 심리학 교수 탈 벤-샤하르는 이렇게 말했다. "배우기에 실패하지 않으려면 실패하는 법부터 배워야 한다."[10] 실패에 대한 두려움은 새로운 발견을 방해하고 추진력을 마비시킨다. 대부분 이런 두려움은 한번 시작하면 끝을 봐야 한다는 생각에서 비롯할 때가 많다. 이런 현상은 아마도 우리가 받은 교육에 그 뿌리가 있을 것이다. '네가 한번 시작한 일은 반드시 끝내야 해!' 하지만 이 같은 엄격함은 모든 상황에서 요구되지도 않을뿐더러, 오히려 그 반대다. 대강 계획을 세워서 경험해보면 그 일이 자신에게 잘 맞지 않는다는 것을 확인하고 더 큰 실수를 하기 전에 중단할 수도 있기 때문이다.

미지에 대한 두려움은 실제 문제라기보다는 상상에 가까운 걱정이다. 이를테면 길을 떠나면서 들고 온 여행 가방에 적절치 못한 생각과 실행할 수 없는 해결책이 들어 있음을 확인하게 될까 봐 두려운 것이다. 인생은 미지를 향한 여행이고, 우리가 손에 들고 있는 무거운 가방은 온갖 질병과 위험, 예기치 못한 위기와 사건에 맞서기에는 전혀 쓸모없는 것들로 가득 차 있다. 만약 가방에 묵직한 고민 덩어리만 들어 있다면, 차라리 떠나지 않고, 탐험하지 않고, 움직이지 않는 편이 낫다. 안전하고 소소한 일상에 머물러 있으라. 다른 곳에서 즐겁기보다는 내 집에서 심심한 편이 한결 나으니까 말이다.

게다가 그렇게 하면 안 될 이유라도 있는가? 무엇이 문제인가? 낯선 것을 꺼린다고 해서 인생에서 무엇이 더 나빠지겠는가? 울타리로 둘러싸

---

10) Tal Ben-Shahar, *L'Apprentissage de l'imperfection* (불완전성의 학습), Belfond, 2010.

인 네모난 땅에서 왜 한가로이 살 수 없겠는가? 생판 모르는 것이나 전혀 다른 세상, 혹은 모험 따위에 호기심을 품지 않고, 모든 것을 조심하면서 왜 살 수 없겠는가?

그러나 미지는 제 발로 찾아온다! 찾으려고 하지 않아도 바로 내일 우리를 찾아올 것이다. 그것은 거대하고 놀라운 존재의 불확실성, 삶의 우발성 자체이기 때문이다. 미지를 받아들인다는 것은 자신을 열어 삶을 온전히 받아들인다는 것을 뜻한다. 미지란 둘이 있을 때 혼자인 것, 또는 혼자 있을 때 둘인 것이다. 그것은 누군가를 부모로 만드는 아이일 수 있으며, 누군가를 이방인으로 만드는 먼 나라일 수 있고, 누군가를 실업자로 만드는 구조조정일 수 있고, 누군가를 장애인으로 만드는 질병일 수 있고, 누군가를 백만장자로 만드는 한 장의 복권일 수 있다.

미지는 삶의 움직임 자체다. 따라서 미지의 것을 두려워한다는 것은 곧 우리 인생의 제동 장치 위에 주저앉는 것이나 다름없다.

전에는 좋았지

> 현재는 잠재적인 과거가 아니라 지금의 선택과 행동이다.
> ─시몬 드 보부아르

전에는 확실히 모든 것이 좋았다.

사람들은 선량했고, 아이들은 예의 바르게 행동했다. 여름에는 햇살이 찬란했고, 겨울에는 아름다운 흰 눈이 내렸다. 택시 기사들도 지금보다 더 친절했고, 주차 공간도 더 많았다. 선생들은 아이들을 더 잘 가르쳤고, 부모들은 자녀의 가정교육에 더 신경 썼다. 명절이라고 돈이 더 많이 들지도 않았고, 술에 취하지 않아도 더 유쾌하고 여유로웠다. 이웃끼리 서로 도왔고, 대문 앞에 배달된 우유를 훔쳐가는 사람도 없었고, 자기 쓰레기를 남의 집 앞에 몰래 가져다 버리는 사람도 없었다. 사람들은 정직하고 솔직했다. 남자들은 씩씩했고 여자들은 사랑스러웠다. 한마디로 전에는 인생이 아름다웠다.

그런데… '전'이란 언제를 말하는 것인가?

전에! 인생이 팍팍해지기 전에. 그런데 언제부터 모든 것이 이렇게 실망스럽게 됐을까? 언제부터 인생이 우리를 짓누르기 시작했을까? 그것은 우리가 스스로 싸워야만 했을 때부터… 바로 우리가 어른이 된 때부터다.

명절이 즐거웠던 이유는 아무것도 준비할 필요가 없었기 때문이다. 늦게까지 깨어 있어도 괜찮았고, 선물을 주지 않고 받기만 했다. 아이일 때에는 거대한 크리스마스트리만 보이고, 어른들의 팽팽한 신경전은 보이지 않았다. 어렸을 때는 길에서 차가 막히든 말든 상관없었다. 아빠가 안전을 책임졌고, 엄마는 생활비가 빠듯해도 어떻게든 월말을 넘겼다. 그런 것은 어린아이가 신경 쓸 문제가 아니었다. 왕자님이 반드시 멋지지는 않다는 것, 친구라고 늘 믿어서는 안 된다는 것도 몰랐다. 방 안에서 홀로 느끼는 고독과 무료함 따위는 전혀 모르고 늘 꿈꿀 수 있었다. 자기 마음대로 행동하는 듯한 어른들의 삶은 너무도 수월해 보였다. 책임감의 무게나 고통 따위는 보이지 않았다. 환멸과 배신, 사랑의 실패도 몰랐고 중요한 선택을 앞두고 불안과 싸우며 불면의 밤을 보내지도 않았다.

세상이 달라진 것은 분명하지만, '전이 더 좋았다.'고 말할 때 우리는 무엇을 무엇과 비교하는 것일까? 삶의 조건 몇 가지가 퇴보했다고 하더라도 다른 상황은 훨씬 좋아졌다. 하지만 주로 나쁜 소식에 열광하는 미디어에서는 이런 이야기를 들을 수 없다. 이렇게 절망을 대대적으로 선전하는 미디어에 우리가 어떻게 저항할 수 있겠는가? 세상이 점점 나빠지고 있다고 어찌 믿지 않을 수 있겠는가? 미디어가 나쁜 소식을 선호하는 이유는 이해타산 때문이지만, 우리는 이런 언론을 읽고 시청하며 게걸스럽게 먹어치운다.

왜 이런 나쁜 뉴스가 사람들의 관심을 끌까? 앙세르메와 마지스트레티는 그 이유를 이렇게 설명한다. "우리가 사는 사회는 불만과 불쾌감이 팽배하고 실제로 삶이 그다지 힘들지 않은 사람도 마찬가지 반응을 보인다. 이 설명할 수 없는 불만이 삶의 고통이고 절망이며 우리 주위에 존재하는 것과 우리가 소유한 것을 누릴 수 없는 행복 불감증 현상이다."[11]

수백만 년 동안 원시시대를 거치면서 인간의 신경체계는 그 나름대로 정신 구조의 토대를 구축했다. 인간이 '자신을 둘러싼 것'에 대응할 수단이 생긴 것이다. 당시에는 지구의 다른 곳에서 일어난 일을 알려줄 미디어가 없었다. 그래서 인간은 직접 목격한 위험에 반응하고, 자신에게 닥친 자연재해에 대비하거나 일어난 사고에 조처하고, 자기 종족을 보호하고, 가까운 이의 죽음에 고통받고, 적의 공격이나 부당한 일을 목격하면 문제를 해결하려고 나섰다. 하지만 문제가 맞은편 언덕을 넘어가면 더는 상관하지 않고 돌아와 사냥에 전념했다.

호모사피엔스가 갖춘 수단이 아무리 유연하다고 해도 직접 나서기에

---

11) François Ansermet et Pierre Magistretti, *Les Enigmes du plaisir*(즐거움의 수수께끼), Odile Jacob, 2010.

는 너무 먼 곳에서 들리는 수많은 비극적 사건을 모두 감당할 만큼 충분히 강력할까? 매일 들려오는 세상의 불행한 소식은 우리의 정신 구조에 어떤 영향을 미칠까? 지구 반대편에서 일어나는 원자력 발전소 폭발, 순식간에 모든 것을 휩쓸어 간 쓰나미, 지진, 기아, 테러, 화재, 금융 위기, 경기 침체에 어떻게 대응할 것인가? 수천 킬로미터 밖에서 일어난 교통사고와 우리가 직접 도와줄 수도 함께 울어줄 수도 없는 사상자들을 어떻게 할 것인가? 몇 푼의 기부금을 모금함에 넣으면서 양심의 가책을 달랠 수는 있겠지만 그다음에는 어떻게 할 것인가? 인류를 위협하는 공포에 휩싸여 삶의 즐거움을 스스로 금지해야 할까? 겁에 질리고 죄책감에 사로잡혀 자신의 행운을 부끄러워하고 자신의 무관심을 탓해야 할까?

그렇다! 전에는 모든 것이 마냥 좋기만 했다. 우리는 단지 어린아이였고 아무것도 몰랐으니까. 어제가 오늘보다 좋았다고 확신하는 태도는 나쁜 시대에 태어나 억울하게 희생됐다는 서글픔을 안겨준다. 하지만 이런 생각은 어느 시대에나 있었고, 모든 것은 기준에 따라 달라진다. 과거가 더 좋았다고 믿으면 현재에 염증을 느끼고 미래를 무시하게 된다. 그렇게 현재를 부정적으로 규정하며 환멸을 느끼고, 실망하고, 비관적 시선으로 바라보며 삶을 망친다. 심리학자 장 클로드 리오데는 이렇게 설명한다. "우리는 향수에 젖어 현재를 견디지 못하고 과거로 돌아가 '진짜 가치'를 찾으려고 한다. 하지만 이미 지나간 과거를 되살린다는 것은 환상일 뿐이다. 우리는 열대의 어느 나라로 떠나고 싶어 한다. 왜냐면 거기서 우리는 단지 여행자일 뿐이기 때문이다."[12]

---

12) Jean-Claude Liaudet, *Du bonheur d'être fragile*(나약함의 행복에 대하여), Albin Michel, 2007.

요즘 유행하는 '복고 열기(retromania)'도 이런 현재에 대한 환멸과 같은 맥락에 있다. 이것은 지나간 유행, 골동품과 고가구, 1960~80년대 스타들의 귀환으로 나타나는 과거에 대한 애착이다. 미친 듯이 빠른 속도로 변하며 점점 복잡해지는 사회에서 사람들은 자신의 어린 시절이나 부모 세대를 통해 봤던 어떤 확실한 가치 속으로 들어가 숨기를 원한다. 나이가 들면서 이런 향수는 선별적인 기억으로 설명되기도 하는데, 과거의 힘겨웠던 일상에서 즐거웠던 일들만을 떠올려 추억을 아름답게 꾸미는 것이다. 죽음을 앞둔 어느 노모가 딸에게 남긴 마지막 말이 생각난다. "얘야, 인생을 뒤돌아보며 정말 소중한 것을 꼽는다면 그것은 일상의 작은 행복들이란다. 그러니 그런 작은 행복을 많이 만들도록 해!"

어제를 그리워하는 사람이 있는가 하면 어떤 이는 간절하게 내일을 기다린다. 포장된 과거를 그리워하고 더 나은 미래를 기다리지만, 정작 우리는 그 사이에서 세상의 아름다움을 보지 못한 채 각자의 불행을 짊어지고 시간 속을 방황한다. 우리 아이들에게 늘 말하지 않던가? "크면 괜찮아질 거야!" "아빠가 말한 대로 나중에는 다 좋아질 거야!" "내일 생각하자, 오늘은 걱정 말고 자도록 해!" 이처럼 시간이 지나면 나아지기를 기대하며 많은 이가 하루하루를 살아간다. 몸을 웅크린 채 괴로운 순간이 어서 지나가기를 기다리고, 세월이 흐르면 이 모든 것이 나쁜 추억에 지나지 않기를 기대한다. 지금은 겨울잠을 잘 때다, 언젠가 봄은 올 테니까. 게다가 이것은 사회가 우리에게 바라는 대로 행동하는 것이기도 하다. 즉, 진짜 인생이 찾아오기를 순종적으로 기다리며 숨을 죽이고 살아가는 것이다.

더 좋은 것이 오리라는 기대는 아동기에 형성된다. 자기보다 더 많은 것을 누리는 형이나 누나를 보면서 나중에 자신에게도 그들처럼 특권이 부여되리라고 기대한다. 아홉 시가 아니라 열 시에 잠자리에 들고, 자전거를 타고, 휴대전화가 생기고, 약간의 자유와 이성 친구가 생기고, 나중에 더 크면 더 많은 것이 생기리라고 믿는 것이다.

하지만 우리는 이미 어른이 됐다. 그런데도 아직 더 기다려야 한다는 것인가? 신데렐라에게는 왕궁 무도회에 가는 언니들의 발밑을 걸레로 닦는 일밖에 다른 선택이 없었다. 이 동화는 고통스럽지만 너무도 인간적인 두 가지 생각을 담고 있다. 첫째, 다른 사람들은 언제나 나보다 운이 좋다는 것과 둘째, 행복이 찾아와 문을 두드릴 때까지 나는 더 나은 미래를 꿈꾸며 이 서글픈 삶을 계속할 수밖에 없다는 것이다. 신데렐라는 자기 삶을 바꾸는 데 무엇 하나 자기 힘으로 할 줄 아는 것이 없다. 뭔가가 달라지려면 요정의 도움이 필요하다. 그리고 무언가를 얻으려 할 때 마법보다 손쉬운 방법은 없다. 신데렐라는 멋진 왕자님과 재회하는 데 발가락 하나 까딱하지 않지만, 우리처럼 평범한 사람들은 모든 것을 혼자 알아서 해결해야 한다. 물론 우리도 세월이 흐르면 나중에 상황이 좋아지리라는 기대를 품는다. 하지만 '나중에'라는 말에 기약이 있을까? 하루하루 버텨서 일 년이 지나고, 또 일 년이 지나, 대체 몇 년이 흘러야 좋아질까? 그리고 앞으로 다가올 행복을 기다리는 이 대기실에 영원히 갇혀 있는 듯한 이 비참한 기분을 어떻게 떨쳐버려야 할까? 내일 일은 내일이 돼야 알 수 있지만, 나중에 돈도 시간도 많아지면 드디어 원하던 것을 할 수 있으리라고 믿는다. 어렸을 때부터 그렇게 믿어왔기 때문이다. '나중에 어른이 되면 난 자유로워질 테고, 아무도 이래라저래라 하지 않을 테니 내가 하고 싶은 대로 하면서 살겠어.' 그리고 드디어 어른이 됐다. '지금은 조금 힘들더라도 나중에는 훨씬 좋아질 거야. 일이 줄어들면, 애인이 생기면, 결혼하고 아이가 생기면, 이 원고가 끝나면 휴가를 떠나겠어. 아이들이 모두 크면 여행을 다녀야지. 옛날에 중단했던 미술사 강의도 다시 듣고, 그림도 다시 그리기 시작할 거야. 은퇴하면 옷장부터 싹 정리해야지. 본격적으로 다이어트해서 몸짱으로 다시 태어날 거야. 그리고 정말로 푹 쉬겠어. 난 드디어 행복해질 거야…' 언제? 죽고 나면? 그렇게 되기를 기대하고 또 기대하자.

희망은 삶의 등대다

> 기대라는 약은 치유하는 것이 아니라
> 더 오랫동안 고통받게 할 뿐이다.
> ―마르셀 아샤

"그이가 변하기를 기대했죠." 최근에 남자친구와 이별한 마흔 살의 프랑수아즈는 슬픔을 못 이기며 이야기를 계속했다. "시간이 지나면 그이가 한 걸음 더 성장해서 자신을 가로막고 있는 두려움의 원인을 찾아내리라고 생각했어요. 그 과정에 제가 도움이 되기를 바랐죠. 저는 그이한테 노력하면 자기 인생을 충만하게 살 수 있다는 사실을 알게 해주고 싶었어요. 제가 생각하는 이런 삶의 방식에 그이가 동참하는 것이 꼭 필요했죠. 왜냐면 그이한테는 정말 많은 재능이 있고, 그 재능을 꽃피울 가능성이 있다는 걸 알고 있었으니까요. 저는 그이가 행복할 수 있다고 확신했고, 또 달라지리라는 확고한 희망이 있었지만, 그이는 제 말에 전혀 관심을 보이지 않았어요."

나는 프랑수아즈를 보면서 다른 여자 환자가 생각났다. 그 여성은 세 번 연속으로 남자와 뜨거운 관계에 빠졌고, 자기 애인들을 모조리 '찌질이 루저'라고 부르며 관계를 청산했다. 내가 보기에 그들은 운 없는 남자들이었다. 왜냐면 그들은 그녀 때문에 술을 끊고, 미친 짓을 그만두고, 일에 몰두하고, 승진하고, 부자가 되려고 애써야 했기 때문이다. 하지만 정말 그렇게 됐을까?

'사람은 절대 변하지 않는다.'는 말은 사실일까? 때로 사람은 변하기도 하지만 누구도 그것을 예측할 수는 없다. 더구나 자신의 의지가 아니라 다른 사람의 욕심 때문이라면 더욱 변하기 어렵다. 그러니 이런 희망 위에 집을 지으려고 한다면 그 집이 무너질 확률은 100%에 가깝다.

또 다른 삼십 대 여성은 오십 대 남자와 사랑을 시작했다. 그에게는 이미 사춘기 자녀가 둘이나 있었기에 더는 아이를 원하지 않았다. 하지만 그녀는 아이를 낳고 기르는 행복을 포기하고 싶지 않았다. 직장에서 지금의 자리에 오르기까지 많은 공부와 노력을 해왔던 그녀는 이제 나이도 들었으니 가정을 꾸려야 할 때라고 판단했다. 게다가 생체 시계가 강한 신호를 보내고 있었지만, 그녀가 사랑하는 남자는 아이를 원치 않는다고 했다. 그는 처음 두 사람이 만났을 때 이미 그렇게 말하긴 했지만, 삶의 기쁨과 젊음의 활력을 되찾게 해준 그녀를 잃게 될 것이 두려워 아주 모호하게 말했다.

하지만 기대는 작은 틈새를 파고들어 둥지를 튼다. 상대가 변하기를 기대해서는 안 된다. 우리에게는 상대가 달라지게 할 능력이 없다. 스스로 달라지기를 바라야 하고, 그렇게 할 수 있다면 그 길을 가야 한다. 두 사람의 관계는 상대가 더 나아지리라는 희망이나 자신이 꿈꾸고 있는 미래가 아니라 이미 지나간 과거와 지금 이 순간의 상태에서만 뿌리내릴 수 있다.

욕망하는 미래와 함께 현재를 사는 것이 아니라 현재의 모습과 함께 미래를 만들어가야 한다. 햇살은 아름답지만 그 위에 집을 지을 수는 없다.

때로 우리가 별생각 없이 흔히 쓰는 표현의 정당성을 의심해보는 것도 나쁘지 않다. 상투적인 표현이 우리에게 구실을 만들어주거나 우리를 잘못된 선택에 붙잡아두는 것은 아닌지 살펴보자는 것이다. '희망은 삶의 등대다.'라는 표현도 그중 하나다. 그리고 잘 알려지지 않았지만 그 뒤에 이어지는 말에 주목하자. '그리고 우리는 기다림 때문에 죽는다.'

불만에 길들여진 불쌍한 인간들을 끈질긴 기다림의 운명에 봉인해버리는 서글픈 결말 같은 이 말을 우리는 얼마나 많이 들어왔던가. "그나마 희망이 있으니 살지. 아무렴, 그렇고말고. 자, 우리 모두 힘겹고 고달프게 살아가지만, 잘 견디다 보면 언젠가는 반드시 좋은 날이 찾아올 거야." 우리는 기다리고 꿈꾼다. 꿈꿀 수 있다는 것만 해도 다행이라고 하겠지만, 그렇다고 꿈이 이뤄지는 것은 아니다.

정말 희망이 삶의 등대일까? 가끔은 그렇다고 말할 수 있을지도 모른다. 하지만 이렇게 바라고 기다린 날들이 만들어놓은 것은 과연 어떤 인생이고 어떤 가치일까? 물론 위중한 상황에서 희망이라는 말에 담긴 무게를 우리는 잘 알고 있다. 별로 걱정하지 않고 받은 종합검진 뒤에 중병에 걸렸다는 사실을 알게 됐을 때 착실하게 치료하면 나으리라는 희망을 품는 것은 당연하다. 하지만 일상생활에서 희망이 만족한 삶을 만들어주지는 않는다. 본질적으로 희망은 우리가 갖고 있지 않은 것, 다가올 것, 적어도 그렇다고 믿는 것으로 우리를 이끈다. 하지만 그러는 사이에 우리는 실제로 손에 쥐고 있는 것으로 무엇을 하고 있을까? 서기 1세기에 세네카는 "인생에서 가장 큰 장애물은 내일을 기대하며 오늘을 무시하는 기다림이다."라고 말했다. 우리의 모든 생각이 내일에만 맞춰져 있다면, 우리가 살아가는 단 하나의 진정한 순간인 '오늘'을 어떻게 누릴 것인가? 우리가 살지도 않는 머나먼 곳을 꿈꾸면서 어떻게 우리의 '여기'를 살아갈 것인가?

마르셀 프루스트는 『스완네 집 쪽으로』에서 기다림의 고통을 매우 섬세하게 이야기한다.

"잠자리에 들어가 누운 내게 가장 큰 기쁨은 엄마가 방에 올라와 침대에 누운 내게 입을 맞추는 것이었다. 하지만 이 저녁 인사는 너무나 짧아 엄마가 계단을 올라올 때 밀짚으로 땋은 줄이 달린 푸른색 모슬린 드레스가 이중문이 달린 복도를 지나는 소리를 듣는 것이 내게는 고통의 순간이었다. 이것은 앞으로 일어날 일을 예고하고 있었다. 엄마는 내 곁을 떠나 다시 아래층으로 내려갈 것이다. 나는 결국 너무나 좋아하던 저녁 인사가 되도록 늦게 오기를, 엄마가 아직 오지 않은 유예 기간이 더 오래 지속되기를 바라게 됐다."[13]

미래의 무언가를 바란다는 것은 마음이 다른 곳에 가 있다는 것이고, 우리에게 없는 것을 사랑하는 것이며, 비록 불완전해도 실제로 가지고 있는 것을 파괴하는 행위다. 이것은 욕심을 버리면 고통도 사라진다는 불교의 가르침을 단순화한 말이 아니다. 이 평화로운 무소유의 철학에 끌리는 사람도 있겠지만, 그것은 여기서 말하고자 하는 바가 아니다. 욕망 역시 건강하고 아름다운 삶의 한 부분이다. 욕망은 우리를 부추겨 감동하게 하는,

13) Marcel Proust, *Du côté de chez Swann* (스완네 집 쪽으로), Grasset, 1913.

살아 있는 흥분제다. 그리고 변화의 동력으로 작동해서 기쁨과 힘, 창의력을 샘솟게 하고 우리를 앞으로 끌어준다. 욕망은 행동을 부르지만 희망은 기다림을 뜻한다. 희망은 없는 것을 사랑해 공허로 배를 채우게 하는, 수동적인 고통이 그럴듯하게 포장된 형태다. 아니, 희망은 삶의 등대가 아니라 오히려 있는 그대로의 모습을 보지 못하게 할 때가 많다. 비록 불완전하더라도 그대로 흘러가는 인생은 물론이고 심지어 발전의 잠재성마저도 방해한다. 희망은 다른 곳을 바라보는 것이며 오늘을 살면서 '내일이 더 좋다.'고 말하는 것이다. 희망은 아쉬워하는 시간이며 오늘을 살면서 '어제가 더 좋았다.'고 말하는 것이다.

죽음을 앞둔 순간처럼 특별히 고통스러운 때가 있다. 사랑하는 사람이 죽어가지만, 치료약도 치유의 가망도 없을 때 희망은 평소보다 더 멀리 우리를 데려가서 얼마 남지 않은 시간을 진실하게 살지 못하게 한다. 가망이 없어도 회복을 이야기하고, 불가능하다는 것을 알면서도 내일을 이야기하게 한다. 우리는 희망으로 속이고 사랑으로 거짓말하면서, 안타깝게도 진실하고 깊이 있고 연약하기에 더 소중한 많은 것을 놓친다. 더 나은 내일을 향한 희망이 비록 힘겹고 혼란스럽지만, 그것이 나의 진실인 오늘을 올바르게 살지 못하게 한다. 여기서 희망은 우리가 사랑하는 사람에 대해 품는 희망, 솔직함이 들어설 자리가 없는 눈 먼 희망, 진실을 듣고 자신의 고통과 절망을 인정받고 싶어 하는 병자의 입을 틀어막는 희망을 말한다. 이런 희망은 환자 자신을 자극해서 가능성이 희박한 치료의 다리를 건너려고 몸부림치게 하는 생존의 욕망, 치유되고 싶어 하는 욕망과 다르다. 이런 욕망이 희망의 모습을 하고 있을 때에는 용기를 북돋아줘야 한다. 이 용기는 의심을 걷어내고, 고통을 잠재우며, 삶을 향한 열정을 북돋는다.

나를 무시하네

뒤따르는 운전자에게 참을성은 미덕이고
앞서 가는 운전자에게 참을성은 무시다.
—미상

남의 부적절한 행동이 자신을 겨냥하고 있다는 생각은 씁쓸하게 나타나는 자기중심적 사고다. 이런 생각에 사로잡히면 자기가 싫어하는 행동을 하는 상대가 고의적으로 자신을 화나게 하고 무시할 목적으로 그런 행동을 계속한다고 믿게 된다. 그렇다면 왜 어떤 사람들은 주위의 반응을 개의치 않고 언짢은 행동을 하는 것일까?

이런 사람들을 성격과 관련지어 세 부류로 나눠볼 수 있다.

첫 번째 부류의 사람들은 불쾌함을 명확히 표시하면 즉시 행동을 멈추고, 본의 아니게 불편을 끼쳐 미안하다며 다시는 그러지 않겠다고 사과한다. 간혹 스스로 자신을 지나치게 질책해서 보는 사람을 민망하게 하기도 한다. 이들은 의견이나 태도를 당장 바꾸지는 않더라도 그럴 의지가 있는 사람들로서 타협이 가능한 상대여서 원만한 합의를 이끌어낼 수 있다. 가장 흔한 유형이다.

이보다 흔하지 않은 두 번째 부류의 사람들은 남을 개의치 않는다. 이들은 늘 그래 왔던 대로 행동하고 자신의 입장을 바꾸지 않는다. 내 행동이 불편하면 내가 없는 곳으로 가버리라는 식이다. 이들은 자신의 그런 태도를 버리지 않지만, 그것은 우리를 무시해서가 아니라 그저 개의치 않을 뿐이다. 이들에게는 자기 자신밖에 없기에 남을 무시할 정도의 관심조차 없다. 이들은 다른 사람과 관계를 맺지 않고, 세상에 혼자만 있는 것처럼 행동하고 또 그렇게 아주 잘 살아간다. 자신만의 길을 가는 이들과 타협하기는 불가능하다. 이들을 나무랄 수 있는 (물론 헛된 일이지만) 단 한 가지 결점은 그들의 맹목적인 이기심이다.

세 번째 부류는 실제로 사람들을 무시한다. 항의하면 더 불쾌하게 행동한다. 남에게 휘둘린다는 인상을 주기 싫고, 아무도 자기 인생에 간섭할 수 없다고 생각하기 때문이다. 그리고 타협을 패배로 여긴다. 이들은 성격상 첫 번째 부류처럼 잘못을 인정하고 용서를 구할 수도 없고, 두 번째 부류처럼 자기만의 길을 갈 수도 없기에 상처받지 않으려고 상대를 공격한다. 상대가 불쾌해한다는 것을 알고 있어서 그런 행동을 계속하는 것이다. 이런 사람들은 짜증스럽고, 도발적이며, 위협적이기까지 하다. 이들과는 말을 하면 할수록 상황이 더욱 나빠진다. 우리가 존중받으려고 할수록 이들은 더 격렬하게 반격한다. 이들의 목적은 인간관계에서 자신이 조종당한다는 느낌이 들지 않게 주도권을 쥐는 데 있다. 따라서 이들에게는 끝없는 공격만이 자신의 존재를 확인하는 길이다.

이런 부류의 행동은 어디에서나 볼 수 있다. 예를 들어 비행기에 탑승하는 승객들을 관찰해보라. 대부분 다른 사람을 방해하지 않기 위해 재빨리 자리를 찾아 앉는다. 이들은 첫 번째 부류에 해당한다.

하지만 언제나 다른 사람에게 불편을 끼치는 사람들이 있다. 자기한테 필요한 만큼 충분히 시간을 끌며 뒤에 길게 늘어선 사람들은 아랑곳하지 않고 외투를 꼼꼼하게 접고, 개인 사물을 이것저것 정리해서 짐칸에 올린다. 남들이 조바심하며 기다리든 말든 전혀 상관하지 않는다. 이들은 두 번째 부류의 사람들로서 자신만의 인생을 살 뿐이다.

그러나 세 번째 부류는 자기 뒤에 사람들이 길게 줄을 서서 기다리는 것을 오히려 즐긴다. 자신이 가로막은 통로를 보며 짜릿한 쾌감을 느끼고, 이 보잘것없는 권력을 느긋하게 만끽한다. 이들에게 존재의 의미는 남을 괴롭히는 데 있다. 다행히 이런 부류의 인간은 그리 많지 않다.

이런 세 가지 유형의 태도는 물리적으로 사람이 많이 모이는 장소만이 아니라 타자를 수용하거나 배척하는 상호성이 존재하는 모든 영역의 경계에서 찾아볼 수 있다.

어찌 됐든 모든 사람이 자신을 무시한다고 생각하거나 자신은 늘 운이 없다고 믿고 싶다면, 혹시 그 원인이 자신에게 있지는 않은지 절대로 분석하지 말자. 자신을 피해자로 자리매김하는 것이 훨씬 편리하기 때문이다. 이런 장점을 간파해서 요즘은 피해자 놀이가 국민적 스포츠가 됐다. "모두 승자가 되라고 강요하는 사회에서 피해자는 오히려 주인공의 표상이 됐다. 그리고 피해자의 비극에 대한 동정적인 여론이 확대되고, 사람들 사이의 일체감이 가장 탄탄한 사회적 유대를 형성하게 됐다. 사람들은 변호사와 심리 치료사들에게 피해자의 권리를 회복해주고, 그의 상처를 치료해주라고 요구한다. 이처럼 오늘날 사회에서 일반화한 '피해자 방식'은 과연 어디까지 갈 것인가?"[14]

이런 감동적이고 열정적인 행동의 대성공을 축하라도 하듯이 우리는 어려움을 이겨내고 장애를 극복한 강자가 아니라 실패하고 뒤처져 고통받는 피해자를 영웅의 자리에 앉힌다. 과거에는 피해자가 자신의 처지를 부끄러워했지만, 지금은 당당하게 드러내고 그것이 자산이 된 새로운 사회적 부류를 형성하며 TV에도 출연하고, 특강도 하고, 책도 출간한다. 지금

---

14) Caroline Eliacheff et Daniel Soulez Larivière, *Le Temps des victimes*(희생자들의 시대), Albin Michel, 2006.

나는 피해자에 대한 동정심을 억제하자고 선동하는 것이 아니라 동정심의 남용이나 가치 전도가 우리 사회에 끼치는 해를 막자고 말하는 것이다. 이런 식의 피해자 예찬은 피해자에게도 사회에도 이롭지 못하다.

진짜 피해자는 그리 많지 않다. 자신을 보호할 수 없는 나이에 학대받는 아이들, 예기치 못한 사고나 피할 수 없었던 참사를 당한 어른들을 주변에서 흔히 볼 수 있는 것은 아니다. 그렇다면 무책임과 부주의, 맹목과 자기만족은 어디서 시작될까? 진짜 피해자가 어떤 사람인지를 몇 줄의 글로 정의할 수는 없으니 이 말에 상처받는 사람이 없기 바란다. 무슨 일을 겪었든 중요한 것은 자신의 삶을 다시 일으켜 세우려는 의지다.

자신을 피해자로 간주하는 데는 일종의 안락한 환상이 작용한다. 피해가 자기 탓이 아니니 죄의식도 없다. 자기는 어쩔 수 없었으니 책임도 느끼지 못할뿐더러 주위 사람들의 달콤한 동정도 얻는다. 인터넷 게시판은 피해자들의 호소로 넘치지만, 자기가 겪은 불운의 원인을 너무 쉽게 단정해버리면 스스로 치유하겠다는 의지도 사라지고, 깊은 곳에 있는 상처를 보지 못하게 된다.

그래도 여전히 자신을 피해자로 여긴다면 차라리 그 상태를 즐기자! 피해자로서 얻을 수 있는 혜택을 실컷 누리자! 피해로 고통을 느낀다면 그것이 가져다주는 이득이라도 챙기자! 지금 숨통을 조이는 슬픔이나 분노는 나중에 어렴풋이 기억날 것이다. 그때 또다시 피해자가 된다면 '이미 겪은 듯한' 느낌이 들 것이다. 인생에서는 언제나 같은 일이 반복된다는 사실을 깨닫게 해주는 징표처럼 과거에 겪은 일이 그리 특별한 것도 아니었다는 생각이 들 것이다. 그렇게 우리는 여전히 똑같은 자리에서 세상의 불공평함을 견디며 살아가는 불쌍한 피해자의 자리를 지키고 있을 것이다.

불변의 전설

시의 바탕은 진실이지만
종교는 삶의 열정을 가리고 있는 우스꽝스러운 가면처럼
전설의 바탕이 된다.
-알베르 카뮈

어느 집안에나 그들만의 전설이 있다. 오랜 세월 이어져 내려왔기에 감히 아무도 손댈 수 없다고 생각하는 전통이 바로 그런 것이다. 어떤 전통은 자랑스럽기도 하지만, 또 다른 전통은 개인의 의지와 인내심을 시험에 들게 하고, 심지어 해를 끼치기도 한다. 이들 전통은 지향점이 너무 높아서 그 기대에 부합하려면 실패할 것이 자명하지만 그래도 이 불가능한 일을 실현할 수 있다고 믿기에 꾸준히 존숭되고 보존된다. 그래서 전통을 따르지 않으면 흠을 잡아 죄책감을 느끼게 하고, 적극적으로 따르면 그나마 남아 있던 작은 자유마저도 포기해야 한다.

욕심의 정도에 따라 다르지만 개인과 가정에는 이처럼 고리타분하지만 손대지 못하는 습관들이 '전통'이라는 이름으로 존속한다. 예를 들어 대부분 가정에는 매일 치르는 전설적인 '행복 의식'이 있으니 그것은 바로 온 가족이 식탁 앞에 둘러앉아 화목하게 저녁 식사를 하는 것이다. 가정의 행복을 표상하는 이 전설적인 저녁 식사를 할 때 일찌감치 귀가한 아빠는 식탁 상석에 자리를 잡고, 어린아이들은 음식을 흘리지 않고 얌전하게 먹고, 조금 큰 아이들은 떠들거나 부모의 대화에 끼어들지 않는다. 물론 온 식구가 같은 시각에 식욕을 느끼고, 배가 많이 고파도 엄마를 귀찮게 하지 않고 음식이 나오기를 조용히 기다린다. 엄마의 음식에는 영양분이 골고루 들어 있고, 혹시 맛이 없어도 불평하는 사람은 아무도 없다. 왜냐면 뭐니 뭐니 해도 집밥이 최고이기 때문이다. 아이들은 엄마가 시키지 않아도 스스로 식탁을 차리고, 엄마와 아빠는 식사 중에 다정하게 눈짓을 주고받으며, 온 가족이 그날 일어난 일들을 이야기하며 유쾌하게 웃음을 터뜨리기도 한다. 아기가 그릇을 엎어도 상관없다. 언니 오빠가 얼른 일어나 치워주고 식탁보는 코팅이 돼 있기 때문이다. 모두 엄마가 차려준 음식을 남기지 않고 잘 먹고, 식사 후에는 엄마에게 고맙다고 말하는 것도 잊지 않는다. 이처럼 훈훈한 식사가 끝나면 만족스럽고 평온해진 가족들은 각자 자기 공간으로 돌아가 내일을 준비한다.

아? 여러분 집안은 사정이 좀 다른가? 아빠는 늘 늦게 들어오고, 엄마는 귀가한 아빠에게 시큰둥하게 대하고, 아이들은 식탁에서 싸우고, 엄마가 만든 음식보다는 맥도널드 햄버거를 더 좋아하고, 채소나 생선은 절대 안 먹겠다고 버티고, 어린 동생이 접시를 엎어도 모른 척하고, 엄마 아빠가 식사를 끝내기도 전에 먼저 일어나 자기 방으로 가버린다고? 뭐, 그래도 괜찮다, 다시 시작하면 되니까. 다 좋아질 테니까. 온 가족이 모인 저녁 식사는 행복한 가정의 상징이라고 다들 이야기하고, 실제로 다른 집에서는 다들 그렇게 하고 있을 것이다.

삶을 피곤하게 하는 전통은 그 밖에도 많이 찾아볼 수 있다. 분명히 여러분의 집에도 그런 전통이 있을 것이다. '우리 아이는 꼭 의대에 들어가서 자기 아버지처럼 의사가 될 거야.' 이것은 연예인이나 기술자가 되고 싶은 아이들의 삶을 비참하게 만드는 아주 좋은 방법이다. '부모는 부모다. 어떤 부모라도 존경해야 한다.'는 전설은 알코올중독자나 폭력적인 부모가 있는 집에서 더 큰 효과를 발휘한다. '갓난아이도 만 3개월이 되면 어린이집에 보내야 나중에 사회생활을 잘하게 된다.'는 전설도 아이의 불행을 예고하는 주문이 될 수 있다. '아이의 인생이 달린 문제이니 유치원 때부터 가장 좋은 곳에 보내야 한다. 좋은 초등학교에 들어가야 좋은 중·고등학교에 갈 수 있고, 그래야 좋은 대학에 들어가 좋은 집안 자녀들과 네트워크를 형성할 수 있다.'는 전설에 따라 얼마나 많은 부모가 좋은 학교가 있는 곳으로 이사하고, 학교에 들락거리고, 학원가를 헤매고 있는가. 이것은 아이가 진정으로 원하는 것은 아랑곳하지 않고 정확한 근거도 없이 부모가 아이에게 휘두르는 권력일 뿐이다. 하지만 정작 그 권력을 써야 할 곳은 다른 데 있다.

이런 전설 중 어떤 것도 필수적인 것은 없다. 그리고 여러 번 시도해도 원하는 결과를 얻지 못했다면, 목표를 잘못 설정했을 수도 있다. 계획을 바꾸고, 대체할 것을 찾고, 유연성과 창의성을 발휘해야 한다.

지금까지는 우리 인생을 좀먹는 몇 가지 왜곡되고 해로운 생각을 살펴봤다. 다음 장에서는 소리 없이 고통받으면서도 절대 바꾸려 하지 않는 '불행해지는 습관'을 살펴보자.

2장

완고함과 헛된 기다림 ✐
···

그녀는 걸었다,
마음속에 근심이 도사리고 있을 때
그녀의 영혼이 움직이기를 재촉하기에,
가만히 있으면 끔찍한 고통이 밀려오기에.
-밀란 쿤데라

굳어버린 체념, 쓸모없는 기다림, 헛된 희망, 끈질긴 고집 같은 것의 배경에는 완고함이 숨어 있다. 이런 완고함에 지배당하는 사람은 달라지려고 하지 않는다. 남과 소통하지 않고 혼자 무언가를 하염없이 기다리거나, 새로운 것을 시도할 용기도 없어 그저 버틸 뿐이다. 아무것도 하지 않는 자신을 스스로 정당화하면서 모든 것에 문제를 제기하지만, 정작 하나도 결정하지 못하고 무기력하게 스스로 앞길을 가로막는다. 어떤 위험도 감수하지 않고, 모든 것을 나중으로 미루고, 자기한테는 결정권이 없다며 뒤로 물러난다. 결국, 이 불행한 상태에서 벗어나지 않을 이유를 수백 수천 가지나 만들고 있다. 이런 부동의 완고함은 자신도 모르는 사이에 작동한다. 무의식적인 상태가 잠재의식 상태에서 작동한다. 이 장의 목적은 이처럼 자기 내면에 도사린 부동의 완고함을 분명히 의식하는 데 있다.

따개비

어떤 현실도 환상보다는 아름답다.
—사샤 기트리

바위에 단단하게 달라붙은 원뿔 모양의 작은 조개를 아는가? 바로 따개비다. 파도가 아무리 거세게 몰아쳐도 따개비는 꼼짝도 하지 않고 차가운 물살과 폭풍을 견딘다. 이 악착같은 생물체가 필사적으로 서식처에 달라붙는 이유는 살아남기 위해 다른 방법이 없기 때문이다. 인간도 때로 따개비처럼 행동할 때가 있다. 파도와 바람에 맞서 생각과 고통에, 확신과 원칙에 매달린다. 이것 아니면 절대 안 된다는 식으로 행여 동요할까 봐 남의 말에 귀를 막고, 약해질까 봐 고민하지도 않는다.

우리도 다음과 같은 경우에 따개비처럼 돼버린다.

- 상식을 부정하고 자신만이 옳다고 고집을 부릴 때. '어린 것이 감히 날 가르치려고 해? 난 이미 다 알고 다 해봤어!'
- 다른 방식으로 생각하거나 타인의 생각을 검토하기를 거부할 때. '토론은 시간 낭비야. 이미 결정한 것은 다시 돌아볼 필요 없어!'
- 마음의 문을 늘 닫아놓아 빛도 들어오지 않고, 사람들의 이야기도 들리지 않을 때. '이제 남들이 하는 말은 들을 필요 없어. 나도 충분히 생각해서 이미 많이 달라졌으니까.'
- 전혀 행동하지 않고 모든 것을 말없이 감내할 때. '이런 때는 그저 가만히 있는 게 상책이야. 괜히 나섰다가 손해만 볼 거야.'

따개비가 된다고 악해지는 것은 아니다. 아무도 따개비 따위에 신경 쓰지 않는다. 바위에 달라붙어 다른 조개들 틈에서 살아갈 뿐이다. 움직이지 않고, 선택하지 않고, 탐험하지 않고, 창조하지 않고, 한자리에 머물러 있다. 유감이지만 따개비에게는 다른 방법이 없다.

변화를 원치 않고, 변할 수도 없는 따개비가 가장 자주 쓰는 말 중 하나 가 "그래, 하지만…"이다. 우리는 이 말이 '아니!'에 얼마나 가까운지 잘 알 고 있다.

"시작할 거지?"

"그래, 하지만 오늘은 안 돼."

"그래도 해야 한다는 건 알지?"

"그래, 하지만 너무 어려워."

"시작이라도 해봐."

"그래, 하지만 당장은 안 돼."

다른 사람에게 어떤 사실을 말해야 할 때도 마찬가지다.

"말할 거지?"

"그래, 하지만 자신이 없어."

"걱정할 필요 없잖아."

"그래, 하지만 무서워."

"자, 어서! 지금 말해야 해!"

"그래, 하지만 확신이 서지 않아."

생각 중이고, 곧 할 것이고, 하고 싶지만 자신이 없고, 해야 한다는 것 을 알지만 무섭고, 확신이 서지 않아서 결국 아무것도 하지 않는 상태로 바 위에 꼭 달라붙어 거센 파도에 맞는다.

우리는 마음속에 환상과 거짓 약속을 키우면서 그것을 원하고 있다고 믿지만, 진정으로 원하는 것은 아니다. 아직 움직일 때가 아니고, 아직 불행의 끝이 아니며, 아직 달라지지 않아도 된다는 생각이 내면에 따개비처럼 달라붙어 있기 때문이다. 따라서 모든 설득에 저항하고, 체념하거나 순응하는 수밖에 없다.

직장에서 까다로운 문제로 골머리를 앓고 있을 때 친절한 동료가 해결책을 알려줘도 그의 말을 귀담아듣지 않고 즉시 반론을 제기하며 무시해버린다. 걱정거리를 끌어안고 있을 때 친구가 문제를 다른 각도에서 접근해보라고 충고해줘도 그건 너무 위험하다며 자신의 확신과 생각에서 벗어나기를 거부한다. 예기치 않은 상황이 벌어졌을 때 누군가 새로운 생각과 시각을 제시하면 자기도 이미 다 시도해봤다며 받아들이려고 하지 않는다. '그래, 하지만…'이라는 대응으로 새롭고, 독특하고, 혁신적이고, 창의적인 모든 제안에 등을 돌리는 것이다. 왜냐면 이런 제안은 참여와 양보와 변화를 요구하기 때문이다. 그러나 '그래, 하지만…'이라는 반응에 익숙한 사람은 괴롭거나 불편하지 않고, 버튼 하나로 간단히 해결할 수 있는 방법만을 찾는다.

사회적으로 안정된 지위에 있는 오십 대 남자 프레데릭은 괴로운 연애를 하고 있었다. 여자 친구는 함께 가정을 꾸리기를 간절히 원했지만, 그는 그럴 마음이 전혀 없었다. 이미 그런 경험을 '지긋지긋하게' 해봤기 때문이었다. 그는 각자 영역을 지키면서 함께 즐겁게 시간을 보낼 수 있는, 골치 아프지 않은 남녀 관계를 원했다. 프레데릭은 그녀와 이미 열 번도 넘게 헤어졌다가 다시 만났고, 그럴 때마다 그는 헤어지기로 결심했던 것을 후회하곤 했다. 적어도 며칠 동안은.

하지만 여자 친구는 곧 그의 영역을 침범하고, 그가 세운 계획을 수정하고, 둘이 함께 해야 할 결정을 혼자 내리곤 했다. 프레데릭은 또다시 덫에 걸린 기분이 들었다. 그는 입으로는 '그래'라고 하면서도 머리로는 '아니'라고 생각했고, 이 애매한 태도가 여자 친구를 온갖 허황된 상상에 빠뜨렸다. 결국, 그는 여자 친구에게 또다시 결별을 선언했다. 여자 친구는 몹시 괴로워하며 그에게 문자 메시지를 수없이 남겼다. 프레데릭은 마치 기다렸다는 듯이 곧바로 저항을 포기했지만, 그것은 그가 진정으로 원하는 것은 아니었다. 여자 친구가 괴로워하면 죄책감이 들어서 견디지 못했던 것이다. 그리고 모든 것은 처음부터 다시 시작됐다.

안타깝지만 한편으로는 인간적이기도 한 이 일화는 진심에서 우러나오는 결정을 내리기가 얼마나 어려운가를 보여준다. 프레데릭이 '그래, 하지만…'이라며 결정을 내리지 못하는 것은 확신이 모자라기 때문이다. 잘못 생각하지 않았다는 확신, 후회하지 않으리라는 확신, 여자 친구에게 고통을 주지 않을 확신이 필요하기 때문이다. 하지만 그는 이런 확신을 절대 얻지 못할 것이다. 진짜 결별하든지 아니면 완전히 정착하든지, 분명히 결정하지 못하고 질질 끌면서 자신과 여자 친구에게 더 큰 고통을 주고 있다.

누구나 살아가면서 불확실성이 완전히 배제돼 핵심이 분명하게 드러난 문제에 직면하는 경우는 드물다. 실존적인 문제들은 늘 복잡하고 모호하다. 때로 혼란스럽고 불쾌한 일도 있고, 대가를 치러야 하는 일도 있는 것이 인생이다. 환상이 아니라면 어떤 문제든 의혹이 완벽하게 사라질 수 없다. 의혹도 인간 존재의 한 부분이다. 그러나 중요한 것은 의혹이 생기더라도 앞으로 나아가야 한다는 것이다. 의혹을 해결할 수 없는 장애로 간주하기보다는 있는 그대로 받아들이는 편이 낫다. 위험은 인생의 제동 장치도 아니고 죄의식의 원천도 아니다. 위험을 우리의 시야와 선택을 방해하는 짙은 안개로 간주하지 말고, 가상의 작은 가방에 넣은 다음 자물쇠로 잠가버리자. 그렇게 하면 우리 인생에 불확실성이 분명히 존재하더라도 그만큼의 무게가 나가는 가방에 들어 있다는 것을 알고 살아갈 수 있다.

그러나 비판 정신을 찬양하는 사람들은 모든 것을 의심하는 태도를 권장하면서 '그래, 하지만…'을 모든 주장의 작동 방식으로 삼지만, 이는 개혁적이라기보다는 경멸적인 경향을 보인다. 간단한 생각에 간단히 동의하는 것조차 불가능한 사람들에게 정신의 자유는 어떤 주장이든 그 가치를 끌어내려 다른 주장들과 별로 다를 것이 없는 것으로 만들어버리는 경각심의 발현일 뿐이며, 원칙적으로 모든 생각에 자동적으로 반대하는 기제의 작용일 뿐이다. 브뤼크네르의 말대로 '인간을 선입견에서 해방하는 기능을 하던 비판 정신은 이제 가장 널리 퍼진 선입견이 됐다. 경각심이 한계를 넘어서면 이성은 파괴적인 회의주의로 변질되고, 의심이 유일한 믿음이 되면 이전에 믿음을 숭배하던 모든 에너지를 비방하게 된다.'[15] 악마의 변호사를 자처하는 이들 회의주의자는 토론이 벌어질 때마다 기계적으로 모든 주장을 비판하고, 그럴 때 그들의 비판 정신은 새로운 생각의 타당성을 점검하는 장치가 아니라 무조건적으로 제동하는 장치가 될 뿐이다.

15) Pascal Bruckner, *op. cit.*

방치하기

알렉시아는 남들이 보기에 의도적으로 그러기를 즐기는 것처럼 보일 정도로 모든 상황을 방치했다. 메일을 받으면 답장을 늦게 하고, 자동응답기에 남겨진 메시지도 거의 듣지 않고, 휴대전화 문자 메시지도 읽지 않았다. 하지만 직업적인 이유로 이런 통신 방법이 꼭 필요했기에 그녀는 고객들에게 자동응답기나 자동 회신 메일로 양해를 구해두곤 했다. "안녕하세요, 알렉시아입니다. 지금은 연락이 되지 않으니 메시지를 남겨주세요." 하지만 메시지를 남겨도 회신을 받은 고객은 거의 없었다. 그녀는 거래처에 "주말까지 서류를 보내겠습니다."라고 해놓고는 열흘이 지나도록 아무것도 보내지 않았다. 그녀와 직접 통화하려 해도 늘 부재중이었다. 고객들은 불만이 쌓여갔고, 그녀에게 보내는 메시지 내용도 점점 험악해졌다. 알렉시아는 최후의 순간에야 나타나 스스로 자신을 용서할 수 없다는 둥 구차한 변명을 늘어놓으며 임시방편으로 몇 가지 작업을 서둘러 끝내서 최악의 상황이 벌어지는 것을 간신히 막곤 했다.

이것이 바로 '시한폭탄 효과'다. 상황을 방치해서 점점 악화시키다가 폭발을 알리는 신호음이 들리면 그제야 나타난 영웅은 보란 듯이 폭탄을 분해한다. 폭탄을 오랫동안 방치할수록 구출 작전은 더 짜릿하고 흥미로워진다. 결국, 이런 사람들은 자기가 지른 불을 끄는 소방관이 되는 셈이다. 이들에게는 마약처럼 항상 일정한 양의 아드레날린이 필요하다. 기한을 맞추고 제때 일하는 것은 너무 따분하다. 그러나 자신이 재앙을 막는 데 꼭 필요한 존재라는 환상에 빠져 이처럼 극적인 효과를 노리다 보면 언젠가는 폭탄이 눈앞에서 터지는 날이 오게 마련이다. 고객이나 친구나 배우자와의 관계는 한번 나빠지면 되돌리기 어렵다. 더는 매력만으로 무례함을 덮을 수 없고, 상대의 용서도 바닥을 드러내며, 마지막 순간에 발휘하는 역량도 마감 기한을 잊어버리게 하지 못한다. 한마디로 끝장나는 것이다.

같은 시나리오로 건강을 해칠 수도 있다. 식사는 불규칙하고, 일은 너무 많고, 온종일 사무실에 앉아 있거나 미친 듯이 뛰어다니며 스트레스를 받고, 술 마시고, 담배 피우고…. 이런 생활이 건강에 어떤 영향을 미치는지는 구태여 말할 필요도 없다. 그런데도 몸이 보내는 위험 신호에 절대 귀를 기울이지 않는다. 체중을 재거나 혈압을 점검하지도 않고, 정기검진도 받지 않는다. 어떤 기능은 한번 저하되면 회복할 수 없다는 말은 아예 못 들은 척해버린다.

이런 '시한폭탄 효과'보다 더 흥미로운 것은 '부메랑 효과'다. 모르는 척하며 다른 곳으로 보내버린 문제들이 한참 뒤에 돌아오는 것이다. 짜증나는 청구서, 고지서, 독촉장, 내용증명, 최고 통지 따위를 찢어버리고 잊어버린 채 살다 보면 어느 날 과징금이 붙어 엄청난 금액이 적힌 청구서와 강제집행 명령서를 손에 든 집행관이 문을 두드린다.

말하지 않고, 행동하지 않으면서 부분적인 해결책도 찾지 않는 것은 수동적인 전략으로 문제를 멀리 밀어놓을 뿐이며 시간이 지난 만큼 상태는 더 나빠진다. 상황을 방치하는 것은 맹목적인 수동성과 완고함을 고집하는 태도로 아무 소용이 없을뿐더러 결국 위험을 부르게 마련이다.

남의 인정 바라기

> 어떤 존재도 다른 존재를 구원하지 못한다.
> 스스로 자신을 구원해야 한다.
> ─허먼 멜빌

남에게 인정받을 때 얼마나 기분이 뿌듯한가! 이런 감정은 특히 어린 시절에 부모님을 기쁘게 하고, 선생님께 칭찬받고, 친구들의 지지를 받으려고 애쓰는 중요한 동기로 작용한다.

여자아이들은 남의 시선에 특히 민감하다. 오이디푸스 콤플렉스가 작동하는 시기에 여자아이는 남자아이보다 심리적으로 훨씬 복잡해서 친구들의 지지를 받으려는 욕구가 매우 크다.[16] 쉬는 시간에 학교는 이들의 수다로 늘 소란스럽다. "넌 내 친구야. 전에 너랑 싸웠지만, 쟤가 너에 대해 나쁘게 얘기해서 난 기분이 몹시 나빴어. 그래서 난 쟤랑 놀지 않고 너랑 다시 친구하기로 했어." 여자아이들은 절교했다가 다시 친해지고 라이벌을 물리치면 안심한다.

여자아이들이 이렇게 감정적으로 복잡한 관계를 맺는 사이에 남자아이들은 서로 장난하고, 힘을 겨루고, 뒤엉켜 싸운다. 이들은 남이 칭찬하면 으쓱하고 영웅이 되기를 좋아하지만, 이것은 가장 센 사람이 되는 기쁨을 맛보려는 태도로 남의 인정을 받으려는 욕구와는 조금 거리가 있다.

어른이 돼도 남녀 사이의 차이점은 확연히 드러난다. 인정에 민감한 것은 정말 여자만의 특성일까? 그리고 그 원인은 심리적·교육적·문화적·

---

16) Marie Andersen, *La Manipulation ordinaire: Reconnaître les relations toxiques pour s'en protéger* (일상적인 조작: 독이 되는 관계를 알아내어 자신을 보호하기), Ixelles Editions, 2010.

유전적인 것일까? 분명한 사실은 여자든 남자든 타인의 인정에 완벽하게 무관심할 수 없다는 것이다. 하지만 사실 이런 것은 그리 중요하지 않다. 문제는 타인의 인정을 바라는 것이 자신은 꼼짝하지 않고 다른 사람에게 책임을 전가하는 좋은 방법이라는 데 있다. 자기 욕망을 스스로 온전히 책임지지 않고, 남과 책임을 나누고, 함께 결정하고, 함께 행동하기를 원하는 것, 바로 이것이 문제다.

"이번에야말로 본격적으로 집을 정리해야겠어요. 공간이 전혀 없어요. 계속 쌓아두기만 하니 어디에 뭐가 있는지 모르겠어요. 물건을 찾을 수도 없어요. 창고에 가득 들어 있는 잡동사니를 다 버리고 꼭 필요한 것만 추려야겠어요. 다른 물건들을 정리해서 넣을 수 있게 자리를 만들어야 하니까요. 그러고 나서 추려낸 물건들을 어떻게 처리할지 결정해야죠. 사실 간직하고 싶은 물건은 별로 없어요. 지난 몇 년 동안 그냥 내버려뒀지만 이번에는 남편이 제 생각에 찬성했으면 좋겠어요. 그이는 집안 꼴이 엉망이어도 상관없다고 하는데, 그럴 수는 없죠. 남편이 저와 함께 청소하고, 물건들을 같이 추려내고 어떻게 처분할지 함께 결정했으면 해요. 그런데 문제는 남편 퇴근이 늦어서 집에 오면 늘 피곤해한다는 거예요. 주말에는 운동을 하거나 낮잠을 자요. 가끔 아이들하고 놀고 집안일도 하죠. 물론 남편한테 시간이 별로 없다는 건 나도 인정해요. 그래요, 남편한테 특별히 불만이 있는 건 아녜요. 남편은 착한 사람이거든요. 하지만 저하고 의견이 같았으면 좋겠어요. 정말이지 이제는 우리 집을 엉망진창으로 만드는 짐들을 치워버리고 싶어요. 이게 벌써 5년째라고요!"

이번에는 집 정리에 성공할 수 있을까? 혹시 내년에도 똑같은 이야기를 하고 있는 것은 아닐까?

제라르와 콜레트는 이혼하기로 했다. 콜레트는 열 살짜리 아들에게 부모의 이혼을 알리는 시기를 계속 미루었다. 그녀는 남편이 함께 말해주기를 원하지만, 이 결별을 배신으로 여기는 제라르는 아내의 요구를 들어주고 싶은 마음이 손톱만큼도 없었다. "이혼을 원해? 그럼, 끝까지 책임져!" 콜레트는 이런 식으로 계속 미루다가 아들이 마음의 준비를 할 겨를도 없이 부모의 이혼을 맞이하게 되리라는 것을 깨달았다. 하지만 이혼을 결심하는 것이 그녀가 감당할 수 있는 최대치였기에 아들과 관련된 문제를 남편의 동의 없이 결정할 수는 없었다. 그러는 사이에 아이는 이해할 수 없는 긴장감에 고통받고 있었다. 콜레트는 남편이 자신의 요구를 들어주지 않았기에 이런 문제가 생겼다고 생각했다.

몇 달 후 상황은 다른 형태로 지속됐다. 콜레트와 제라르는 갈라섰고, 아이를 교대로 돌보기로 했지만 모든 것이 마비된 것 같았다. 콜레트는 남편에게서 해방됐으나 인정받고 지원받고 싶은 욕구를 버리지는 못했다. 그리고 아들의 일상에서 일어나는 모든 일을 남편의 동의 없이 스스로 결정하지도 못했다. 결국 제라르는 바라던 증거를 얻었으니 그것은 자기가 없으면 아내는 아무것도 혼자서 하지 못하는 아이에 불과하다는 것이었다.

갈등의 고통

우리가 고민이라고 부르는 것은
이제는 고민스럽지 않은 과거와
아직은 고민스럽지 않은 미래와 연관돼 있다.
-칼프리드 뒤르크하임

"저는 제 애인을 무척 좋아해요." 서른 살의 동성애자 마고가 털어놓았다. "그녀와 함께 있으면 정말 행복하지만, 함께 살기로 마음을 정하지는 못하겠어요. 저는 부모님을 사랑합니다. 특히 엄마는 저의 전부예요. 부모님은 좋은 분들이고 저를 서운하게 하신 적이 없어요. 부모님 댁에 며칠 지내러 가면 언제나 반겨주시죠. 애인은 데려가지 않습니다. 그러고 싶지 않아요. 부모님은 받아들이지 않으실 거예요. 그분들은 제가 행복하기를 바라시지만 동성애자는 불행하다고 믿고 계시기 때문이죠. 시간이 지나면 괜찮아질 거라고, 제가 남자들을 많이 만나봐야 한다고 하십니다. 부모님은 동성애자들을 전혀 이해하지 못하시지만, 그분들 잘못이 아닙니다. 전 부모님을 존경해요. 두 분을 아프게 하고 싶지 않아서 그냥 아무 말도 하지 않습니다. 다시 두 분이 좋아하시는 착한 딸이 되는 거죠. 하지만 며칠 지나면 애인이 보고 싶어서 다시 그녀 곁으로 돌아갑니다. 그녀는 제 부모님을 만나고 싶어 합니다. 우리가 함께 행복한 모습을 보여드리면 부모님도 안심하실 거라고 생각하지만, 저는 싫습니다. 부모님께 너무 가혹한 일이에요. 제가 여자를 좋아한다는 것을 알고는 계시지만 그래도 보지 않는 편이 낫다고 생각해요. 제 애인도 괴로워하고, 부모님도 괴롭고, 저도 괴롭습니다."

마고는 둘 다 잃고 싶지 않았기에 둘 중 하나를 선택하지 않음으로써 둘 다 얻을 수 없게 됐다. 그녀는 선택하지 못한 채 고민에 빠져 있다.

그녀의 싸움에는 두 가지 측면이 있다. 전면에 드러난 사실은 그녀가 부모님과 애인 사이에서 갈등한다는 것이다. 그녀는 그들을 모두 사랑해 누구에게도 아픔을 주고 싶지 않다. 그런데 바로 이 '아픔을 주고 싶지 않은' 마음이 그녀를 괴롭힌다. 왜냐면 이런 마음의 이면에는 더 깊고, 덜 의식적인 싸움이 숨어 있기 때문이다. 마고의 부모는 딸을 있는 그대로 받아들이지 않는다. 마고는 한편으로 부모가 바라는 연애를 해서 그들을 기쁘게 해주고 싶다는 욕구와 다른 한편으로 성인이 된 딸의 자유를 부정하는 부모에게 사고의 편협성을 깨닫게 해주고 싶다는 욕구 사이에서 갈등한다. 하지만 이 두 가지 욕구는 동시에 충족될 수 없다.

마고는 인정하지 않으려고 하지만 온전한 자아가 성립하려면 부모를 잃게 된다는 사실을 알고 있다. 자신이 원하는 삶을 살기 어려운 이유는 부모를 떠나야 하기 때문이다. 부모가 정한 대로 살지 않겠다는 결정이 곧 단절을 의미하는 집안에서는 더욱 그렇다. 자기 날개를 펴고 날아오른다는 것은 다시는 돌아오지 못할 여행을 의미하기 때문이다. 이것은 두 갈래로 찢어지는 고통이다. 우리가 일상에서 내리는 대수롭지 않은 결정들도 명백한 입장이 없으면 불만의 원인이 될 수 있다.

클로에는 이혼을 앞두고 이혼 조정서 작성을 법무사에 위임하면서 진행 상황을 단계별로 자세히 알려 달라고 했다. 하지만 이런 요구가 제대로 전달되지 않았는지, 법무사는 그녀에게 알리지도 않고 상대편에 편지를 보냈다. 그 편지에 중요한 내용은 없었고, 단지 법무사가 신속하게 절차

를 진행하기 위해 임의대로 행동한 것뿐이라고 이해했지만, 어쨌든 그것
은 그녀가 원했던 방식은 아니었다. 처음에 클로에는 법무사에게 메일을
보낼 때 자신의 요구를 애매모호하게 표현했기에 법무사는 짜증이 났
고, 불충분한 소통 때문에 벌어진 상황으로 법무사도 역시 언짢아하고
있었다. 그러나 클로에는 법무사가 자신에게 등을 돌릴 것이 두려워 불
평도 하지 못했다.

조금 단순화하면 이 상황은 신호등처럼 세 가지 색으로 요약할 수 있
다. 파란불, 노란불 그리고 빨간불. 의미가 분명한 두 가지 선택(파란불이거
나 빨간불)은 서로 대립한다. 이것 아니면 저것이다. 파란불은 '그렇다'는 것
이고, 빨간불은 '아니다'라는 것이다. 이 둘 사이에 노란불이 있다. 선택하
지 않은 갈등 상태, 불편한 상황이다. 둘 다 완벽하지 않더라도 한쪽 길을
선택하고 다른 길은 포기해야 한다. 두 길 중 한 길을 포기하는 것은 때로
괴롭지만, 다른 길을 온전히 선택함으로써 얻는 이익이 훨씬 크다.

앞의 예에서 클로에가 선택해야 할 것은 다음과 같다. 우선 확인해야
한다는 생각이 드는 것을 모두 검토한다. 이 경우 법무사가 우편물을 반드
시 자신에게 먼저 보여주고 허락을 얻은 다음 발송할 것을 명확하게 요구
한다. 그러지 않을 거라면 법무사에게 모든 일을 완전히 위임해 더는 신경
쓰지 않고, 걱정을 털어버려야 한다. 머리 싸매기를 특별히 즐기는 사람이
아니라면 양쪽을 모두 망치는 '양다리'를 걸쳐서는 얻는 것이 없다.

문이 잠긴 탑

멀리 갈수록, 높이 오를수록, 첫걸음부터 시작해야 한다.
－프랑수아 쳉

출구가 보이지 않는 상황에 놓여본 적이 있는가? 복잡하게 얽힌 여러 가지 문제에 함몰돼 꼼짝 못 하는 절망적인 상황에서 몇 가지 불리한 조건의 압박을 받고, 게다가 우울증에 시달리면서 확실하지 않은 추정으로 가슴을 쥐어뜯다 보면 외부와 완전히 단절되는 은둔의 모든 준비가 완료된다. 아주 높은 탑에 갇혔지만 문들은 모두 잠겨 있고 어디로 나가야 할지 알 수 없다. 각각의 문을 열려면 거기에 맞는 각각의 열쇠가 필요하지만, 문제는 첫 번째 문의 열쇠가 두 번째 문 뒤에 있다는 것이다. 두 번째 문을 열려면 세 번째 문 뒤에 있는 열쇠가 필요하고, 세 번째 열쇠는 네 번째 문 뒤에 있다. 그야말로 끝이 없는 함정에 빠진 셈이다.

"이 은둔 생활에서 벗어나고 싶어요. 하지만 직장을 구하지 못해 돈이 없어요. 그러니 외출은 엄두도 못 냅니다. 밖에 나가면 돈이 드니까요. 외출하지 않으니 만나는 사람도 없고, 점점 우울해져서 이제는 어디 이력서를 내볼 기력도 없어요. 게다가 지금 이 꼴로 나가봐야 어차피 소용없을 거고요. 제 모습이 초라하지만 돈을 한 푼이라도 아끼려고 미장원에도 안 가고 옷도 안 사 입어요. 정말 비참해요. 어디를 가려면 대중교통을 이용해야 하는 것이 더 짜증나고 시간도 엄청나게 허비합니다. 차가 고장 났는데, 수리비가 없어서 어쩔 수 없어요. 팔아버리면 쓸데없이 들어가는 보험료를 아낄 수 있겠지만, 그렇게 되면 정말 아무것도 가진 게 없어지고, 또 차가 있어야 차가 필요한 직장을 구할 수 있잖아요. 그러면 수리비를 마련할 수 있을 텐데 그러려면 먼저 직장을 구해야죠. 지금 저는 빙글빙글 돌면서 추락하는 기분이 들지만 여기서 빠져나가려면 어디서부터 시작해야 할지 모르겠어요. 모든 게 뒤엉켜 복잡해요."

내게 상담을 요청한 알리스라는 여성이 놓여 있는 상황은 정말 난감하다. 어디서부터 시작해야 할까? 각각의 문제는 그 전 단계가 해결돼야 풀수 있다. 하지만 지금 상태에서는 꼼짝도 할 수 없어 그저 기다리고 낙담할 뿐이다. 이미 오래전부터 그랬고 상태는 점점 더 나빠질 뿐이다. 에너지가 바닥날수록 속수무책으로 가만히 있다는 사실에 죄책감이 들고, 시작하기는 더욱 어려워진다. 그럼, 도대체 어디서부터 어떻게 시작해야 할까?

좋은 순서란 없다. 잘 짜인 스토리보드처럼 논리적이고 명확한 방법은 존재하지 않는다. 단지 여기저기 길을 막고 있는 장벽의 벽돌을 힘닿는 데까지 하나씩 들어내야 한다. 한 번에 하나씩, 비록 체계는 없어도 벽의 이곳저곳을 조금씩 허무는 시도를 계속하는 것이다. 여기에 편지를 보내고, 저기에 전화를 걸고, 책장을 한 칸 정리하고, 서류를 하나 끝내고, 청구서를 하나 해결하고…. 작은 틈새들이 점점 큰 구멍이 돼 조금씩 벽이 무너지고 마침내 사라질 것이다. 그렇게 벽도 문도 열쇠도 없어지고 무엇이든 할 수 있는 평지만 남을 것이다.

리스크 제로

리스크 제로라는 말은 부조리하다.
이 말이 가리키는 현실 자체를 말의 유효성이 부정하기 때문이다.
-안 뒤푸만텔

모든 카드가 손에 들어오기 전에는 절대 베팅하지 않는다! 진행 과정을 통제할 수 없다면 시작조차 하지 않는다! 빠져나갈 구멍이 없는 계약서에는 절대 서명하지 않는다! 낙하산 없는 비행기, 멜빵 없는 바지는 상상도 할 수 없다. 위험은 절대 감수하지 않는다!

우리는 지금 역사적으로 가장 안전한 시대에 살고 있지만 위험에 대한 걱정은 늘어만 간다. 우리는 어떤 위험도 용납하지 않고, 위험에 대비하는 방법마저도 법제화됐다. 우리가 감당할 수 없는 피해(화재, 부상, 장애)는 물론, 일시적인 변경이나 사소한 사고(휴가 일정 변경, 여행 중 짐 분실, 자동차 유리 파손 등)까지도 보장하는 두툼한 계약서를 손에 들고 있는 우리는 보장의 과잉 상태에 있다고 해도 지나친 말이 아니다. 자주 사용하지도 않는 기능들을 너무 많이 갖춘 전자 기기는 보증서가 없으면 팔리지 않고, 상점 점원은 여기에 추가 보증을 권한다. 헬멧을 쓰지 않으면 자전거도 타지 못하고, 보행자는 조만간 형광 안전 조끼를 입어야 할 판이다. 환불 조건 없는 기차의 연착은 상상할 수 없게 됐고, 보험이나 손해배상 절차 없는 인간의 실수는 사라지고 있다. 자기가 자기 돈으로 사서 피운 담배를 만든 제조사에 손해배상을 청구하고, 강이 범람하고 바람이 나무를 쓰러뜨리면 정부를 고소한다.

나는 여기서 안정된 사회제도를 평가하려는 것이 아니라 그 제도에 개입하는 우리의 태도에 문제를 제기하려고 한다. 한 사회의 성격은 결국 그 구성원들의 정신을 반영한다. 점점 더 새로운 기능을 개발하는 기술의 출현은 사회의 확연한 발전과 더불어 우리가 세상을 지배하고 통제한다는 환상을 만들어냈고, 기술의 남용은 모든 것이 가능하고, 무엇이나 예견할 수 있고, 통제할 수 있다는 오해를 불러일으켰다. 하지만 기술의 발전은 인간적인 문제의 해결에 전혀 도움이 되지 않는다. 인공위성을 발사하는 데 절대적으로 필요한 안전장치가 보통 인간에게는 전혀 쓸모없다.

우리가 도달하려는 '리스크 제로'에는 사실 모욕적인 면이 있다. 이 말에는 인간이 유아적이며(위험을 가늠하지 못하는 철부지) 덜 성숙했다(위험을 깨닫지 못하니 자신의 의지와 상관없이 보호돼야 한다.)는 의미가 내포돼 있다. 이것은 우려와 공포를 퍼트려 전 인류를 미숙아로 만들려는 시도이며 가정뿐 아니라 사회에도 손을 뻗어 서서히 마비시키려는 계획이다.

'리스크 제로'라는 말은 우리가 어릴 적 품었던 두려움과 그것에 직결된 안전에 대한 욕구를 자극하는 표현이다. 즉, 위험은 예측할 수도 없고 감당할 수도 없다면서 상대적으로 우리를 약한 존재로 만드는 것이다. 삶은 위험으로 가득 차 있으니 미숙한 우리는 보험증서, 계약서, 보증서, 그리고 온갖 종류의 보호구와 안전장치 없이는 살아남을 수 없다는 것이다.

우리는 때로 자기 내면에 웅크리고 있는 아이의 말에 지나치게 영향을 받는 경향이 있다.[17] 그리고 그 아이의 감정에 휘둘려 공포에 떨고 있는 자신을 그대로 방치한다. 이 아이는 어린 시절에 우리가 세상을 바라보던 감정의 흔적이다. 이런 흔적은 자극에 즉각적으로 반응한다. 이 감정적인 꼬

17) Marie Anderson, *L'Emprise familiale* (가족의 굴레), Ixelles Editions, 2011.

마가 가벼운 즐거움, 이를테면 파티나 깜짝 선물, 웃음, 포옹 같은 영역에 영향을 미치는 것은 괜찮지만 책임이 따르는 어른의 결정을 좌지우지하게 해서는 안 된다. 일이 뜻대로 풀리지 않을 때에는 내면의 아이가 운전대를 잡겠다고 나서고, 우리는 감정적으로 대응해서 직면한 문제를 전체적으로 바라보지 못한다. 타고 있는 조각배가 폭풍을 맞아 요동칠 때에는 당황하거나 포기하지 말고, 어른답게 의지와 이성의 힘으로 거친 물살을 헤쳐 나가야 한다. 위험한 일이지만 그것이 인생이다.

산다는 것 자체가 위험이다. 산다는 것은 자신의 모든 것을 거는 위험을 감당하는 일이다. 죽을 위험이 아니라 죽기 전에 사는 위험을 감당하는 것이다. 마음에 담고 있는 모든 것, 손에 닿는 모든 것을 경험하는 것이다. 산다는 것은 용기를 낸다는 것이고, 용기를 내지 않는다는 것은 이미 패배한 것이다. 용기를 낸다는 것은 실패의 위험을 감당한다는 것이며, 실패해도 그것을 웃어넘긴다는 것이다.

용기를 낸다는 것은 시도하는 위험을 감당하는 것이며 그를 통해 배우는 것이다. 용기를 낸다는 것은 또한 성공을 향해 나아가는 길을 선택한다는 것이며, 반드시 떠들썩한 승리나 절대적인 실패를 염두에 둔다는 것이 아니라 크고 작은 위험을 있는 그대로 받아들이겠다는 것이다. 진짜 인생이란 절반의 성공과 사소한 실패, 그리고 의미 없는 성공과 나중에 새로운 기회를 줄 실패가 제멋대로 짜여 있는 천과 같은 것이다.

어떤 일이든 모든 카드를 손에 쥐고 시작할 수는 없다. 모든 행동에는 위험이 따른다. 우리가 절대 가질 수 없는 한 장의 카드는 필연적으로 내일이 돼야만 얻을 수 있기 때문이다.

내일로 미루는 버릇

무언가를 되돌린다는 것은 시간이라는 거인의 관용을 바라는 것이다.
─안 바라탱

다른 날 해도 되는 일이 있다면 사람들은 대부분 내일로, 나중으로, 다음으로 미루고 오늘 하지 않으려고 한다. 그래서일까? '오늘 할 수 있는 일을 내일로 미루지 말라.'는 18세기 미국의 정치가 토머스 제퍼슨의 격언은 오늘날 전 세계 초등학생들도 익히 알고 있다.

누가 일을 미루어보지 않았을까? 우리는 자주 계획을 세우지만 곧바로 실천하지는 않는다. 크리스마스 선물을 살 때도 바로 전날까지 기다리고, 중요한 전화는 생각할 시간이 필요하다며 내일로 미룬다. 중요한 시험을 앞두고 스트레스를 푼다며 게임을 하고, 파티가 끝나면 다이어트를 시작할 테니 괜찮다며 케이크를 모조리 먹어버린다. 항상 공부하기 전에는 공책을 새로 사고, 책상을 정리하고, 화분에 물을 주고, 필기구를 챙기며 시간을 끈다.

도대체 왜 해야 할 일을 뒤로 미루면서 인생을 허비할까? 때로 오랜 세월 원했던 일을 드디어 실현할 수 있게 됐을 때조차도 왜 당장 뛰어들지 않고 우물쭈물하며 나중으로 미룰까? 하기 싫어서? 그럴 수도 있다. 신이 나서 치과에 예약하거나 집세를 먼저 내는 사람은 드물다. 우리는 결과를 원하지만 거기에 필요한 노력은 하기 싫어한다. 껄끄러운 사람과 전화로 통화하기가 어려운 일은 아니지만 그것을 좋아하는 사람은 없다. 그렇게 해버리면 후련하다는 것을 알면서도 늘 그것을 쇠고랑처럼 차고 다닌다. 학생들은 대부분 싫어하는 과목이 있지만 공부를 피할 수는 없다. 그들이 공부보다는 SNS에서 재미있는 시간을 보내고 싶어 한다는 것은 쉽게 이해할 수 있다. 하지만 이것만으로는 충분한 설명이 되지 않는다. 우리가 좋아해서 선택한 일에도 미루는 습관은 작용한다. 자기가 그토록 원했던 책을 쓸 때도 원고는 한쪽에 밀어놓고 먼저 커피부터 마시고, 정원을 한 바퀴 돌고, 인터넷도 둘러보고, 공연히 냉장고도 열어보는 등 쓸데없이 시간을 허비하는 것처럼 말이다.

실패가 두려워서일까? 그럴 수도 있다. 열심히 공부하고도 시험에 떨어지기보다는 아무것도 안 하고 떨어지는 편이 덜 창피하다. 크리스마스 선물을 살 때 식구들 취향을 고려해서 신중하게 골랐지만 실패할 수 있는 선물보다는 바쁘다는 핑계로 백화점 상품권이나 주는 편이 훨씬 수월하다. 이처럼 위험을 겪지 않고 성공하려는 의도에는 위험에 대한 공포가 숨어 있지만, 역시 이것만으로 우리의 미루는 습관을 설명할 수 없다.

성공이 두려워서일까? 미루기는 역설적으로 성공에 대한 공포, 더 정확하게는 성공하지 않으려는 무의식적인 욕구와 연관돼 있다. 즉, 그다지 어렵지 않은 장애를 극복하는 데 실패함으로써 그 장애 뒤에 찾아올 위험과 마주하지 않아도 된다는 논리가 작동하는 것이다. 이처럼 목적한 일에 곧바로 뛰어들지 않는 것은 익숙하고 만만한 일상에서 벗어나고 싶지 않기 때문이다. 변화도 없고 힘을 쏟을 필요도 없는 구석에 숨어서 도전하고 시도하는 것이 위험하고 불리하다는 이유들을 열심히 찾는 것이다. 왜냐면 낯선 길로 들어설 생각만 해도 지금 겪는 어려움보다 더 큰 어려움을 겪어야 할 것 같기 때문이다. 하지만 이렇게 늘 시도를 미루다 보면 아무것도 없는 백지 앞에 서 있는 자신을 발견하게 될 것이다. 어쨌든 우리는 변화에 대처해야 하고, 삶을 계속하는 위험을 감수할 수밖에 없다.

아니면 너무 빤한 귀결이 싫어서 시도를 뒤로 미루는 것일까? 그럴 수도 있다. 일이 너무 단조롭게 진행되면 따분하다. 마지막 순간에 엄청난 압박을 받으며 일을 끝낸 뒤에 일어나는 왕성한 아드레날린 분비가 없다면 인생은 시시하다.

미루기는 인생의 극적인 전환점에서만 나타나는 것은 아니다. 때로 매우 중요한 선택은 과감하게 해내면서도 사소한 것들에 대처하지 않아 결국 이런 것들이 아주 심각해지기도 한다. 우리는 지금 하고 있는 행동이 반드시 해야 하는 일과 정반대되는 방향에 있다는 사실을 명확하게 의식하면서도 그 행동을 계속할 때가 많다. 살을 빼고 싶지만 먹고, 일해야 하지만 놀고, 약속 시간이 다가오지만 꾸물거리고, 이미 늦었지만 다른 사람에게 전화해서 수다를 떤다. 우리는 왜 이런 짓을 할까?

여러 가지 변형된 형태로 수차례 시도했던 실험이 있다. 어린아이들을 대상으로 한 이 실험은 약간 잔인한 면이 있기는 하지만 우리가 왜 무언가를 미루는지, 그 심리적인 기제를 잘 설명해준다. 바로 저 유명한 '마시멜로 실험'이다.

어린아이 한 명을 실험실 안 탁자 앞에 앉힌다. 탁자 위에는 달콤한 마시멜로가 하나 놓여 있다. 실험 진행자는 아이에게 과자에 손대지 않고 기다리면 나중에 두 배로 큰 마시멜로를 주겠다고 약속한 뒤 자리를 뜬다. 아이는 얼마나 오랫동안 기다려야 하는지 모른다. 실제로 실험에서는 대략 10~15분 정도 기다리게 하지만 어차피 그 나이의 아이에게 시간 개념은 막연하다. 진행자는 아이가 어떻게 마시멜로의 달콤한 유혹에 저항하는지, 실험실이 들여다보이는 거울 뒤에서 그 반응을 관찰한다.

어떤 아이는 금세 무너진다. 그러나 몇 분 동안 마시멜로를 노려보며 버티는 아이의 찡그린 얼굴을 보면 유혹을 이기느라고 얼마나 처절하게 노력하는지 알 수 있다. 팔을 비틀며 금욕의 고통을 호소하다가 마침내 포기한다. 마시멜로를 향해 손을 내밀고 안도했다는 듯이 흐뭇한 표정으로 먹는다. 이 아이는 장차 해야 할 일을 미루는 사람이 될 것이다.

오랫동안 참고 기다리는 다른 아이는 유혹에 저항하려고 딴짓을 한다. 손으로 눈을 가리고, 책상 밑으로 들어가고, 옷을 만지작거리고, 방 안을 돌아다니고, 큰 소리로 노래를 부른다. 이 아이는 욕망이 사라지지는 않았지만 유혹의 대상을 생각하지 않으려고 다른 것에 집중하는 것이다.

이 실험은 아이들이 미래에 보여줄 행동 조절의 상태를 예측하게 해준다. 이들이 청소년이 됐을 때도 계속 관찰해보니 유혹에 저항했던 아이들의 학업 성과가 더 좋았으며, 생활 태도에도 문제가 적었다. 학교에서는 지적 능력도 중요하지만 특히 조절 능력이 중요하다. 물론 이 실험에는 한계가 있고 아이들의 발달에 영향을 미치는 다른 요인도 많지만, 분명한 사실은 이들이 어릴 때부터 나중의 더 큰 이익을 위해 눈앞의 즐거움을 포기할 줄 알았다는 것이다. 바로 이것이 지금 할 일을 나중으로 미루는 사람들에게서 찾아볼 수 없는 특징이다. 미루는 사람들은 자신이 어떤 일을 할 때별로 이익이 없는 즐거움과 유혹을, 더 흥미롭지만 절제가 필요한 다른 일보다 우선시하고 있다는 사실을 모르고 있다.

이 같은 일시적 충동은 담배를 피우고 싶은 욕망과 같은 것으로 이에 맞서 싸우려고 노력해야 한다. 처음 컴퓨터를 배울 때처럼 시도해보고 또실수해가면서 정신을 사용하는 법을 배워야 한다. 인간은 누구나 미루는경향을 드러내지만 이것을 자각하고 인정하는 사람은 이 문제를 극복하기위해 스스로 효과적인 방법을 찾을 것이다.

충동은 자연스러운 것이고 이것을 조절하는 데는 훈련이 필요하다. 원시시대부터 인간의 뇌는 생존에 필요한 즉각적인 욕구에 반응해왔다. 즉, '배고프니까 먹는다.'는 본능의 지배를 받는 것이다. 나중에 더 큰 만족이 올 것을 알고 당장의 욕망을 미루는 것은 자연스러운 행동이 아니어서 자발적인 노력이 필요하다. 다시 말해 욕구불만을 자제하는 법을 배워야 한다. 이는 단순히 의지로 해결할 수 있는 문제가 아니다. 교육과 훈련이 필요하다. 지금이라도 시작해서 즉각적인 즐거움에 지배당하는 아이들의 교육에도 이런 교육 과정을 도입해야 한다.

결론적으로 우리가 미루는 이유는 어려서 충동을 조절하는 방법을 배우지 않았고, 이후에도 우리 스스로 배워야 할 진정한 필요와 맞닥뜨린 적이 없었기 때문이다. 훈련이 되지 않은 상태에서 우리는 유혹에 효과적으로 저항하지 못한다.

그 사람한테 좋은 일을 해줄 순 없지

> 모든 잘못은 절대 내 탓이 아니라 늘 남의 탓이라는 것은
> 원초적 이기주의의 논리다.
> ─카를 구스타프 융

"우리는 이혼한 지 일 년이 넘었지만 함께 살 때처럼 늘 다툽니다. 전남편은 제게 모욕적인 메시지를 보내고 저도 같은 말투로 대답합니다. 제가 아이들을 맡을 때면 그이는 아이들하고 이야기하고 싶어서 전화하지

만, 저는 전화를 아예 받지 않습니다. 그러면 그이는 불같이 화를 내죠. 아이들이 어디에 있는지, 뭘 하고 있는지 알고 싶어 하지만 저는 말해주기 싫습니다. 그 사람한테 좋은 일을 해줄 순 없으니까요. 그이가 저한테 많은 고통을 줬으니 아무것도 그이가 원하는 대로 해주고 싶지 않아요. 휴가 날짜는 미리 알려주지만 때로 그 사람이 바꾸려고 할 때가 있습니다. 지난번에는 제 동생 결혼식에 아이들을 데려가는 것 말고 특별히 계획이 없었지만 그래도 날짜를 바꿔주지 않았어요. 그 사람한테 좋은 일을 해줄 필요가 없으니까요."

전남편의 요구를 이토록 악착같이 거절하는 것을 보면 이 젊은 아내가 결혼생활 중에 얼마나 큰 고통을 받았는지 짐작할 수 있다. 하지만 자신의 고집이 전남편의 화를 돋을 뿐 아니라 그녀 자신도 불편하게 하고, 특히 자녀에게 피해가 크다는 사실을 깨달으려면 도움이 필요할 듯하다. 그녀는 전남편의 요구를 들어주는 것이 그에게 양보하고 그를 기쁘게 하는 것으로 간주한다. 완전히 틀린 말은 아니지만 생각이 편협한 것만은 사실이다.

아이들은 두 살쯤 되면 부모에게 반항을 시험한다. 이 시기 아이들은 관계의 의미를 이해하고, 자신이 타인과 구별되는 독립적인 존재임을 알고 있어서 타인의 행동이 자신에게 영향을 미치고, 반응하게 한다는 것도 이해한다. 그리고 자신도 타인과 똑같이 해보고 싶은 욕구를 억제하지 않는다. 모든 부모는 이 시기의 아이를 기억한다. 아이는 부모 말을 거역해서 어디까지 제멋대로 할 수 있는지 시험해보려고 한다. 또 다른 불복종의 시기는 사춘기에 찾아온다. 이 시기에 생긴 흔적은 우리 내면에 계속 남아 있어서 이후에 문제가 생길 때마다 반응하는 태도에 영향을 미친다.

샹탈은 매우 비만했다. 운동을 좋아하는 남편이 비만한 아내를 좋아하지 않았기에 부부는 파탄 직전에 있었다. 살을 빼는 문제로 다툴 때를 제외하면 두 사람은 대화도 하지 않았다. 샹탈은 5년째 체중을 줄이겠다고 말만 하고 실제로는 전혀 노력하지는 않았다. 그래도 날씬해지고 싶었고, 현재 자기 모습이 끔찍하게 싫었다. 비만 때문에 건강도 나빴다. 샹탈은 이런 자신을 못 견디는 남편을 이해한다고 했다. 그리고 약간 망설이며 다이어트를 하지 않는 이유 중 하나가 남편이 기뻐하는 것을 원치 않기 때문이라고 했다. 남편이 자신을 너무 닦달하고 죄책감이 들게 해서 그의 말대로 한다면 그 작은 자유마저도 잃어버리는 것처럼 느껴진다고 했다. 과거에 그녀는 어머니에게 무조건 복종해야 했는데, 그때 그녀가 할 수 있었던 유일한 반항은 폭식을 해서 비만해지는 것이었다.

샹탈의 문제는 남편에게 호의도 악의도 드러내지 않고, 오직 자신만을 상대로 행동한다는 데 있다. 이런 메커니즘은 사춘기 자녀와 부모 사이의 관계도 해친다. 공부를 예로 들어보자. 평소 공부를 잘하던 아이가 몇 달 만에 갑자기 공부를 손에서 놓아버린 아이로 변한다. 아이는 자기 성적이 어떻게 되든 전혀 상관하지 않아 학교생활도 엉망이 된다. 이럴 때 부모는 깜짝 놀라거나. 걱정하거나, 자녀를 격려하거나, 강제로 공부하게 하거나, 벌을 주기도 한다. 다시 말해 모든 방법을 동원하는데, 의도는 좋을지 모르나 이런 방법은 사춘기 아이를 탈출구가 없는 막다른 지경으로 몰아넣을 뿐이다. 아이는 할 수 없이 공부하고, 부모는 기뻐하지만, 아이는 스스로 어른이 됐다고 느끼는 데 필요한 불복종의 욕구를 억지로 포기했다는 생각에 분노한다. 혹은 보란 듯이 부모의 말을 듣지 않고, 학업의 실패를 거듭한다. 이 두 가지 반응은 모두 아이의 인생을 심각하게 훼손한다. 이 아이는 성장 호르몬의 작용과 감정의 소용돌이에 휘말린 가엾은 희생자로서 상황을 직시하고 불만을 극복하기에는 아직 나이가 어리다. 따라서 이런 상황에서 부모에게 필요한 것은 과잉 반응이 아니라 인내심이다.

쌓아놓기

> 우리는 물건이 많지 않아도 잘 살 수 있다.
> 하지만 끊임없이 새 물건을 사들인다.
> ─앨런 베네트

　　우울함을 달래거나 기분을 전환하는 데 쇼핑만큼 좋은 것은 없다. 구매의 즐거움을 맛보는 것은 인생에서 느끼는 소소한 불행을 날려버리는 좋은 방법이다. '신상에 꽂혀' '지름신이 내리고' 결국 '득템'하고 나면, 한동안 뿌듯한 상태로 지낸다. 마음에 드는 물건을 사는 즐거움에 문제가 있다는 것이 아니라, 물건은 일시적인 즐거움을 선사하고 나면 곧바로 한쪽으로 밀려나 천덕꾸러기가 돼 처치 곤란할 정도로 계속 쌓인다는 것이 문제다.

　　그러면 위험 수위를 넘는 순간은 언제일까? 구입한 물건들이 도움을 주기는커녕 짐이 되고, 근심과 긴장과 다툼의 원인이 될 때다. 이것은 각자 자신에게 물어볼 일이다.

　　폭식과 마찬가지로 충동구매 습관에 사로잡힌 사람들은 물질에 압도당해 상식 밖의 지출을 하고, 잡동사니 틈에서 살아간다. 구매하는 짧은 순간의 만족을 준 것 말고는 아무 도움도 되지 않은 물건 더미에 깔려 살아가는 것이다. 똑같은 내용의 기사를 되풀이해서 싣는 잡지, 남들이 베스트셀러라고 해서 사긴 했지만 시간을 내서 읽게 되지는 않는 책, 새로운 기능이 강화됐다는 가전제품, 유명인이 선전하는 다이어트 용품, 박스로만 파는 청소 용품, 재료를 자연에서 채취했다는 화장품이 벽장을 가득 채운다. 그런데도 어디에 놓을지도 모르는 장식품과 포장도 뜯지 않을 장신구와 한 번도 입지 않을 옷과 당장 필요 없는 기구를 계속 사들인다.

이처럼 우리는 일상의 수많은 과제와 욕심도 넘치게 쌓아두고 있는 것은 아닐까? 언젠가 처리하겠다고 미루어둔 일, 결론을 내지 못한 생각, 결정하지 못한 선택, 이루지 못한 욕심, 확인해야 할 사항, 나누지 못한 이야기, 완성하지 못한 서류…. 이런 것들은 희미하지만 끈질기게 우리 의식의 한구석을 차지하고 있다. '해야 할 텐데….' '너무 늦으면 곤란한데….' '잊어버리면 안 되는데….' 이런 생각이 우리를 얼마나 피곤하게 하는가! 우리의 뇌는 어차피 예닐곱 가지 작업만을 동시에 기억할 수 있다. 머릿속에 너무 많은 포스트잇을 붙여놓으면 포화 상태에 이른다.

하지만 마쳐야 할 과제의 수가 늘어나기만 하는 이유는 정말 시간이 없기 때문일까? 혹시 절제하거나 거절할 줄을 모르기 때문은 아닐까? 모든 것을 하려고 하고, 아무것도 거절하지 않고, 아무도 언짢게 하지 않고, 우선순위를 정할 능력이 없기 때문은 아닐까? 실행하지도 포기하지도 못하는 수많은 생각으로 머릿속을 가득 채우지 말고, 꼭 하고 싶은 몇 가지만을 선별해서 목록을 만들고, 하나씩 끝날 때마다 줄을 그어 지워가는 것은 어떨까?

우리는 왜 물건이든 일이든 그토록 많이 쌓아둘까? 대대로 한곳에서 살아가는 정착 문화에서 비롯한 특성일까? 쌓아둔다는 것은 뿌리를 내린다는 것으로 유목민에게는 없는 문화다. 소유하고, 독점하고, 저장하고, 쌓아두려는 우리 경향을 다시 한 번 생각해봐야 한다.

나는 단순과 결핍을 경험하는 사하라 여행을 여러 차례 기획했다. 매번 참가자들에게 확실하게 주의를 주지만, 쓸모없는 커다란 가방을 가져온 사람들은 지형적·기후적으로 어려운 환경에서 몇 킬로그램씩이나 더 무거운 짐을 메고 다닌다. 미지에 대한 두려움 때문에 몸은 사하라에 와 있지만 마음은 여전히 그들이 사는 곳에 있다. 잠시라도 정지하는 순간이 오면 평소 습관으로 채우고, 공허함을 달래줄 옷, 화장품, 식량, 책, 놀이, 전자기기로 가방을 채우는 것이다.

이처럼 지나친 필요와 준비를 보고 투아레그족 친구는 재미있다는 듯이 말했다. "당신네는 가방에 뭐든지 가지고 다녀! 언제 어디서나 뭔가를 할 수 있게 온갖 것을 다 가져와. 그리고 돌아갈 때에는 가방에 기념품, 돌멩이, 모래까지 넣어서 가져가지. 카메라에는 수백 컷 사진이 들어 있고…. 그거 다 어디에 쓰려고 그러는 거야?"

사하라 사막에서 모래 한 줌 가져오거나 사진 좀 찍는 것이 나쁠 것은 없다. 하지만 그럴 때 우리는 나중에 되새길 추억이나 친구들에게 자랑할 재미에 신경 쓰느라 현재의 순간에 몰입하지 못한다. 그래서 그런 것들을 염두에 두고 행선지를 정하고 카메라에 담을 배경을 고른다. 뭐 괜찮다, 누구나 자기 마음대로 여행할 자유가 있으니까. 하지만 사진에 대한 집착 때문에 '사진에 여행을 맞추는' 사람들을 흔히 보게 되는데, 그렇게 한쪽 눈을 카메라에 대고 여행하는 사람들은 낯선 시간과 공간에서만 경험할 수 있는 색다른 감각, 떨림, 만남, 깨달음의 순간을 놓치게 마련이다. 게다가 휴대전화에 카메라가 내장되면서 이 같은 '폭식' 현상은 더욱 심해졌다. 한순간도 그냥 지나치지 못한다. 심지어 '셀카봉'을 들고 배경에 자신을 삽입해 찍고 꼼짝 못하게 포박해서 집으로 가져가 쌓아놓는다. 컴퓨터 하드디스크에 저장한 수천 장의 사진은 대체 어디에 쓰려는 것일까?

단순하고 결핍된 삶을 살고, 부족한 상태에 대처하는 능력을 갖추기는 쉽지 않다. 풍요로운 사회에 살면서 필요한 것을 즉시 구하는 데 익숙한 우리에게 '부족'은 용납할 수 없는 결함처럼 느껴진다. 안락함이 우리를 나약하게 만들었다. 특히, 효율 위주 교육과 즉각적인 만족에 길든 요즘 아이들은 기다리고, 뒤로 물러서는 여유를 보이기 어렵다.

오늘날 우리는 놀라운 첨단 기술이 지배하는 세계에서 살지만, 그 행운의 이면을 감당하지 못한다. 기술이 우리를 약하게 했고, 편리와 효율을 우선시하는 교육 때문에 이런 현상은 더 심해졌다. 결핍은 결코 존재해서는 안 되는 악이 된 것이다.

넘쳐나는 물질에 둘러싸여 부모는 아이가 원하기도 전에 욕구를 채워주고, 다른 아이들에게 열등감을 품지 않게 해준답시고 가장 좋은 물건을 사주지만, 결과는 반대로 나타난다. 그런 아이는 어른이 돼도 응석받이로 행동하고, 피할 수 없는 불행에 부닥쳤을 때 맞서 싸울 줄도 모른다. 어린 시절 귀염둥이로만 자란 사람들은 어른이 돼서 곤경에 처하거나 비난을 받으면 회피하거나 토라진다. 오늘날 노동 시장은 비판을 견디지 못하고, 끊임없이 안심하게 해줘야 하는 세대가 주역이 돼가고 있다. 도전하고, 실수를 인정하고, 만회하고, 끈기가 있어야 하는 직업 현장에서 이것은 걱정스러운 현상이다.

되새김

우수는 슬픈 행복이다.
-빅토르 위고

고통스러웠던 과거를 한탄하고, 불평하고, 끝없이 되새기다 보면 그 나름대로 마음의 위안을 얻고 상황을 더 명확하게 파악하는 데 도움이 되기도 하지만, 무엇보다도 고통을 더 키우게 된다. 하소연하고 싶어 하고, 자기 이야기를 들어줄 사람을 찾고, 잘 다져진 불평에서 위로를 찾고, 상처를 헤집어 피를 흘리면서 제자리를 맴돌다 보면 고통은 점점 커진다. 다시는 돌이킬 수 없는 일이 돼버렸지만, 계속 끄집어내 다른 결말을 상상하면서 자기주장을 펴는 재판을 열어 죄인을 처단하고, 결국 이 가상의 싸움에서 이긴다. 그러고 나서 현실로 돌아오면 억울함과 괴로움은 그대로 있고, 아무것도 달라지지 않는다.

슬픔이 달콤한 것은 아닐까? 우수에 어떤 쾌감이 깃들어 있는 것은 아닐까? 과거를 돌아보고, 모르고 지나친 것을 깨닫고, 무미건조한 인생과 흘러가는 시간과 사라져가는 꿈에 눈물을 흘리면서 어떤 짜릿함 같은 것을 느끼는 것은 아닐까? 내가 치료한 어느 환자는 이렇게 고백했다.

"저는 가끔 대수롭지 않은 작은 상처로 우수에 젖곤 합니다. 그럴 때면 어떤 달콤한 감정이 솟구쳐 가슴을 채우고 눈가를 촉촉이 적십니다. 이 감정은 제가 아무짝에도 쓸모없고, 남들에게 동정심과 경멸감만 일으키는 불쌍한 멍청이에 지나지 않는다는 사실을 상기시켜 줍니다. 그러고 나면 어떤 위대함과 자랑스러움이 느껴지고, 저는 죄었던 가슴을 펴고 크게 심호흡을 하죠. 아! 이 얼마나 역설적이고, 감성적이고, 서글픈 경험입니까!"

그러나 트라우마(trauma, 정신적 외상)를 되새기는 태도는 낭만적 슬픔으로 끝나지 않는다. 되새김은 충격적인 일을 겪은 사람에게 자신을 뒤흔들었던 경험과 그때 겪은 감정의 의미를 깨닫게 한다는 점에서 건설적일 수도 있다. 고통스러운 기억이 사라지려면 시간이 필요한데, 이런 과정은 과거의 덫에서 탈출할 방법을 궁리하고 준비하는 계기를 마련해준다. 자신이 겪은 사건을 과장되게 인식하고 있으며, 그런 사건이 다시 일어나지 않을 테니 이제 진정해도 된다는 사실을 깨닫게 해준다는 것이다. 살면서 겪는 이런 트라우마는 지금까지 자신을 지탱하게 해준 기준을 송두리째 흔들어놓고, 모든 것을 의심하게 한다. 하지만 자기 연민에 빠진 쓸데없는 되새김과 고통을 겪은 자신에게 베푸는 정당한 관용은 구별해야 한다.

트라우마가 생기면 기본적인 가치가 흔들린다.

우선 우호적인 세상에 대한 믿음이 흔들린다. 우리는 세상이 공정하지도 친절하지도 않다는 사실을 잘 알고 있지만, 그래도 자기가 사는 세상만은 호의적이고 선량하다는 확신 위에 서 있게 마련이다. 그러다가 가족이나 친구에게, 특히 신뢰하고 사랑했던 사람에게 배신당하거나 공격당하면 이런 가치는 걷잡을 수 없이 흔들리고 다시는 아무도 믿지 못하게 된다.

또한 정당하고 논리적인 인과관계에 대한 믿음이 흔들린다. 우리는 여러 사건 사이에 합당한 인과관계가 있다고 믿고, 모든 사건 사이에는 거기에 걸맞은 합당한 이유가 있다고 생각한다. 예를 들어 건강한 식단을 유지하며 운동을 꾸준히 하면 오래 살 수 있다고 믿는다. 이런 믿음은 보편적인 통계를 바탕으로 하고 있지만, 막상 자신이 중병에 걸리면 이 생각은 틀린 것이 되고, 신성한 정의에 대한 믿음마저도 흔들린다. 자신에 대한 평가도 흔들린다. 아무 이유 없이 자신에게 닥친 사건은 이제껏 자기 삶을 유지해 주던 가장 기본적인 안전장치를 훼손한다. 자신에게 닥친 사건의 의미를 이해하지 못하고, 삶에 대한 믿음을 잃고, 순진한 얼뜨기나 눈뜬장님이었던 자신을 탓하며 죄책감에 빠진다.

충격적인 사건 이후 찾아오는 되새김 현상은 세상이 비정하고, 불공평하고, 야비하다는 자각과 자신에 대한 실망이 겹쳐 나타나는 자괴적인 반응이다. 이런 생각이 뇌리를 떠나지 않는 것은 트라우마 때문에 생긴 혼란이 조금씩 가라앉고, 정신이 다시 균형을 찾을 때 나타나는 정상 반응이다. 하지만 때로 흠집 난 레코드판이 계속 똑같은 대목만을 재생하듯이, 넋두리처럼 똑같은 말을 계속하는 증세를 보이기도 한다. 자신은 잘못한 것도 없고 남의 원망을 살 만한 짓을 한 적도 없는데, 너무 억울하고 불공평하다며 불만을 토로하는 것이다. 그렇게 마치 무대 위의 배우이자 동시에 객석의 관객처럼 혼자 말하고, 혼자 듣는 일인극을 계속한다. 어떻게 보면 어둡고 고통스러운 세계에 갇혀 과거의 치명적인 사건을 비디오로 끝없이 재생하듯이 반추하면서 일종의 자학적인 쾌감에 빠져 있는 것이다.

아무도 자신의 불행에 관심이 없다며 앙심을 품고 살아가는 태도는 자기 삶을 조금도 바꾸지 않는 데는 아주 좋은 방법이다. 아무것도 스스로 입증할 필요 없이 방 안에 틀어박혀 과거의 상처만을 되새기고 있으니 이보다 편한 일도 없다. 물론 그러는 동안에 절망과 고통에 파묻혀 자신이 자작극의 유일한 관객이라는 사실조차 깨닫지 못한다. 그러나 이것을 깨닫는 것이 자신을 해방하는 유일한 길이다.

되새김은 스스로 원망과 절망과 분노의 악순환에 자신을 가둔다. 스스로 정신을 통제하지 못해 끌려다니고, 끌려다닌다는 사실에 절망하고, 절망하기에 정신을 통제하지 못하고 끌려다닌다. 이런 악순환의 메커니즘은 어려운 사건에서 비롯한 더욱 실존적인 고민을 보지 못하게 한다. 이런 현상에 관해서는 이 책의 후반부에서 다시 언급할 것이다.

이와 반대로 고민이 우리 행동을 재정비하는 계기가 된다면, 그것은 건강하고 유익한 뇌의 활동을 유도한다. 문제를 펼쳐놓고, 정리하고, 피할 수 없는 것을 받아들이는 과정을 통해 우리는 다시 살아갈 힘을 찾고, 성취의 가능성이 엿보이는 곳에서 행동하려는 욕구가 점차 되살아난다.

때로는 큰 목소리로 되새겨보자! 혼자 말하는 것이 좀 우습게 보일 수는 있지만, 이것은 자신과 화해하는 아주 좋은 방법이다. 설령 듣는 사람이 없더라도 자기 문제를 말로 표출해야 한다. 그러다 보면 복잡한 생각이 정리되고, 혼란한 감정의 안개를 헤치고 나오게 된다. 고민을 일기장에 적는 것 또한 태풍이 휩쓸고 지나간 뒤에 조용히 평온을 찾는 또 다른 방법이다.

불평과 죽은 시나리오

> 절망해서 자신이 불행하다고 느끼고, 영혼이 상처받았을 때도
> 불평이 고통을 이기고, 눈물에는 사치가 섞이게 마련이다.
> ―장 드 라퐁텐

"엄마가 제 인생을 망치고 있어요!" 모니크는 그렇게 불평했다.

"어릴 적부터 그랬어요. 정말 지옥 같아요. 엄마한테는 자기 인생이라는

게 없어요. 늘 남을 위해서, 자식들을 위해서 살죠. 그런데 전 이제 어린 애가 아니거든요.

열다섯 살 때 처음 엄마한테 반항했을 때 기분이 아주 이상했어요. 엄마는 제게도 제 생각이 있고, 독립적인 존재로 어른이 돼간다는 사실을 인정하지 못했어요. 뭐랄까, 엄마와 저는 마치 주도권 싸움이라도 하는 것 같았죠. 그때부터 문제가 생겼습니다. 엄마는 제가 외출하든 전화하든 모든 걸 통제하려고 했죠. 틀림없이 제 일기장도 읽어봤을 거예요. 제가 성숙한 여자로 행동하려는 기미만 보여도 무조건 반대했죠. 화장이 짙다고 꾸짖고, 남자친구도 질이 좋지 않다며 만나지 못하게 했어요.

이제 나이가 마흔인데도 엄마는 여전히 절 인정하지 않고 죄책감이 들게 합니다. 하지만 늘 조용한 말투로 차근차근 말하니까 제대로 불평할 수도 없어요. 네, 엄마는 항상 옳죠. 제가 엄마한테 아무리 제 생각을 말해도 소용없어요. 저도 엄마를 아프게 할 생각은 없어요. 제가 바라는 건 딱 한 가지예요. 제 아이들이 외할머니하고 잘 지내는 겁니다. 그렇게 하려고 사정도 해보고, 편지도 써보고, 싸우기도 했지만, 소용없어요. 제가 조금만 방어를 늦춰도 엄마는 어느새 그 틈을 파고들거든요!

가끔 너무 절망스러워서 눈물이 나요. 저한테는 하나밖에 없는 엄마니까요. 하지만 엄마하고 좋은 관계를 유지하며 살기는 불가능하다는 결론에 도달했습니다. 엄마는 제가 선택한 인생이 불행했던 자기 인생하고 비슷하다고 생각해서 절대로 받아들이지 않아요.”

이 여성은 한편으로 어떻게든 자신이 선택한 삶을 살려고 노력하면서 다른 한편으로 자신을 인정하지 않는 엄마와 좋은 관계를 유지하고 싶어 한다. 자기 가정까지 꾸렸지만, 심리학적으로 보면 아직 탯줄을 끊지 못한 상태다. 여전히 엄마의 사랑을 원하지만, 그것은 불가능한 일인 듯싶다. 엄마도 자신이 꿈꾸는 이상적인 아이, 말 잘 듣는 순종적인 딸에 대한 환상을 버리지 못해 고통받고 있다. 딸은 엄마의 사랑을 바라는 것이 부질없고, 괴롭기까지 하다. 그러니 남은 것은 불평밖에 없다.

우리는 왜 불평할까? 마음속에 담아두었던 불평을 쏟아낼 때 얼마나 속이 후련해지는지는 누구나 알고 있다. 물론 그 기분은 잠깐밖에 지속하지 못하지만…. 불평은 자신이 안고 있는 문제에 대해 남들의 관심을 끌고, 자신이 고통받고 있음을 알려서 남의 동정을 얻는 수단이다. 또한 설득이나 구조 요청의 수단으로 볼 수도 있다. 하지만 불평하는 사람은 흔히 남이 도움의 손길을 뻗쳐도 선뜻 받아들이지 않는다. 해결책이 너무 빨리 제시되면 사람들이 자신을 충분히 이해하지 못했다는 느낌이 들고, 자신이 안고 있는 문제가 대수롭지 않은 것이어서 불평할 근거도 없다는 이야기가 되기 때문이다. 따라서 어려움을 겪는 사람은 남들이 자기 고통을 인정한다는 것을 확신한 다음에야 비로소 조언에 귀를 기울인다.

하지만 때로 밑 빠진 독에 물 붓기처럼 아무리 도와줘도 소용없는 경우가 있다. 그럴 때 고통은 현재의 문제가 원인이 아니라 끔찍했던 과거와 무의식에 뿌리내리고 있다는 사실을 깨달아야 한다.

레오니에게는 애인이 있었다. 하지만 비록 사랑하지 않아도 남편이 있었고, 자녀도 둘이나 있었다. 남편도 그녀를 사랑하지 않았고, 그런 사실을 숨기지도 않았다. 모두가 고통받았다. 레오니는 다정한 성격의 애인과 인생을 다시 시작할 수도 있었지만, 그렇게 하지 않았다. 그녀는 행복할 수 없었다. 삶이 두렵고, 변화가 두렵고, 행복이 두려웠다. 아니, 행복이 무엇인지도 몰랐다. 한 번이라도 행복한 적이 있었느냐는 질문에 그녀는 그런 기억을 떠올리지 못하고 그저 울기만 했다. 딸처럼 불행한 아내였던 엄마가 울었던 것처럼 레오니도 울었다. 엄마는 결국 아버지를 떠났다. 아니그 반대였을지도 모르지만, 어차피 달라질 것도 없었다. 레오니의 엄마는 자식에게 조금도 행복한 모습을 보여주지 못했고, 새로운 것을 시도한 적도 없었으며, 희생하는 아내의 이미지만을 딸에게 남겨줬다.

레오니는 그녀를 사랑하고 기다리는 연인이 있다. 하지만 그에게 가려면 용기를 내고, 의식이 깨어야 하고, 두려움과 싸워야 한다. 엄마처럼 하던 습관을 버리고, 과거에 집착하지 말고, 내면에 숨어서 슬퍼하는 아이를 달래야 한다. 그러나 한 번도 위로받지 못한 꼬마 레오니가 어른이 된 레오니를 여전히 지배하고 있다. 어른이 된 슬픈 레오니, 하지만 한 남자에게 사랑받고 있는 그녀를.

나는 그녀에게 이렇게 말해주고 싶었다. "용기를 내, 레오니. 엄마의 인생을 닮지 말고, 과거 때문에 울지 말고, 앞을 바라봐. 가능성을 믿고, 사랑을 믿어. 어서 움직여!"

레오니는 어린 시절 가족의 영향으로 원치 않는 의무감에 사로잡혀 있다. 거기서 빠져나오려면 엄마 문제를 반드시 해결해야 한다. 서글픈 불평이 유일한 선택이 될 수는 없다. 엄마가 모진 인생의 본보기를 보여줬다는 사실을 깨달아야 한다. 그리고 모든 부부가 어떤 경우에든 의무를 지켜야 하는 것은 아니다!

3장

생각 없는 행동과 강박적 반복 행위

> 인생은 풀어야 할 문제가 아니라 살아가야 할 현실이다.
> ─쇠렌 키르케고르

우리는 때로 화를 내고, 신경질을 부리고, 같은 말을 반복하고, 토라지고, 남에게 무언가를 원하거나 강요하고, 그러다가 기운이 빠지면 제풀에 지쳐 쓰러진다. 우리는 때로 충동적으로 행동하고, 생각 없이 기계적으로 반응하고, 목적지도 모르는 채 맹목적으로 앞을 향해 달리고, 불필요한 일을 하거나 아무도 요구하지 않은 일을 해야 한다고 믿으며 불가능한 완벽을 추구하고, 실체도 모를 무언가를 위해 힘을 쏟다가 결국에는 낙담한다. 간단히 말해 우리는 때로 기능장애를 일으켜 자신을 불리하게 하는 적절치 않은 행동을 한다. 이런 행동은 자신이 세운 목표를 이루지 못하게 하고, 결국 그 때문에 불행해진다.

근본적으로 적절치 않은 행동이란 없다. 모든 행동은 상대에게서 반응을 이끌어내고, 어떤 결과를 만들어내기 때문이다. 하지만 분석과 이해가 필요한 복잡한 상황에 부딪혔을 때 충동과 무의식, 습관만으로는 대응할 수 없다. 이런 특성을 바탕으로 작동하는 기제는 얼핏 보기에 정상적인 행동을 낳는 것 같지만, 실제로는 전혀 효과적이지 않다. 삶을 불행하게 할 뿐이지만, 우리는 이런 행동을 계속한다.

　이번에는 별 의미 없는 행동이 어떻게 우리를 불행으로 몰아가는지를 살펴보자. 그러나 먼저 자신에게 물어보자. 과연 어떤 것이 효과적인 행동이라고 말할 수 있을까? 행동은 누구에게 혹은 무엇을 위해 필요한 것일까? 대답하기 쉽지 않은 문제다.

벌새의 전략

> 인간에게 불필요와 잉여는 필요보다 더 필수적이다.
> 새의 노랫소리는 불필요이고 장미는 잉여다.
> 반면에 노동은 필요다.
> ―르네 바르자벨

　메마른 초원에 불이 났다. 뜨거운 불길에 동물들이 미쳐 날뛴다. 가장 먼저 물소 떼가 갈팡질팡하는 송아지들을 짓밟으며 달아난다. 기린은 넓은 평야 위를 우아하게 달려간다. 우레 같은 발굽소리를 내며 몰려가는 얼룩말 무리는 발밑에서 기어가는 수많은 설치류, 파충류, 양서류 중에서 산 놈보다 죽은 놈이 더 많다는 사실 따위는 인식조차 하지 못한다.

　착한 기린 한 마리가 속도를 늦추고 아래를 굽어보니 벌새 한 마리가 연못에서 물을 한 모금 떠다가 타오르는 불길에 대고 부었다. 그러고는 다시 물을 길러 연못으로 돌아가고 있었다.

　"아니 도대체 뭘 하는 거야?" 기린이 물었다. "설마 네가 떠온 물 한 방울로 저 불을 끄려는 생각은 아니겠지?"

"난 내 몫의 일을 할 뿐이야." 작은 벌새는 날갯짓을 멈추지 않은 채 겸손하게 대답했다.

과연 이 용감한 벌새는 노력의 대가를 받을 수 있을까? 그 노력은 맹렬히 타오르는 불에 떨어진 물 한 방울에 불과한 것일까? 이것은 이타적인 행동일까, 아니면 불필요한 싸움일까? 벌새는 오직 자신만을 믿는 오만한 독불장군일까? 아니면 각자가 사회적 연대감을 품고 맡은 임무를 다한다면 더 나은 세상을 만들 수 있다고 믿는 작은 영웅일까? 우리도 그렇게 생각하고 싶지만 벌새는 불을 끄지도 못하고, 다른 동물들을 설득하지도 못하리라는 것을 알고 있다.

벌새는 왜 그런 행동을 했을까? 불을 끄기 위해서? 그럴 리는 없다. 바보가 아닌 다음에야 물 몇 방울로 초원을 태우는 불을 끌 수 없다는 것을 누구나 알고 있다. 만약 모든 동물이 벌새처럼 행동한다면 그럴 수도 있겠지만 그런 이야기는 동화에나 나오는 미담이다. 문제는 알다시피 모두가 그렇게 하지 않으리라는 사실이다. 하지만 기린이 이 이야기를 퍼뜨려서 다른 동물들도 벌새의 시도에 참여하기를 바랄 수는 있다. 벌새의 용감한 행동은 어쩌면 다른 일에서도 귀감이 될 것이다. 작은 시냇물이 모여서 큰 강을 이루는 법이니까. 그러나 이 이야기에서 분명한 사실은 벌새가 자신에 대해 만족한다는 것이다. 오늘 밤 벌새는 '나는 내 몫을 해냈어. 나는 좋은 새야.'라고 생각하며 잠들 것이다. 모두가 자신의 책임을 다하는 사회적 연대에서 자신이 맡은 작은 부분을 해냈다고 겸손하게 생각할 것이다.

벌새의 행동은 쓸모 있는 것이었을까? 이 질문에는 미래가 대답해줄 것이다. 기쁜 일이었을까? 분명히 벌새에게는 그렇다. 왜냐면 삶의 의미를 찾게 해줬으니까. 그렇다면 다른 무리와의 사회적 관계에서는 어떨까? 벌새를 영웅으로 대접하거나 본보기로 삼을까? 그것은 알 수 없는 일이다. 하지만 분명한 사실은 자신만의 원칙이 있는 벌새가 불행해 보이지 않는다는 것이다.

원하는 목표에 도달하지 못하는 과정이 반복돼 자신이나 남에게 불쾌감을 주는 행동은 우리를 불행으로 몰아간다. 세상에는 벌새 같은 사람들이 있다. 시시콜콜 참견하는 시어머니와 아무것도 이해하지 못하는 남편에게 지친 아내들, 상대의 바람기를 참고 사는 배우자들, 아내의 병적인 의심과 질투심을 견디며 사는 남편들, 부모를 실망시키지 않고 자신이 선택한 삶을 살려고 애쓰는 자식들, 가해자에게 자신을 괴롭히지 말라고 애원하는 피해자들 중에는 이 벌새처럼 불가능해 보이는 일을 이루려고 행동하는 사람들이 있다.

불가능해 보이는 일이란 무엇인가? 무엇이 쓸모없는 싸움이고 헛된 노력인가? 우리는 때로 시도해봤자 성공할 수 없는 일에 터무니없이 많은 에너지를 쏟아붓지만 결과는 보잘것없거나 아예 없을 때도 있다. 자신은 마음에 간직한 어떤 이유를 위해 억척스러울 정도로 끈기 있게 싸우지만 질 것이 빤한 싸움을 곁에서 지켜보는 이들은 혼란에 빠지기도 한다.

정의와 평화 중 어떤 것이 더 중요할까? 우리 인생에서는 어떨까? 우리는 때로 많은 것을 희생하면서도 희망이라고는 전혀 보이지 않는 일에 몰두하곤 한다. 사람들이 성배를 찾아 나서는 이유는 그 목적이 성배에 있는 것이 아니라 성배를 찾는 모험 자체에 있는 것은 아닐까? 중요한 것은 이기는 것이 아니라 시도하는 데 있지 않을까? 단, 그 싸움이 자신과 주변에 해를 입히지 않는다면 말이다. 목표가 아니라 가는 길이 중요하다. 어려움을 헤쳐 나가면서 느끼는 기쁨이 중요하다. 하지만 진이 빠지도록 죄의식을 불러일으키는 해로운 행동과 도리어 역효과를 부르는 헛된 행동을 조심해야 한다. 이런 경우, 아무것도 얻지 못하고 상처만 입게 된다. 여기 몇 가지 사례를 보자.

그럴 줄 알았지

> 위험에 대한 걱정은 위험 자체보다 더 두렵고,
> 악에 대한 걱정은 악 자체보다 더 견디기 어렵다.
> ―대니얼 디포

비르지니는 남편이 바람을 피운다고 생각했다. 함께 있을 때 휴대전화 벨이 울리면 남편이 전화를 받으러 황급히 밖으로 나갈 때마다 비르지니는 위험이 가까이 있음을 느꼈다.

어린 시절 내내 비르지니는 밖으로 떠도는 아버지와 말없이 고통받는 어머니를 보며 괴로워했다. 그래서 더욱 남편을 용납하기 어려웠다.

"남자들은 다 똑같아. 조금만 틈이 나면 한눈을 팔잖아. 당신도 날 속이겠지? 왜? 저 여자 맘에 들어? 그만 좀 쳐다봐! 페이스북에서 누구랑 연애하고 있어?"

비르지니는 남편 몰래 메일과 문자 메시지를 훔쳐보고, 문 뒤에서 전화 통화를 엿듣고, 갑자기 사무실에 들이닥쳐서 남편이 어디에 갔는지 캐묻곤 했다. 그녀의 의심이 심해질수록 남편은 아내를 피하려고 했다. 남편은 아내를 사랑했지만 그녀의 지나친 감시 때문에 힘들어했고, 숨이 막혀서 어떻게든 자유를 되찾으려고 애썼다. 남편의 하루 일과에서 석연치 않은 부분이 있으면 아내는 곧바로 질문을 퍼붓곤 했다.

그러던 어느 날 밤 회식 자리에서 만취한 남편은 그만 젊은 여직원과 하룻밤을 보내고 말았다!

다음 날 비르지니는 몹시 이상한 태도를 보이는 남편을 닦달해서 결국 외도 사실을 알아냈다.

"내, 그럴 줄 알았지! 남자들은 모두 바람둥이에 거짓말쟁이야! 엄마 말이 맞았어!" 그녀의 예언은 적중했다.

'자기실현적 예언'이란 예언이 이뤄지는 행동을 유발하는 예언이다. 다시 말해 일어날까 봐 걱정하는 일을 일어나게 하는 것이다. 이런 현상은 종종 사회에서 미디어의 영향으로 발생한다. 만약 언론에서 조만간 휘발유 부족 현상이 일어나리라고 예측하면, 자동차 운전자들은 서둘러 주유소로 달려가고, 저장소에 가득 차 있던 휘발유가 동나면서 실제로는 일어나지 않았을 휘발유의 부족 현상이 일어나는 것이다.

심리적 면에서 자기실현적 예언은 감정적인 확신의 근거로 작용해서 걱정하는 상태가 될 행동을 하게 한다. 그러나 이것은 무의식적으로 작동하는 메커니즘이어서 알아차리지 못하는 경우가 흔하다. 예를 들어 자신은 쓸모없는 인간이어서 아무도 자신에게 진심으로 관심을 보이지 않는다고 생각한다면, 누군가가 관심을 보여도 무의식적으로 피하는 태도를 보일 수 있다. 머지않아 자신을 향한 관심이 식을 것이며, 다른 불순한 의도가 있으리라고 생각하는 것이다. 그렇게 의심으로 울타리를 만들고 결국

'아무도 나를 진심으로 좋아하지 않는다.'고 생각했던 바로 그 결과를 얻는다. 또 예를 들어 '나한테는 하루가 너무 짧다.'고 불평하면서도 숨 막히는 하루 일과를 어쩔 수 없다는 듯이 계속한다면, 불만을 감수하며 지내는 편이 자기 삶의 리듬을 돌아보는 것보다 더 중요해 보이게 마련이다.

다행히 똑같은 메커니즘이 긍정적인 방향으로도 작동한다. 자신이 어디에서나 사랑받는 존재라는 확신이 있다면 우연히 방문한 곳에서 낯선 사람들과 함께 있어도 여유를 보이고 좋은 인상을 심어줘서 환대를 받게 된다. 그리고 자신이 사람들에게 환영받는다는 확신은 여러 차례 반복되는 경험을 통해 더욱 확고해진다.

벨기에의 대학에서 건축학과를 갓 졸업한 티에리는 직장을 찾고 있었다. 그는 세계 유수의 건축 사무실들이 모여 있는 현대 건축의 메카 바르셀로나에서 일하고 싶었지만, 그에게는 연고도 없었고, 추천서나 모아둔 돈도 없었다. 그 대신 그에게는 활기 넘치는 젊음과 원하면 무엇이든 할 수 있다는 확신이 있었다. 그는 꿈을 실현하려고 시도해보지도 않고 포기한다는 것은 당치 않은 일이라고 생각했다. 결국 그는 임도 보고 뽕도 딴다는 심정으로 여름휴가 여행을 떠나듯 자전거를 타고 프랑스를 가로질러 피레네 산맥을 넘었다. 두 달 동안 낯선 길을 달리는 것도, 남의 집 창고에서 잠을 자는 것도 전혀 겁나지 않았다. 작은 마을 광장에서 식사하는 사이에 자전거와 가방을 도둑맞았을 때도 그는 좌절하지 않았다. 그리고 마지막 남은 돈을 털어 새 자전거를 샀고, 바르셀로나까지 여정을 계속했다. 온 힘을 다해 도착한 건축 사무실에 들어간 그는 반바지 차림에 온몸은 땀으로 젖었지만, 자신감 넘치는 얼굴로 말했다.

"안녕하세요, 저는 건축가입니다. 대학을 갓 졸업했고, 스페인어는 못하지만 여기서 일하려고 브뤼셀에서부터 자전거를 타고 왔습니다!"

그 자리에 있던 세 명의 책임자는 깜짝 놀라 기진맥진한 이 청년에게 의자를 권했고, 이어서 일자리도 권했다. 처음에는 인턴으로 시작했지만, 5년이 지난 지금 티에리는 그 회사에서 건축가로 일하고 있다.

티에리는 성공에 대한 믿음은 없었지만, 자신에 대한 믿음이 있었다. 실패나 거절에 대한 두려움도 없었다. 남들이 자신을 어떻게 생각하는지를 염두에 두지 않았다. 자신이 진정으로 원하는 것을 찾으러 떠났고, 그 길을 가로막는 것들은 걱정하지 않았다. 그는 자신이 원하는 것을 알고 있었고, 시도할 수 있다고 확신했다. 잃을 것도 없었고, 최악의 경우에도 어쨌든 좋은 휴가를 다녀왔다고 생각하기로 했다. 그는 자전거를 타고 가려는 곳을 정확히 알고 있었으며, 머릿속에서 도착했을 때의 자기 모습을 긍정적으로 그리고 있었다. 그는 경주마처럼 앞만 보고 달리지 않았다.

전력 질주하기

> 위급하다고 핵심을 잊으면 핵심의 위급함을 잊게 된다.
> ―에드가 모랭

클라라는 기진맥진한 상태였다. 아직 나이가 어린 세 아이를 돌보고, 집안일을 하기가 벅찼다. 그녀는 핀볼 게임기의 구슬처럼 이리저리 정신없이 돌아다녔다. 가끔 할아버지 할머니 댁에 아이들을 맡기고 한가한 주말을 즐기고 싶었지만 그런 생각만으로도 죄책감이 들어 한 번도 실행에 옮기지 못했다.

항상 일이 많은 남편은 늦게 귀가하기 때문에 클라라 혼자서 모든 일을 처리해야 했다. 엄마 역할과 병행하는 직장 생활에서도 책임이나 스트레스가 결코 남편보다 적지 않았다. 일거리가 쌓이고 마감시한에 쫓겨 자주 집에 서류를 가져왔다. 말 그대로 한시도 쉴 수 없었다.

클라라는 모든 것을 다 잘하고 싶어 했다. 시간을 쪼개 정기적으로 장을 보고, 세 아이를 각각 다른 학교에 데려다주고, 일주일에 몇 번은 특기 교육을 위해 먼 곳까지 데려다줬다. 복잡한 일정이지만 파출부가 집안에 들락거리는 것이 싫어서 집안일을 반드시 자기가 하려고 했다. 이렇게 정신없이 살다 보니 신경이 예민해져서 아이들에게 소리를 지르고, 잠도 잘 자지 못하고, 온종일 뛰어다니느라 점점 멀어지는 남편에게 할애할 시간도 전혀 없었다.

우리는 잠시 뒤로 물러나는 짧은 휴식도 용납되지 않는 바쁜 생활을 이어가고 있다. 『이상한 나라의 앨리스』에 나오는 토끼처럼 항상 시간과 산더미처럼 쌓인 일에 쫓긴다. 하루 24시간이 부족하다! 우리 사회에서는 시간에 쫓기는 것이 마치 가치 있다는 증거처럼 여겨진다. 여기저기에서 많이 찾아야 중요한 사람이라는 선입견이 있기 때문이다. 그리고 주변에서 사람들이 모두 바쁘게 움직이기 때문에 이것이 얼마나 해로운지를 깨닫지도 못한다. 여유롭게 낮잠을 즐기는 것은 어느새 부끄러운 일이 됐다.

시대가 달라져서 여자들도 밖에서 일하고, 가정의 기능과 가사도 재편

됐지만 그것을 행복하고 평화로운 방법으로 이루지는 못했다. 그래서 직장에서나 가정에서나 늘 바쁘고, 복잡하고, 스트레스와 피로로 가득 차 있으며 모두가 탈진 상태에 있다.

아이들도 이 길을 피할 수 없다. 생후 3개월부터 어린이집에 가고, 유치원에 가고 각종 사교육원에 가는 것이 마치 필수 코스처럼 됐다. 물론 일하는 엄마들에게는 이런 기관을 이용하는 것이 편리하지만, 엄마가 직접 돌보거나 가까운 가족에게 맡기는 것보다 절대로 더 좋은 방법은 아니다. 우리가 죄책감에서 벗어나려고 흔히 말하는 것과 달리 어린이집은 아이의 사회화를 위한 장소가 아니라 단지 일하는 엄마들에게 가장 '덜 나쁜' 해결책일 뿐이다. 여성의 사회적 성공은 자신에게도 큰 행복이고, 사회적으로도 큰 자산이다. 또한 경제적으로 감당하기 어려워지는 생계를 위해 필요한 일이기도 하다.

유아들은 어린이집에서 사회화되기보다는 오히려 자주 아프고, 혼자 구석에서 울고 있을 때가 많다. 유치원 역시 아이에게 꼭 필요한 기관도 아니고, 초등학교 입학 전 준비 과정 기관도 아니다. 자녀가 초등학교에 들어가기 전에 글을 깨치기 바라는 부모가 많지만, 아이가 놀이하듯 자발적으로 익힌 것이 아니라면 그렇게 일찍 글을 배우는 데는 부작용이 따른다.

아이가 여섯 살이 되면서부터 대부분 여러 가지 특기 활동을 시작하는데, 과연 이것이 아이에게 좋은 일인지 생각해봐야 한다. 많은 아이가 온종일 꽉 찬 일정에 매여 있다. 아이에게 부과된 너무 많은 활동은 온 가족에게 스트레스를 주고 지치게 한다. 심지어 선택한 활동에서 기대하는 장점마저 놓치기 쉽고, 너무 잦은 이동이나 경제적 부담 또한 무시할 수 없다.

내가 상담한 여러 가정에서 엄마의 수입은 대부분 엄마가 일할 수 있는 환경을 만들기 위해 아이를 돌보는 데 지출하고 있었다. 어린이집, 베이비시터, 보모, 이동 수단, 특기 활동, 학원, 방학 중 연수, 부모의 빈자리를 채워줄 장난감, 쉽게 지치는 아이의 병원비까지 고스란히 아이에게 들어가고 있었다.

나는 지금 엄마들에게 전업주부가 되라고 강요하고 있는 것이 아니다. 나 역시 일하는 엄마였고 여전히 일하고 있지만, 육체적·정신적으로 발병 직전의 상태에 있는 많은 부모의 상담 요청을 받고 있다. 이들의 삶을 정상으로 돌리려면 일상의 모든 부분을 다시 점검해봐야 한다.

빡빡한 일상에서 한 걸음 뒤로 물러나 삶을 되돌아보는 시간이 필요하다. 아주 멀리 떨어져서 바라보면 지금 우리에게 없어서는 안 될 것 같은 많은 것이 하찮게 보인다. 바로 이런 순간이 우리를 본질로 돌아오게 한다.

세탁물 바구니

> 최고의 단순함은 최대의 어려움을 동반한다.
> 단순해지는 것은 결코 단순하지 않은 일종의 도박이다.
> ―조르주 페로

"설거지는 당신 일이잖아, 그런데 그릇들이 아직도 싱크대에 그대로 쌓여 있어!"
"설거지가 내 일이라는 건 나도 아니까, 내 방식대로 하게 좀 내버려둬!"
"하지만 내가 부엌에서 뭘 할 수가 없잖아, 방해가 된단 말이야!"

"방해되면 당신이 설거지를 하든가!"

"정말 이런 식으로 나올 거야?"

"아니, 이런 식으로 나오고 싶지 않지만, 당신은 뭘 해도 만족하지 못하잖아! 항상 당신이 원할 때 당신이 원하는 대로 해야 직성이 풀리잖아!"

이들의 어조가 가벼웠다면 나는 웃어버렸을 것이다. 하지만 이런 다툼은 심각한 갈등으로 발전하기도 한다. 어떤 엄마는 미처 다림질을 하지 못한 빨래 바구니 두세 개 때문에 아이를 돌볼 시간이 없다며 안타까워한다.

"다림질할 빨래가 왜 그렇게 많죠?" 내가 물었다.

"아, 전 뭐든지 깔끔하게 정리하는 걸 좋아하거든요."

"그렇군요. 그런데 빨래 바구니 안에는 대체 뭐가 들었나요?"

"속옷, 수건, 같은 것들이에요, 난 뭐든지 다려놓죠!" 그녀가 자랑스럽게 대답했다.

"침대보나 양말도 다리시나요?"

"물론이죠, 아이들 옷도 다리죠. 깔끔하게 입히는 게 중요하니까요!"

이것은 전업주부가 하는 말이 아니다. 그녀는 빡빡한 일정표를 들고 온종일 뛰어다니며 말끝마다 '빨리'를 연발하는 직장인이다.

"가는 길에 빨리 치과에 들르자. 넌 어서 무용 가방부터 챙겨. 난 빨리 양치질하고 나올게. 그리고 전화 한 통만 빨리 하고 떠나자."

이런 여성은 두 사람 분의 인생을 사는 사람이다. 그런데 설거지나 청소 때문에 머리를 싸매고, 먼지와 옷 주름 때문에 어쩔 줄 모른다. 정말 그럴 만한 가치가 있을까? 집안일로 공연히 삶을 힘들게 할 뿐이다.

나는 그녀에게 인생에서 가장 중요한 것이 무엇인지 물었다.

"물론, 아이들이죠! 그리고 우리 부부죠!"

그리고 사랑, 건강, 우정 등을 순서대로 언급했다. 그녀 말대로 이 우선순위를 지켜야 하지만, 정작 눈에 보이는 현실은 어떤가? 청소나 설거지 문제로 부부 사이에 팽팽한 긴장감이 감돌고, 아내는 옷에 잡힌 주름이나 컵에 생긴 물때에 집착한다.

뒤로 한 걸음 물러나 바라보자. 이것이 정말 핵심인가? 만약 "그래요, 나한테는 그런 세세한 부분이 너무도 중요해요. 아름다운 물건은 내 인생에서 진정한 기쁨이에요!"라고 대답한다면 괜찮다. 그대로 계속하면 된다. 하지만 "아니요."라고 대답한다면, 현재의 삶을 다른 시선으로 바라봐야 한다.

자녀와 배우자가 가장 중요하다고 하면서도 온갖 부차적인 일에만 시간을 할애한다면, 이것은 그들에게 죄책감이 들게 하려고 교묘하게 사용하는 무기나 마찬가지다. 핵심에서 벗어나려고 계속해서 불평하고 이것을 주위에 압력을 행사하는 구실로 삼지만, 이런 태도를 별로 고치고 싶은 마음이 없다면 그렇게 계속 살면 된다.

하지만 이것이 자기 인생에서 별로 중요한 것이 아니며, 핵심은 자신이 즐거움을 느끼는 것이고, 자신과 배우자와 아이들을 돌보는 것이라고 생각한다면, 방법을 찾아야 한다.

첫 번째 조언은 단순화, 단순화, 그리고 단순화다. 아무것도 양보하지 않고 사회생활과 가정생활을 병행할 수는 없다. 집안일은 어느 정도 잘하면 될 뿐, 완벽하게 하려고 애쓸 필요 없다. '더 좋은 것'은 '좋은 것'의적이다. 80 대 20의 법칙을 적용해보자. 이 법칙은 크게 80%의 결과를 얻기 위해서는 20%의 에너지가 필요하다는 것이다. 80%면 나쁘지 않은데, 100%에서 모자란 20%를 채우려고 행복을 포기할 것인가?

두 번째 조언은 치우기다. 창고와 다용도실을 치우고, 옷장을 가득 채운 옷들을 정리하자. 2년 전부터 한 번도 입지 않은 옷들은 앞으로도 입지 않을 테니 모두 치우자. 전혀 사용하지 않는 전자제품, 식탁보, 꽃병, 식기, 장난감, 자전거, 약, 그리고 온갖 쓸데없는 잡동사니를 치워버리자. 그럼, 거기 담긴 추억은 어떻게 하느냐고? 추억은 눈앞에 늘어놓는 것이 아니라 가슴에 간직하는 것이다. 물건도 생명체와 마찬가지로 애정과 관심이 필요하다. 관리하고 손질하고 고쳐줘야 한다. 그럴 수 없다면 몇 달, 몇 년째 한구석에 처박아두고 돌보지 않는 것보다는 그 물건이 필요한 누군가에게 줘야 마땅하다. 더구나 그 물건이 차지하는 공간을 유지하기 위해 비용과 시간을 허비하는 것은 무의미하다. 더 넓고, 환하고, 상쾌한 공간에서 살아가는 것이 낫다.

세 번째 조언은 정리하기다. 간직하기로 결정한 물건은 제자리에 둬야 하며 그 장소는 온 가족이 알고 있어야 한다. 한번 사용한 물건은 반드시 제자리에 놓아야 한다. "엄마, 내 장화 어디 있어?" 따위의 질문은 이제 끝이다. 요령은 물건을 제자리에 놓기 전에는 절대 손에서 놓지 않는 것이다. 일단 아무 데나 놓았다가 나중에 정리하겠다는 생각을 버려야 한다. 이것이 바로 집 안을 어지르고, 무질서하게 사는 습관의 원인이다.

네 번째로 일을 분배하기다. 집안일을 할 때마다 논란이 생기지 않게 각각의 일을 합리적으로 분담한다. 가족 구성원들이 합의해서 누가 무엇을 할지를 정하는 것이다. 여자들이 밖에서 일하면서부터 남자들도 집안

일과 육아에 참여하게 됐지만 역할이 잘 정리되지 않은 경우가 흔하다. 어떤 여자들은 자신에게 어떤 도움이 필요한지를 남편이 스스로 알아주기를 기대하지만, 바로 그런 애매한 요구에서 오해가 생긴다. 만약 쓰레기통 비우는 일을 맡은 사람이 없다면, 모두가 누군가가 비우기를 기대하며 이미 가득 찬 쓰레기통에 쓰레기를 꾹꾹 눌러 담을 것이다.

가족회의에서 일의 분배가 정해지면 모두 따라야 한다. 그리고 가족의 행복을 위해 일할 때는 불평하지 않기로 서로 약속한다.

자, 이번 주말에는 자기 '존재의 무거움'을 덜어내자! 단 한 번뿐인 인생을 설거지나 빨래 때문에 싸우며 보낼 수는 없지 않은가!

그에게 백 번도 넘게 말했어요

> 행동하는 데는 여러 가지 방법이 있다.
> 입을 다무는 것도 한 가지 방법이다.
> ─장 베르트랑 퐁탈리스

"저는 남편이 운전 중에 통화할 때마다 겁이 나서 못 견디겠어요. 그러지 말라고 백 번은 얘기했어요, 정말 미칠 노릇이에요!"

"그래서 남편이 달라졌나요?"

"아뇨! 아무리 말해도 소용없어요!"

"그럼, 백한 번째에는 말을 들을 것 같나요?"

"음…. 아뇨!"

"그렇다면, 효과도 없는 얘기를 왜 계속해서 반복하죠?"

이 여성에게 다른 방법이 있을까? 그녀는 방법이 없다고 생각한다. 그런데 아무 효과도 없는 짓을 왜 계속하고 있을까?

친구 집에 초대받아 가는 길에 남편이 전화를 받는 순간, 부부는 앞으로 어떤 일이 벌어질지를 이미 알고 있다. 남편은 변명하고, 아내는 괴로워하고, 부부는 한숨 쉴 것이다.

"당신한테 이미 백 번도 넘게 말했지만, 난 이제껏 전화하면서 한 번도 사고를 낸 적이 없어! 난 집중해서 운전하고 있는데 방해하는 사람은 당신이야! 운전할 땐 가만 내버려둬, 제발!"

아직 그럴 힘이 남아 있다면 아내는 또 호소할 것이다.

"당신이 사고 낸 적이 없다는 건 나도 알아. 그래도 난 무섭다고 백 번도 넘게 말했잖아. 제발 내가 하는 말을 진지하게 들어줬으면 좋겠어."

이들은 서로 헐뜯고 진을 빼며 제자리를 맴돈다. 기분이 상한 채 친구 집에 도착하고 저녁 식사 내내 인상을 쓰다가 집에 돌아가면 서로 등을 돌린 채 잠든다. 혹시 이들은 은근히 싸움을 즐기는 게 아닐까? 하지만 이렇게 대답할 것이다.

"그럴 리가 있나요. 싸우는 것도 이젠 지겨워서 못 살겠어요."

그렇다면, 이들은 왜 변하지 않을까?

"운전하는 동안은 나한테 모든 걸 맡겨야죠." 남편이 말한다.

"난 무서워요." 아내가 말한다.

"운전할 때 아내가 잔소리하면 참을 수가 없어요." 남편이 말한다.

"무조건 남편 말을 따르고 싶진 않아요." 아내가 말한다.

이들은 서로 고지를 차지하려고 싸우는 병사들과 같아서 다른 전략을 세울 여유가 없다. 이럴 때 어떻게 하면 상대에게서 존중받을 수 있을까?

아내는 남편의 휴대전화가 울리면 조용하지만 단호한 태도로 차를 세우게 하고, 내려 걸어 갈 수 있다. 이것은 '모 아니면 도' 식의 극단적인 방법이지만 적어도 자신의 의지를 남편에게 분명히 전달할 수는 있다.

아내는 택시를 타고 갈 수 있다. 왜 함께 차를 타지 않느냐고 묻는 남편에게 아내는 이렇게 대답할 수 있을 것이다. "난 나대로 갈 거야. 그러면 당신은 맘 놓고 전화할 수 있잖아. 당신이 내 말을 존중해주지 않으니 내가 날 존중할 수밖에 없지!"

거래를 할 수도 있다. 남편이 운전 중에 통화하면 저녁을 만들어주지 않는다는 등 남편의 자의적인 행동에 합당한 불편을 느끼게 해주는 것이다. 그러나 이런 방법은 사태를 진전시키지 못하고 자신도 가해자가 된다는 문제가 있지만, 어쨌든 합리적이고 깔끔한 해결책이다.

이와 반대로 긍정적인 격려의 효과를 유도할 수도 있다. "여보, 전화 없이 드라이브하니까 정말 좋아. 오늘은 당신이 좋아하는 음식을 만들어주고 싶어지는데?" 남세스럽게 느껴지는가? 그렇다면 좀 더 점잖은 방법도 있다. 통화하지 않고 운전하는 동안에는 남편을 존중해주고 특별히 다정하게 대해주는 것이다. 각자에게 맞는 전략을 세우면 된다.

어떤 방법도 통하지 않는다면 아내는 '조심하고 있다.'는 남편의 주장을 인정해줄 수도 있다. 이때 그녀가 할 수 있는 최선은 좌석을 뒤로 젖히고 잠을 청하는 것이다. 남편은 어쩌면 아내를 깨우지 않으려고 통화를 삼갈 수도 있다.

동행이 있으면 혼자 운전할 때와 다르게 처신해야 한다는 걸 남편이 받아들일 수도 있다. 반드시 상대를 설득하거나 이해하지 않더라도 단지 아내가 자신과 다르다는 사실을 인정하는 것이다.

자녀를 교육할 때도 똑같은 말을 백 번씩 반복하는 것은 긴장과 퇴보를 불러오는 데 아주 좋은 방법이다. 아이들은 지겨워하고, 폭발하기 직전의 엄마는 아이들에게 소리를 지르고 죄책감이 들게 한다. 막 귀가한 아빠는 외투를 벗을 사이도 없이 온 가족의 불평을 듣는다. "여보, 당신이 좀 맡아. 난 더 못 하겠어!" "아빠, 엄마랑은 못 하겠어요. 살려주세요!"

이 가족에게 필요한 것은 함께 지켜야 할 것을 설명하고, 상대의 사정을 듣고, 서로 이해하는 계기가 되는 가족회의다. 조건과 비전을 바꿔서 다른 전략을 시도해보는 것이다. 서로 방해하지 않고 함께 토론할 때 좋은 방법은 가상의 마이크를 든 사람만이 발언하는 것이다. 자기 발언이 끝나면 마이크를 다음 사람에게 넘겨준다. 이렇게 하면 토론의 속도를 조절하면서 남의 말을 끊지 않고 경청하는 법을 배울 수 있다.

"전 어머니한테 좀 더 열심히 치료받으라고 백 번도 넘게 말했죠." 내과 의사인 코린이 지친 목소리로 말했다. "그래도 아버지는 제 말을 들으세

요. 하지만 어머니는 일부러 그러시는지는 몰라도 제가 하는 말의 정반
대로만 하세요."

이 어머니는 옳은 조언이라도 딸의 말을 따를 생각이 전혀 없는 것 같
다. 특히 건강 문제에서 어머니의 태도는 유치해 보일 수도 있지만 어쨌든
자신의 생각대로 할 권리는 있다. 틀림없이 이들 모녀 사이에는 어떤 심리
적 기제가 숨어 있다. 모녀는 서로 다른 영역에 있기에 서로 이해하기가 쉽
지 않다. 상대를 변화시키려는 시도는 설령 그것이 상대를 위한 것이라 해
도 실패하는 경우가 흔하다.

희생

> 자발적인 순교자란 존재하지 않는다.
> 누군가를 십자가에 매달 때에는 이미 뚫려 있는 구멍에
> 못을 더 깊이 박을 뿐이다.
> —폴 마송

줄리는 사랑받고 싶었다. 그래서 부단히 애쓰고 앞장서서 사랑을 베풀
었지만, 모든 노력이 헛수고처럼 보여 점점 지쳐갔다.

독신인 그녀는 40대에 접어들었지만. 여전히 가족과 가깝게 지냈다. 아직
어릴 적 추억에서 벗어나지 못했는지 정기적으로 가족 모임을 주선해서
부모님을 중심으로 온 가족이 모이게 하려고 애썼다. 모두 모여 식사하
고 나면 전에 그랬듯이 늘 줄리가 상을 치웠다. 식사가 끝나고 다른 형

제들이 거실에 모여 있을 때 그녀는 부엌에서 설거지를 하다가 사람들이 자리에서 일어나 돌아갈 즈음에야 섭섭한 표정으로 나타나곤 했다.

항상 남보다 뒤처졌다고 느낀 줄리는 필요한 존재가 되고 싶은 마음에 누가 요청하지 않아도 도움을 베풀려고 애썼다. 하지만 사람들은 어렵지 않게 그녀의 호의는 받았지만, 한편으로 마음을 빚을 지는 듯한 느낌을 지울 수 없었다. 그래서 결국 주변 사람들은 그녀에게서 조금씩 멀어져갔다. 그녀와 가깝게 지내는 사람들은 대부분 떠돌이들이거나 형편이 어려워 그녀의 호의를 이용하고 있었다.

아무도 그녀에게 희생을 요구하지 않지만, 그녀 혼자 괴로워하고 원망하고 아프다며 불평을 늘어놓는다. 하지만 바뀌는 것은 아무것도 없다. 그녀는 자신이 도움을 주지 않으면 사랑받을 이유가 없다고 생각한다.

자기희생은 동전의 양면처럼 한편으로는 장점이지만, 다른 한편으로는 상대에게 마음의 빚을 지게 해서 부담을 준다. 주는 행위는 주는 사람과 받는 사람을 모두 기쁘게 하지만, 주는 사람은 베풀고 싶은 욕망을 충족하고, 받는 사람은 받는 욕망을 충족하는 데에서 머물러야 한다.

그러나 지나치게 주는 사람은 감사받고 싶은 무의식적인 욕구 때문에 자신을 희생하면서까지 남에게 무언가를 베푼다. 그렇게 의식적이든 무의식적이든 나중에 이용할 수 있게 상대에게 마음의 빚을 지게 하는데, 만약 상대가 여기에 응하지 않으면 실망하고, 때로 절교에 이르기도 한다. 이들은 사랑받기 위해 베풀고, 베푸는 기쁨은 이런 목적에서 비롯한다.

감사나 답례에 기뻐하는 것은 당연한 일이다. 하지만 이런 것들은 그저 '덤' 정도로 생각해야 한다. 답례는 절대적인 의무와 거리가 멀고, 자신이 받은 혜택과 대칭적인 것도 아니기 때문이다.

조건적이고 대칭적인 답례는 특히 부부 관계를 피곤하게 하는 요소 중 하나다. "매주 일요일마다 난 당신 어머니를 만나주고 있는데, 당신은 왜 내가 휴가 때 우리 엄마를 초대하려는 걸 이해하지 못하지?"

희생하는 사람들은 아무 조건 없이 준다고 생각하지만, 사실은 그렇지 않다. 그에 대한 보답을 받지 못하면 모욕받은 것으로 여기고, 그렇게 스스로 만든 상처는 절망과 불만의 근원이 된다.

의무감

> 사람들은 흔히 '열정의 노예'라고 말하듯이
> '의무의 노예'라고 말한다.
> 세상에 이 두 가지 노예보다 더 끔찍한 것은 없다.
> ―루이 뒤뮈르

자크는 매년 크리스마스 휴가를 독일인 아내의 가족과 함께 독일에서 보냈다. 자크는 독일어를 조금 했지만, 가족들의 대화에 낄 수 있을 정도는 아니었다. 하지만 거실에서 처가 식구들과 함께 지내야 한다고 생각하는 그는 용기를 내어 대화에 참여하곤 했다. 그러면 독일인 가족들은 말할 때 자크가 알아들을 수 있도록 속어나 사투리를 쓰지 않고, 천천히 또박또박 발음하곤 했다. 자크는 그런 자리에 앉아 있기가 거북했지만, 처가 사람들의 배려가 고맙고 또 사위로서 의무를 다해야 했기에 선뜻 자리에서 일어나지 못했다. 친절한 장인과 장모도 집주인으로서 의무를 다해야 했기에 자신들이 무슨 이야기를 하고 있는지, 대화 중에 왜 웃음이 터졌는지를 설명하면서 사위가 대화에 참여할 수 있게 해주려고 노력했다. 그러다 보니 양쪽 모두 스트레스가 엄청났고, 지쳐 쓰러질 지경이었다.

어느 날 자크는 별로 관심도 없는 이 대화에 꼭 끼어야 할 어떤 의무도 없다는 사실을 깨달았다. 그는 책 한 권을 들고 창가 구석 자리에 편하게 앉아 독서를 시작했다.

그러자, 모든 사람이 가슴을 쓸어내렸고 남은 휴가를 즐겁고 편하게 지낼 수 있게 됐다.

'나는 이것을 꼭 해야만 해.'라고 스스로 다짐하는 태도는 의무로 여기는 일을 하기 싫어도 하게 하는 동기로 작용한다. 하지만 이런 의무를 매일 맹목적으로 좇다가 인생을 불행하게 만들 수도 있다.

'언니가 학원에 가면 내가 고양이를 돌봐야만 해.' '걸핏하면 이것저것 물어오는 옆자리 컴맹 동료 직원을 도와줘야 해.' '시도 때도 없이 방에 들어오는 아버지 잔소리를 들어줘야 해.' '마흔 살이 돼서도 자기 아이 학용품도 못 사주는 아들을 도와줘야 해.' '명절 때면 부모님 댁에 가야 해, 늘 먼저 퇴근하는 동료의 일을 도와줘야 해.' '주말에는 집으로 서류를 가져와야 해.' 나열하자면 길다. 그렇잖아도 가뜩이나 무거운 인생살이를 번거로운 일들로 더 무겁게 하고 있다. 하고 싶으면 '할 수도' 있지만 우리는 정말 그 일들을 '해야만' 할까? 그렇다면, 무엇을 하고, 무엇을 하지 말아야 할까? 진정한 의무는 어떤 것일까? 이런 것들을 명확하게 알아보는 방법이 있다.

우선 주변의 모든 사람을 그룹으로 분류한다. 가족, 친척, 친구, 직장 사람들, 거래처 사람들, 이웃 사람들, 친목 단체 사람들 등으로 나누는 것이다. 그리고 각각의 그룹에 대해 자신이 해야 하는 일 중에서 어떤 것이 의무이고, 어떤 것이 자유로운 선택인지를 구분한다. 이때 이 두 가지가 반드시 상반되지는 않는다는 점에 주의한다. 의무를 다해야 할 것을 자유롭게 선택할 수도 있기 때문이다.

의무를 정의할 때도 가장 공적인 것에서부터 가장 사적인 것에 이르기까지 크게 세 가지 순위를 둘 수 있다.

첫째는 법과 규칙 그리고 계약이다. 예를 들어 법은 아이가 자립할 때까지 필요한 것들(물질, 보살핌, 교육 등)을 제공할 것과 경제력 없는 노부모를 위한 지원을 의무화하지만 형제나 자매에 대해서는 그런 의무를 부과하지 않는다. 또한 위험에 처한 사람을 도와줄 의무도 법에 명시돼 있다. 이처럼 우리에게는 법적인 의무가 있으며 이것은 누구도 피할 수 없다.

둘째는 합의다. 이것은 암묵적이든 명문화됐든 어떤 집단 안에서 정해지고 지켜지는 규칙이다. 회사의 내부 규칙, 모임에서 정한 회칙, 가족 구성원 사이의 의무 등이 여기에 속한다. 앞서 말한 법, 규칙, 계약과 비교할 때 합의에서는 모든 것이 그다지 명료하지 않다. 누가 강제하는가? 규칙인가 아니면 습관인가? 일요일마다 부모님 댁에서 반드시 식사해야 할까? 이것은 의무일까 아니면 부모님의 바람일까?

셋째는 약속이다. 나 자신 말고는 아무도 나를 강제하지 않는다. 어떤 도움을 주거나 어떤 임무를 맡기로 약속했기에 스스로 자신을 강제하고 약속을 지키는 것이다. 가치관에 따른 도덕적 의무가 여기에 해당된다. 예를 들어 어떤 독거노인을 위해 장을 봐주기로 약속했다면 마음 내킬 때에만 하거나 바쁘다고 나중으로 미루지 못한다. 약속은 다른 사람을 끌어들이기도 하지만 운동, 악기 연습, 좋은 습관 지키기 등은 자기 양심과의 약속으로 남과는 아무 상관없다.

앞서 열거한 기준으로 우리가 의무라고 생각했던 것들을 살펴보면 실제로 그 수가 훨씬 적다는 것을 알게 된다. 의무가 아닌 모든 것은 선택일 뿐이다. 비록 어려워도 선택은 자유롭다!

오해하지 말아야 할 점은 모든 의무가 고통은 아니라는 사실이다. 기쁘게 자발적으로 수행하는 의무도 있다. 또한 자신에게 부과된 의무를 반드시 자신이 직접 해결해야 하는 것도 아니다. 예를 들어 자신이 가족의 끼니를 책임졌다고 하더라도 다른 가족 구성원에게 요리를 부탁하거나, 요리사를 고용할 수도 있다. 그러나 그럴 수도 없고 또 그렇게 하고 싶지도 않다면 남은 선택은 한 가지다. 아무 생각 없이 그저 의무를 수행하는 것이다. 불평하지 않고 묵묵히 일을 끝내는 것이다. 할 일을 마쳤다는 생각에 만족하면 적어도 불행해지는 원인 중 하나를 제거한 셈이다.

자신이 원해서 선택한 상황이 하고 싶지 않은 행동을 하게 할 때도 있다. 결혼, 육아, 학업처럼 인생에서 중요한 선택이 대부분 이런 경우다. 큰 틀은 자유의지로 선택했지만 거기에는 구체적인 의무 사항들이 따른다. 학생들이 학업을 선택한 이유는 원하는 직업을 얻기 위해서다. 때로 부모의 강요로 학업을 선택하는 경우도 있지만, 어쨌든 학교에 들어갔으면 공부해야 할 의무가 생긴다. 공부에 욕구를 느끼는 학생은 거의 없지만 불행히도 학생들은 이 욕구를 기준으로 삼기에 출발부터 순조롭지 못하다. 책상 앞에 앉아 시간을 얼마나 보낼지는 욕구가 결정하는 것이 아니라 의무가 결정한다. 의무로 하는 일은 즐거움이 목적이 아니므로 그저 계획을 세우고 실천해야 한다. 음악가가 연습하고 운동선수가 훈련하는 것과 마찬가지다. 목표 지점이 정해지면 걸음을 내디딜 때마다 불평하지 말자.

자신이 어떤 일을 하는 이유가 의무 때문인지, 아니면 자신의 선택 때문인지를 빠르고 정확하게 구분할 수 있다면 인생은 훨씬 더 단순해질 수 있다. 우리 내면에 스위치가 들어 있어서 어떤 행동을 하기에 적합한 정신 상태에 우리를 연결하고, 그 행동을 할 것인지 말 것인지를 결정하도록 해주며, 선택한 것에 대해 다시 의문을 품거나 불평하거나 후회하지 않게 해준다면 얼마나 좋을까.

우리가 어떤 일을 자유롭게 선택하는 데 작용하는 기준에는 즐거움이나 실용성, 가치나 예측 등 여러 가지가 있다. 계속 해오던 일이 하기 싫어져서, 혹은 그것이 의무는 아니기 때문에 그만둔다는 것은 자신도 남들로 용납하기가 쉽지 않다. 모든 태도의 변화에는 그런 변화를 예견했든 못 했든, 대비할 수 있었든 아니든, 중요하게 생각하든 말든 반드시 어떤 영향이 뒤따르게 마련이다. 그리고 그것도 분명히 우리 선택의 결과다.

몇 년 전, 어느 친구 집에서 있었던 저녁 식사 모임에서 일어났던 일이다. 열두 명 정도 손님이 초대됐는데, 그중 집주인의 친구 두 사람이 술에 취한 듯했다. 그들은 거드름을 피웠고, 몇몇 손님을 거북하게 하는 인종차별적인 발언도 서슴지 않았다. 점잖은 50대 남성인 알베르는 그 자리에 그대로 남아 있다가는 몹시 불쾌한 저녁 식사 시간을 보내게 되리라는 생각이 들었다. 그는 부엌에서 음식을 준비하고 있는 주인에게 가서 상냥하게 설명했다. 그는 식사에 초대해줘서 무척 고맙지만 술 취한 사람들의 허튼소리를 견딜 수 없으니 집으로 돌아가야겠다고 하면서, 주인에 대한 우정은 변함없으며 나중에 저 무례한 친구들이 없을 때 기꺼이 자리를 함께하겠노라고 했다.

알베르는 괴로운 분위기를 견디기 싫어 자리를 뜬 자신의 행동에 대해 어떤 죄책감도 느끼지 않고 그 행동의 결과를 태연하게 감수하는 사람이다. 솔직하지만 다정하게 자신의 입장을 주인에게 알렸기에 이렇게 중간에 자리를 뜬다고 해서 우정에 흠이 가지도 않았다. 분위기를 망친 두 명의 친구가 이런 상황을 이해했을지는 의문이다!

벽 밀기

시간은 무기력함의 흔적이고, 공간은 힘의 흔적이다.
-질 라뇨

앙드레는 매일 아침 도로에서 차가 막힐 때마다 신경질을 내고 경적을 울려대며 다른 차들을 추월하려고 발버둥치곤 했다. 그리고 교통 상황이 이런데도 아무 조치도 하지 않는 정부에 대고 욕설을 퍼부었다. 그의 일상은 항상 이런 식이었다. 일이 잘 안 풀리면 그는 안간힘을 쓰며 밀어붙였다.

교외에 사는 사빈은 아침마다 시내에 있는 학교로 아이들을 데려다줬다. 교통 체증을 어떻게 생각하느냐는 물음에 그녀는 그때가 하루 중 가장 좋아하는 시간이라고 대답했다. "아이들이 꼼짝없이 앉아 있어야 하니 얘기 말고는 할 게 없잖아요. 그래서 이 시간에 일상의 모든 사소한 문제를 얘기하고 함께 해결책을 찾아요. 아이들은 고민을 털어놓고 또 원하는 것들을 얘기하죠. 그래서 저녁에는 각자 자기 일에 집중할 수 있어요. 저는 온 가족이 모이는 저녁 식사를 고집하는 편이 아니에요. 어차피 다음 날 아침 차에서 대화할 수 있다는 걸 모두 알고 있으니까요."

도로 위에서든 일상생활에서든 앙드레와 사빈이 보여주는 삶의 방식은 완전히 정반대다. 한쪽은 곤경에 빠지면 화를 내고, 다른 한쪽은 어려움을 기회로 변화시키며 적응한다. 상징적으로 두 사람은 빠져나올 가망이 없는 감옥에 갇혀 있다. 한 사람은 몸부림치며 벽을 두드리고 창살을 흔들며 분노해 소리 지른다. 다른 사람은 그 상황을 기회로 만들기 위해 계획을 세운다. 우리 역시 인생에서 이와 마찬가지로 현실에 분노하고 괴로워하며 지내거나 자기 나름대로 어려움을 극복해 행복을 찾을 수 있다.

자녀가 여럿 있는 가족이 마트에서 장을 볼 때 아이들에게 시달리는 부모를 본 적이 있을 것이다. 아이가 "엄마, 엄마, 이거 사줘요. 이거 갖고 싶어요."라며 칭얼대고 조르지만 엄마는 아무 대꾸도 하지 않는다. 아이는 바닥에 주저앉아 발을 버둥대며 막무가내로 사달라고 조른다. 엄마는 화를 내며 소리를 지르고, 심지어 아이 머리를 쥐어박기도 한다. 아이는 울음을 터뜨리고 상황은 난감해진다. 게다가 주말마다 같은 장면이 반복된다.

왜 이리 어려울까? 더 엄격해야 할까? 이 엄마는 눈높이를 너무 높게 잡은 것은 아닐까? 어른인 자신도 희열을 느끼는 이 거대한 소비의 전당에 아이를 데려와서, 모든 것이 아이의 시선을 사로잡게 만들어졌다는 것을 알면서도, 아이가 얌전히 쇼핑 카트 옆에서 졸졸 따라다니기만을 바라는 것일까? 차라리 아이에게 생필품을 직접 고르게 하거나 만 원 미만의 범위에서 물건을 사게 해서 구매에 참여하게 해주는 편이 낫지 않을까?

인생을 불행하게 하는 문제에 갇히면 어디가 벽이고 어디가 문인지 구별하기가 쉽지 않다. 때로 우리는 화를 내고, 몸부림치고, 우리가 할 수 있는 것(문)과 할 수 없는 것(벽)을 구분하지 못한 채 밖으로 빠져나오려고 안간힘을 쓴다.

내가 상담한 사례 중에는 불완전한 남녀 관계에서 상대를 변화시키려고 애쓰는 경우를 흔히 볼 수 있었다. 그들은 상대에게서 눈에 거슬리거나 마음에 들지 않는 부분만 보고, 장점들을 보지 못했다. 왜냐면 장점들은 당연한 것으로 받아들이기 때문이었다. 상대에게서 모자란 점만을 지적하면 나도 지치고 상대도 지친다. 벽을 미는 데 힘을 모두 소진해버리면 나중에 문을 열 힘을 찾을 수 없게 된다!

파리

> 우리는 하늘을 날 수 없지만, 파리는 날 수 있다.
> 왜냐면 파리에게는 우리에게 없는 완벽한 믿음이 있기 때문이다.
> 믿음이 날개를 달아준다.
> ─제임스 배리

쉰 살인 마르탱은 여자를 찾고 있었다. 그냥 여자가 아니라, '짝'을 찾고 있었다. 사랑에 굶주려 그는 기회가 생기면 곧바로 데이트를 시작했지만 '이 여자가 아니다.'라는 느낌이 들면 곧바로 연락을 끊었다. 그러다가도 여자가 먼저 연락해오면 중단됐던 관계를 다시 시작하곤 했다. 그녀와 함께 있으면 행복했지만, 마르탱은 그녀에게서 그가 꿈꾸던 여성, 자기 짝을 찾고 있었다. 그러다 보니 늘 관계가 틀어지게 마련이었다. 그럴 때면 자신이 한심하게 느껴지고, 훌륭한 여자를 놓쳤다는 기분이 들곤 했다. 그는 그렇게 여러 여자를 만났지만, 짝을 만나지는 못했다.

그래서 과거에 무척 사랑했지만 자신을 힘들게 했던 옛 여자에게 돌아갔다. 하지만 전에 그들을 갈라놓았던 똑 같은 문제가 여전히 두 사람을 괴롭혔고, 그는 다시 한 번 지독한 고통을 겪으며 그녀와 이별했다. 그는 고통과 자괴감으로 한동안 정신을 차리지 못하고 외롭게 지내다가 결국 전에 만났던 여자, 즉 자기 짝이라는 생각은 들지 않아도 자신을 행복하게 해줬던 여자에게도 돌아갔다. 그러나 이미 모든 것이 시들해진 상태였다. 어차피 그가 꿈꾸던 '완벽'은 어디에도 없었다.

마르탱은 '여자'를 찾고 있었을까? 아니다, 마르탱은 '감정'을 찾고 있었다. '열정'을 찾고 있었다. 전에 맛본 적 있는 그 덧없이 짧고 강렬했던 감정. 그러나 곧이어 찾아온 쓴맛은 너무도 썼기에 이제 그런 쓴맛 없는 열정, 그에게 날개를 달아주는 환상적인 감정을 좇고 있었다.

왜냐면 마르탱은 등에 날개가 없기 때문이다. 그는 모든 사람과 잘 지내려고 노력하고, 좋은 친구, 좋은 형, 좋은 이웃이 되려고 애쓰지만, 그것들이 날개를 달아주지는 않는다. 그래서 그는 자기 등에서 날개가 돋아나게 해줄 사람을 찾아 용감하게 길을 떠난다. 마르탱은 누구나 등에 날개가 있고, 그것이 자라게 해주는 것이 바로 사랑이라고 굳게 믿고 있다.

이것은 유리창을 통과해서 마당으로 나가려고 하는 파리의 이야기다. 파리는 마음의 준비를 단단히 하고 온 힘을 모아 유리창을 향해 돌진한다. 픽! 그러나 유리에 부딪힌 파리는 큰 충격을 받아 정신을 잃고 바닥에 떨어진다. 잠시 후에 파리는 다시 정신을 차리고 공중으로 날아올라 힘차게 세 바퀴 돌고 나서 또다시 전속력으로 유리창을 향해 돌진한다. 저녁 무렵, 유리창 밑에는 안타깝게도 파리의 시체가 놓여 있다. 파리는 실패할 것이 빤한 전략을 끝내 바꾸지 않고 계속 반복하는 어리석음을 상징적으로 보여준다. 우리도 늘 똑같은 실패를 반복한다. 이번엔 다르기를 기대하며 이미 실패로 판정난 일을 끝없이 계속하고 있는 것이다. 그러나 무기도, 생각도, 목표도 바꾸지 않은 낡은 시도가 유독 이번만은 성공할 리 없다.

완벽주의

> 완벽을 추구하는 자는 물 위를 걸으려 한다.
> ─폴 카르벨

　도전만큼 자극적인 것도 없다. 하지만 도전해야 할 이유도 없는데 억지로 도전 과제를 만들거나 도저히 이룰 수 없는 목표를 세워서 스트레스를 받고 지쳐버린다면 그것이야말로 문제가 아닐 수 없다. 해결하기 위해 일부러 문제를 만들어내는 꼴이다. 자신에게 능력이 있음을 입증해 자아도취에 빠지거나 쉽사리 얻을 수 없는 만족을 느끼려고 아무도 요구하지 않는 엄격함을 스스로 부과하는 것이다. 이것은 자신이 산을 쌓아 올리고 그 정상을 정복하려는 등산가의 유치한 영웅심과 같다.

　금융회사의 간부인 오스카는 회사에서 누구보다도 먼저 출근하고 가장 늦게 퇴근했다. 그는 늦게까지 자리에 남아 일하는 것을 영광이자 자랑으로 여겼다. 그는 필요 이상으로 모든 서류를 살폈고, 자기가 만든 어떤 서류에도 절대 만족하는 법이 없었다. 그의 서류는 한 번도 추가 정보가 필요하거나 부정확하다는 이유로 되돌아온 적이 없었다. 두 명분의 일을 하고 동료의 실수까지 잡아내는 오스카를 상사들은 대단히 만족스러워 했다. 오스카는 혹시라도 자신이 실수라도 저질러 직장을 잃을까 봐 늘 노심초사했지만, 그에 대한 평판은 아주 좋았다. 오스카에게는 아직 학교에 다니는 아이들이 있었지만, 아내가 야간 대학 학위 과정에 등록한 상태였기에 아이들의 공부를 돌봐줄 짬이 없었다.

오스카는 두 아이를 사랑했지만 충분한 관심을 쏟지 못해 사춘기에 접어든 아이들과 점점 멀어지고 있다는 사실을 모르고 있었다. 그는 아이들을 위해 일하고, 자신을 희생하고, 돈을 벌어오지만 정작 아이들에 대해서는 잘 알지 못했다. 그러면서 자신에게 더 관심을 보이지 않는 아내에게 실망하고, 자신의 노력을 전혀 고마워하지 않는 아이들에게 마음이 상해 그는 자신의 유일한 흥미이자 관심거리인 일에만 매달렸다.

모든 완벽주의자가 그러듯이 오스카는 자신의 행동이 완벽하지 않으면 실패한 것으로 여기고 있다. 그러나 세상에 완벽이란 있을 수 없다. 그는 습관처럼 보통 사람이 절대 도달할 수 없는 높은 지점에 목표를 설정하고, 모든 시도를 실패로 간주하기에 절대 성공하지 못하는 모순적인 싸움을 벌인다.

완벽주의자는 어떤 경우에도 만족하지 못하고, 항상 모자란 구석을 찾아낸다. 반면에 하버드 대학 탈 벤-샤하르 교수가 '불완전의 연습'에 관해 말했듯이 '적절주의자'는 최선을 다해 시도하고 시험하고 발전하는 사람이다.[18] 다른 사람과 상대적으로 비교하고, 어떤 기준에 따라 평가해서 최고가 되고 싶은 욕망과 자신을 개선하고 실패에서 배워 최선이 되고자 하는 욕망 사이에는 큰 차이가 있다.

완벽주의자의 완벽에 대한 집착은 임무 자체와 특별한 연관이 있는 것이 아니라 그 임무를 명령하는 내부 프로그램에 복종하는 현상이다. 그래서 실패하면 몹시 낙담하고, 부끄러워하며, 이 때문에 인생 자체가 불행해진다. 완벽주의자는 말한다.

"일을 시작했으면 완벽하게 끝내거나, 그럴 자신이 없으면 아예 시작하지 말았어야죠!"

정말 그럴까? 어떤 길은 끝까지 가지 않는 편이 더 나을 때도 있다.

기왕 이렇게 된 것

> 실수를 오래 끌면 결점이 된다.
> ─에른스트 윙거

불행을 지속시키는 데 아주 간단하고 효과적인 방법이 있다. 기왕에 물병의 4분의 3이나 비웠으니 아예 마지막 한 방울까지 다 마셔버리는 것이다. 지금껏 투자한 것이 있는데 이제 와서 포기할 수는 없지 않겠는가. 죽이 되든 밥이 되든 끝까지 가보는 것이다.

---

18) Tal Ben-Shahar, *op. cit.*

잔은 필립과 결혼할 무렵 약간 불안한 마음이 있었다. 남편은 여러 번 교묘한 방법으로 화를 감춘 적이 있었고, 그때마다 잔은 그의 두 눈에 불같은 분노가 스치는 것을 봤다. 하지만 이미 청첩장도 돌리고 피로연장도 예약하고 손님도 초대한 뒤였다. 잔은 자신이 느끼는 불안을 엄마에게 호소했지만 엄마는 결혼이 결코 동화 같은 얘기가 아니고 신랑은 현실적으로 장점이 많은 사람이라며 딸의 호소를 묵살했다.

신혼여행을 다녀온 후 잔은 곧 임신했다. 필립은 임신한 아내를 잘 보살펴줬고 배 속의 아기를 자랑스러워하며 벌써부터 아기의 미래를 설계하기도 했다. 하지만 아기가 태어나자, 남편은 처음과 달리 짜증을 내고 불평을 늘어놓으며 잔에게도 점점 더 무관심해졌다. 잔은 '결혼생활이란 것이 원래 그런 것'이라고 믿고 묵묵히 가정에 충실했으며 그러는 사이에 두 번째 아이가 태어났다. 남편은 점점 더 아내를 멀리하고 밖으로 돌았지만, 잔은 혹시 남편의 마음을 돌릴 수 있을지도 모른다는 생각에 셋째 아이를 낳기로 했다. 어차피 아이가 둘이든 셋이든 잔에게는 별로 달라질 것도 없었다. 필립은 더 자주 집을 비웠지만, 잔은 기왕 이렇게 됐으니 혼자서라도 아이들을 잘 키우는 수밖에 다른 도리가 없다고 생각했다.

아이들이 장성해서 하나둘 집을 떠나자 잔은 집을 수리해서 예쁘게 꾸몄다. 게다가 결혼한 첫째 자식에게 곧 아기가 생길 참이어서 손자 방을 꾸며도 좋겠다 싶었다. 가끔 그녀는 남편과 헤어지고 싶은 마음이 들었지만, 이미 오랜 세월을 함께 지내왔고 조만간 손자도 생길 텐데 기왕 이렇게 된 마당에 이혼까지 할 필요가 있을까 하고 생각했다.

이미 수많은 불행을 참으며 여기까지 왔는데, 구태여 지금 모든 것을 던져버릴 수는 없다. 이것이 바로 룰렛의 법칙이다. 매번 7번에 걸지만 매번 잃는 사람은 기회는 결국 오리라고, 통계적으로 이제는 7이 나와야 할 때라고 생각하며 또다시 7에 걸지만 또 잃는다. 이미 많은 돈을 잃었으니 이대로 포기하고 돌아갈 수도 없고, 속에서는 광기가 치밀어 오른다. 그렇다. 이대로 끝낼 수는 없다. 룰렛이 이기든 내가 이기든 한번 끝까지 해보자! 이건 마치 7과 노름꾼 사이의 결투와도 같다!

룰렛에 빠진 노름꾼은 헤어날 방법이 없다지만, 당신이 만약 길을 잘못 들었다는 사실을 깨달았다면 어떻게 하겠는가? 그 자리에서 걸음을 멈추겠는가, 아니면 계속 가겠는가? 너무 늦기 전에 포기하겠는가, 아니면 기왕 이렇게 됐으니 끝까지 가보겠는가?

쓸데없는 일

> 나의 가장 달콤한 희망은 희망을 잃는 것이다.
> ―피에르 코르네유

마흔 살 독신녀 크리스틴은 자신이 왜 행복하지 않은지 그 이유를 알 수 없었다.

그녀는 자기가 원하는 대로 살 수 있는 조건을 충분히 갖추고 있었다. 좋아하는 일로 사업을 벌여 풍족하게 돈을 벌고 있었고, 어디에도 얽매이지 않았기에 싫은 일을 할 필요도 없었다. 누구나 부러워하는 '골드미스'였지만, 크리스틴은 자신이 일궈낸 이 모든 것을 만끽할 수 없었다. 그리고 늘 원인을 알 수 없는 죄책감에 시달렸으며 자신이 전혀 매력도 없고, 지금의 자리에 앉아 있을 자격도 없다고 생각했다.

그녀가 한 번도 자신을 진정으로 인정하지 못한 원인은 슬프게 보냈던 어린 시절에 있었다. 세 자매 중 막내인 크리스틴은 아들을 바랐던 부모의 기대에 어긋나게 태어난 아이였다. 그리고 나이 차이가 많은 언니들은 이 막내 여동생을 귀찮게 여겼다. 이처럼 크리스틴은 가족들에게 비집고 들어갈 틈이 없었다. 아니, 그녀는 자기 자리를 찾으려고 하지도 않았다. 그래 봤자 쓸데없다고 생각했기 때문이었다.

가족 가운데 유일하게 대학을 졸업한 그녀는 사업을 시작해서 그런대로 잘 꾸려 나가고 있었지만 그녀가 어렵게 이룬 심리적 균형은 가족들과 연락할 때마다 무너졌다. 언니들은 연로한 부모님을 독신인 그녀가 맡아주기를 기대하고 있었다. 그녀는 가족에게 잘하려 노력했지만 쓸데없는 일이었다. 가족들은 그녀에게 사랑을 주기보다는 요구하는 것이 많았다. 그녀는 자신의 사업 계획을 남들과 나누고자 했으나 아무도 관심을 보이지 않으니 쓸데없는 일이었다. 몸무게를 줄이려고 했지만 쓸데없는 일이었다. 남자를 만나려 했지만 쓸데없는 일이었다. "쓸데없어, 쓸데없어."라고 끊임없이 되뇌던 크리스틴은 갑자기 결정적인 사실에 생각이 미쳤다. 즉, 자신이 '쓸데없이 괴로워하고 있다.'는 사실을 깨달은 것이다. 그녀는 성인이 됐지만, 여전히 어린 시절에 익힌 시나리오를 되풀이하면서 항상 노력하지만 어차피 쓸데없는 일이고 절대 행복해질 수 없다고 자신을 설득하며 살아가고 있었던 것이다.

많은 사람이 여전히 어린 시절에 생긴 편견의 영향을 받는다. 그리고 그 편견에 따라 살아가면서 인생에 다른 가능성이 있다는 사실조차 모른다. 모든 아이에게는 부모의 사랑이 필요하다. 하지만 때로 자신이 부모를 실망시켰다는 죄책감과 그들이 원하는 착한 아이가 아니라는 양심의 가책 같은 것에 사로잡힌다. 그리고 사실이든 아니든 때로 부모가 다른 형제나 자매를 더 좋아한다고 생각한다. 부모의 사랑을 받는다는 것은 살아남는 데 가장 중요한 문제이지만, 그러려면 정확히 무엇을 해야 할지 모르게 되고 슬픔이 마치 배경음악처럼 아이의 삶에 스며든다.

특별한 깨달음이 없다면 지금도 이 슬픔은 살아 있고 자신은 실망스러운 존재라는 느낌이 여전히 남아 있을 것이다. 우리는 어른이 됐지만 여전히 부모에게 사랑받고 싶어 한다. 단 한 번 짧은 순간이라도 사랑 가득한 눈길로 쳐다봐주기를 갈망한다.

"제발, 저를 봐주세요. 저를 인정하고 자랑스러워하는 얼굴을 단 한 번만이라도 보고 싶어요. 제가 케이크 위에 장식된 체리 같은 존재라면 좋겠지만, 쓸데없는 일이죠. 케이크는 곧 녹아서 흘러내릴 테니까요. 어쩌면 처음부터 케이크는 없었는지도 몰라요."

아! 희망을 버리기는 얼마나 괴로운가. 마음속 깊이 원하던 이 필요를 버리기란 얼마나 어려운가. 하지만 스스로 불행을 더 크게 키우지 않으려면 이런 생각들이 가져오는 것은 메마름과 슬픔뿐이라는 사실을 알아야 한다. 쓸데없는 고통이 없다면 불필요한 싸움도 없다.

용기 있는 자들의 우울증

> 모든 것이 끝장나도 용기는 남는다.
> -다니엘 페나크

우울증을 앓을 때 자신이 고의로 인생을 불행하게 만들고 있다고 생각하는 사람은 없다. 당연하다. 우울증이 자기 탓이라고 생각하지 않기 때문이다.

의학과 제약 산업이 사람들의 정신 상태에 관심을 보이면서 우울증은 정신 질환이 됐다. 나는 이 정의가 부적절하다고 생각한다. 내 생각에 '심리적 고통'이라고 말하는 편이 더 정확하다고 본다. '정신이상자'의 증세를 지칭하는 '정신 질환'이라는 말은 고약한 오해를 낳을 소지가 있다. 즉, 정신이상자가 정신 질환에 걸린 것이 자기 탓이 아닌 것처럼 내가 우울증에 걸린 것도 내 탓이 아니라는 무언의 변명을 공개적으로 인정하는 셈이 된다. 우리가 감기나 결핵에 걸리는 것은 우리 탓이 아니다. 우리 몸을 공격하는 미생물 탓이다. 그리고 약물이 자기 역할을 잘하면 우리 몸이 치유되는 것처럼 감정의 문제에도 같은 기제가 작동하기를 기대한다.

향정신성 의약품이 도입되기 전에는 우울증을 말할 때 신경에 병이 들었다는 뜻에서 '신경성 우울증'이라는 표현을 사용했는데, 사실 여기에는 우울증 환자가 이 병에 대해 아무것도 할 수 없다는 뜻이 내포돼 있다. 이것은 오늘날 사회에 전반적으로 유포된 '책임 회피 운동'의 한 갈래이며 요즘 세대에 유행하는 '피해자 자처'의 한 사례다. 온갖 사연을 하소연하는 사람들의 이야기를 종합하고 요약해보면 결국 "내 탓이 아니야. 난 피해자야."라는 주장으로 귀결된다. '질환'이라고 하면 우리는 자신의 의지와 무관하게 병에 걸려 그 원인과 치유 과정에서 수동적으로 반응하는 환자를 떠올린다. 하지만 '심리적 고통'이라고 하면 자신의 일부가 된 고통으로 괴로워하는 사람을 떠올린다. 다시 말해 그 고통을 과소평가하거나 그 고통에 대해 죄책감을 부추기려는 것이 아니라 그런 상태에서 빠져 나와야 할 주체의 책임을 명시하는 것이다.

일반적으로 의학은 정신 상태를 병리적으로 해석해서 '질환화'하는 경향이 있다. 하지만 정신 상태는 인성의 다양한 측면 중 하나일 뿐이다. 미국의 심리학자 고든 리빙스턴은 과거에 다양한 성격적 특성으로 여기던 여러 가지 행동을 지나치게 의학적으로 해석하고 질환으로 진단하는 현상에 반대한다. '요즘 사람들이 가장 큰 관심을 보이는 진단의 한 사례가 바로 주의산만증이다. 갈팡질팡하는 버릇으로 혼란에 빠진 공상가들은 이제 질병 분류에서 한 범주를 차지하게 됐다. 의사들은 이들에게 효과적인 치료제로 각성제를 처방한다. 각성제를 복용하고 나면 기분이 더 나아지고 더 많은 일을 해낸다고 한다. 누가 그러지 않겠는가? 나라도 그렇다고 대답할 것이다.'[19]

물론 세로토닌과 같은 뇌 신경전달물질에 이상이 생긴 경우는 분명히 질병에 해당하지만, 만약 모든 우울 증세를 병으로 취급한다면 대부분 사람들은 약물 치료를 받게 될 것이다. 물론 약물은 증세를 완화하지만, 이 손쉬운 해답 뒤에 숨은 진실을 간과하지는 말자. 즉, 삶의 고통을 화학적으로 치료하는 것을 최고의 상업적 밑천으로 삼고 있는 제약 회사가 있다. 나

---

19) Gordon Livingston, *Too Soon Old, Too Late Smart: Thirty True Things You Need to Know Now* (너무 일찍 나이 들었고, 똑똑해지기엔 너무 늦었다: 당신이 지금 알아야 할 30가지 사실), Perseus Books Group, 2007.

는 여기서 향정신성 약물의 도움으로 삶의 균형을 되찾은 사람들을 자극하려는 것이 아니다. 나는 슬픔, 우울, 애도, 절망, 예민, 스트레스, 걱정, 불안 등의 반응을 정상적인 감정 상태로 간주한다. 이런 감정들을 우리가 받은 트라우마나 충격에 대해 우리 내면에서 보내는 위험신호다.

그런데 우리는 흔히 몸이 보내는 신호를 무시하는 경향을 보인다. 예를 들어 지속적인 위의 통증을 다스릴 때 음식을 조심하고 위통의 근본 원인으로 작용하는 스트레스를 줄이기보다는 제산제를 먹어서 해결하려고 한다. 또 불면증에 시달리는 사람들은 불면의 원인을 찾아내어 해결하기보다는 수면제를 복용하는 것으로 문제를 해결한다. 삶이 걷잡을 수 없이 엇나가거나 남들한테서 이해받지 못하는 데에서 오는 고통 역시 그런 방식으로 해결하려 한다. 그러나 이런 문제가 생기면 몇 달 혹은 몇 년 동안 진정제를 복용하기보다는 자신을 다시 살펴봄으로써 문제를 제대로 해결하려고 노력해야 한다. 약에 의존해서 증상만 완화시키다 보면 불행의 근본적인 원인 자체를 알 수 없게 되므로 정신적 안정을 찾는 길도 막히게 된다. 약물이 불쾌한 감정을 인위적으로 조절하기 때문에 결국 문제를 해결하지 못한 채 계속 뒤로 미루는 것과 다름없다. 향정신성 약물은 기분을 안정시키지만 아무것도 치료하지 않는다.

하지만 뭐가 문제란 말인가? 잃어버린 삶의 질을 되찾기 위해 화학적 도움을 받지 않을 이유가 무엇인가? 어쨌든 약이 효과가 있다는데 심리 치료사들은 왜 경고하는 것인가? 자기네 상담실로 환자를 끌어들여 돈을 벌려는 속셈일까? 자기네 영역을 일반의들이 침범하지 못하게 하려는 수작일까? 나는 내가 관찰한 사실만을 말할 수 있다. 향정신성 약물의 도움을 받는 수많은 사람이 거기에 만족하고, 다른 시도를 원하지 않는다. 그들은 자신의 인생을 위해 그렇게 결정했고, 나 또한 그 결정을 존중한다. 약물이 이들의 우울증에 효과를 보인다는 사실은 우울증이 질병이라는 사실을 확인해준다. 그리고 이들을 환자로 취급한다는 것은 이들이 자기 문제를 스스로 해결할 책임을 은연중에 면제해준다는 것을 뜻한다. 따라서 우울증으로 판정받은 환자는 자신의 자유의지에 따라 능동적으로 어려움과 맞서 싸울 때 구현되는 자존감에 상처를 입는다. 향정신성 약물에 장기적으로 의존하면 자기 비하가 심해지고, 이것이 자립심과 자신감을 부정하는 원인으로 작용해 자존감을 무너뜨린다. 또한 약물 자체가 원인이 돼 사용자는 무력감과 의존성에서 벗어나지 못한다. 두려움과 절망을 스스로 극복하겠다는 결심과 자신의 인생을 정직하고 긍정적으로 바라보는 시각만이 진정한 치료제가 될 수 있다.

어떤 사람들은 스스로 우울증에서 벗어나지만, 어떤 사람들은 전문가의 도움을 요청한다. 의사는 환자의 상태가 육체적 건강의 범주를 벗어나 심리학적 작업이 필요하다고 판단하면 믿을 만한 심리학자에게 환자를 보낼 것이다. 이처럼 우울증으로 심리학자의 도움을 받는 사람들은 대부분 세 가지 유형으로 분류할 수 있다.

-약물 치료를 원하지 않는 사람.

-처음부터 약물을 복용했거나, 치료 도중 복용을 결심한 사람.

-약물을 복용했으나 효과가 없어 중단하고 본격적인 심리 치료를 시작하려는 사람.

약물 치료가 일시적으로 증상을 완화한 것에 불과하다는 사실을 깨달은 사람들은 때로 배신감을 느끼기도 한다. 마음 깊은 곳에 있는 원인을 찾아내지 못한 채 시간만 허비했다는 사실에 괴로워하는 것이다. 두 번째 부류 중에서 약물과 심리치료의 병행을 원하는 사람들은 다음 세 가지의 각기 다른 반응을 보인다.

첫째, 약물을 중단하지 않고 화학 요법에 의존하는 사람들은 심리 치료가 감정이 요구하는 수위에 다다르지 못한다. 그러나 약효 덕분에 증세가 완화되면 치유에 대한 욕구도 함께 완화된다. 이처럼 약물 치료를 우선하고, 심리 치료로 보완하는 것도 나쁘지는 않으나 문제의 핵심을 해결하지 못한 채 일시적으로 정신적 안정을 느끼고 다시 일상으로 돌아간다. 그러나 나중에 약물에 대한 의존에서 벗어나기 위해 본격적인 치료를 받으러 돌아온다.

둘째, 약물 치료를 중단하고, 자신에게 적합한 방식으로 증세의 원인을 이해한 상태에서 진행되는 감정적 작업을 조금씩 시도해보는 사람들이다. 약물을 중단할 때에는 항상 의사의 지도와 심리치료사의 집중적인 지원을 동반해야 한다. 왜냐면 오랫동안 마비 상태에 있던 감정이 분출하면서 간혹 크게 동요를 일으킬 수 있는데, 이럴 때 환자는 자신의 감정을 이해하고 표출하고 다스리는 방법을 다시 배워야 하기 때문이다. 치료가 계속되면서 환자는 점점 사고와 의사결정의 자립성을 되찾고 자신의 삶을 주도할 수 있게 된다.

셋째, 심리 치료의 느린 속도와 감정적 동요를 참지 못하고 약물에만 의존하는 사람들은 수동적인 안정감에 빠져 치료를 포기하곤 한다. 원인을 찾기보다는 약물을 이용한 조정을 택하는 것이다. 이들이 화학요법을 중단하면 어떤 상황이 벌어질지 알 수 없으나 이미 시작한 심리 치료가 효과를 발휘할 수 있을 만큼 충분히 뿌리내렸기를 바랄 뿐이다.

우울증을 겪으면서도 약물에 의존하지 않고 자기 힘으로 슬럼프에서 벗어나려고 노력하는 사람들, 가벼운 우울 상태를 스스로 극복한 사람들은 정상적인 삶을 살아간다. 그들은 비록 '뭔가 잘못됐다는 느낌'을 받더라도 벼랑 끝에 서 있는 듯한 기분에서 벗어나 꿋꿋하게 살아간다. 이처럼 눈에 띄지 않는 절망에 맞서 싸우고, 이겨내는 사람들을 나는 '용감한 우울증 환자들'이라고 부른다.

부지런한 엄마인 카미유는 평생 올곧게 살아온 여자였다. 어릴 적에는 공부도, 운동도, 집안일도 잘해서 늘 부모의 칭찬을 들었고, 부모의 자랑거리가 돼 부모를 기쁘게 해주기 위해 좋은 곳으로 시집가 예쁜 아이들을 낳았으며, 아동복지사로 일하면서 사회활동도 잘해내고 있었다.

카미유는 다른 삶의 방식을 곁눈질해본 적이 없었다. 열심히 책임을 다하고, 앞으로 나아가느라 삶의 기쁨 따위를 생각할 겨를이 없었다. 매일 아침 그녀는 로봇처럼 정확하게 정해진 시각에 일어나 씻고, 입고, 화장하고, 씩씩하게 일터로 나갔다. 온 가족의 삶이 그녀를 중심으로 펼쳐지고 있었으며, 그녀도 만약 자신이 걸음을 늦추거나 멈추면 온 가족의 삶이 무너진다고 믿었다.

하지만 그녀는 마치 영혼 없는 기계처럼 작동하며 살아가는 데 지쳐 있었고, 자신이 원하는 대로 삶이 흘러가고 있는지조차 알 수 없었다. 그녀는 더는 이렇게 살 수 없다고 생각했다. 이제 멈춰야 한다고 생각했다. 하지만 무엇을 멈출 것인가? 그녀는 단지 자신이 헤매고 있다는 사실만을 알 뿐. 어떻게 대처해야 좋을지 모르는 채 아침이 되면 또다시 장난감 로봇처럼 하루 일과를 시작했다.

나는 상담 중에 수많은 카미유를 만났다. 그들은 은밀하고 끈질긴 우울증을 겪으면서도 그런 사실을 인정하려 들지 않았다. 그들은 어떻게든 문제를 축소하고 덮으려 했으며 자신을 속이고 자신과 싸우면서 자기보다 더 불행한 사람들을 돌봄으로써 자신의 고통을 잊으려고 했다.

안개가 늘 깔려 있으면 시야가 흐리다는 사실을 깨닫지 못하듯이, 너무 익숙해지면 냄새를 구별하지 못하듯이 오래전부터 시작된 우울증은 분명하게 자각하지 못하지만 희생자의 삶을 고통으로 몰아간다. 그리고 이런 증세는 슬픔처럼 영혼에 스며들어 떠나지 않는다.

왜?

> 역설적인 진실은 매력적이고, 절묘하게 명확해서
> 옳은 정신은 밝혀주고 그른 정신은 헤매게 한다.
> ―빅토르 위고

여러분이 이 책을 여기까지 읽었다면, '자신을 불행하게 하는 기술'이 여러분 자신과 무관한 일이 아니라고 판단했기 때문일 것이다.

자신을 불행하게 하는 메커니즘을 알게 된 것만으로 족하다면 여기서 독서를 멈춰도 좋다. 그러나 자신의 상태를 파악하는 데는 한계가 있게 마련이고, 근본적으로 정신의 자유를 얻으려면 이 문제를 좀 더 깊이 이해하려는 노력이 필요하다. 이것은 여러분을 이 책의 후반부로 초대하는 이유이기도 하지만 여기서 우리는 행복해지는 데 필요한 정신적 변화에 대해 알아보기 전에 앞서 제기됐던 질문을 다시 한 번 던져보는 것이 좋을 것이다. 즉, 행복하기가 왜 이렇게 어려우냐는 것이다. 세상에 불행해지고 싶은 사람은 아무도 없는데, 우리 주변에는 불행한 사람이 왜 이토록 많을까? 의식은 행복을 추구하지만 무의식적인 어떤 원인이 우리를 불행으로 밀어넣기 때문일까?

잠시 이 역설을 살펴보기로 하고, 먼저 심리학적 가설을 검토해 보자.

아기는 천국처럼 안락하고 안전한 엄마 배 속에서 아홉 달을 보내고 나서 '탄생'이라는 최초의 트라우마를 경험한다. 이 몇 시간의 분만 과정에서 신생아가 받는 육체적 압력은 상상을 초월할 정도여서 심지어 두개골이 변형되기도 한다. 그동안 어둡고 조용한 공간에서 지내던 아이는 바깥세상으로 나오자마자 시끄럽고 번쩍거리는 혼란스러운 환경에 던져진다. 아기의 감각 체계는 그것이 무엇을 의미하는지를 채 알기도 전에 모든 자극을 그대로 받아들인다. 현대 의학이 발달한 덕분에 분만 과정에서 고통이 많이 완화되기는 했지만, 평화로운 자궁 속에 있다가 새롭고 놀라운 자극으로 가득한 세상으로 나오는 이 첫 통과의례를 비켜가지는 못한다.

이 고통스러운 통과의례가 끝나면 아기는 곧바로 따뜻한 사랑과 보살핌을 받으며 이 낯선 세상에 적응하기 시작한다. 그러니까 인생은 '즉시 해결되는 불편'에서부터 시작하는 셈이다. 처음 겪는 불편한 느낌 뒤에는 만족스러운 안정이 찾아온다. 그리고 하루에도 몇 번 씩 불만과 만족을 번갈아 경험한다. 우리는 아기가 불편을 느낄 때마다 먹이고, 기저귀를 갈아주고, 안아주고, 달래고, 재운다. 아기는 불편함에서 벗어나는 쾌감을 발견하고, 이런 위로의 반복은 오래 지속하지 않는 만족을 끝없이 갈구하게 한다. 쾌감의 추구는 불편의 회피와 피할 수 없이 연결돼 있다. 즉, 안락 자체보다는 불편에서 벗어날 때 만족을 얻을 수 있기에 쾌감의 추구는 끝없이 계속되고, 이런 현상이 긍정적인 방향으로 전개될 때 개인적 발전의 훌륭한 원동력이 되기도 한다. 하지만 만족을 경험했을 때 느낀 쾌감을 다시 느끼려고 의도적으로 불만족스러운 상황을 연출하기도 한다."[20] 그렇게 쾌감을 느껴도 이 짧은 행복이 사라질까 봐 두려움을 품는다.

쾌감과 불쾌감의 반복은 영원히 끝나지 않는 드라마처럼 우리 육체에 깊이 뿌리박혀 있어서 아이는 어려서부터 느꼈던 '두려움에서 벗어나는 기쁨'을 누리려고 스스로 두려움을 찾는다. 그래서 자신이 충분히 극복해서 기쁨을 느낄 수 있는 수준의 작은 긴장과 공포를 계속해서 만들어낸다. 예를 들어 아빠가 손으로 공중에 던져 올렸다가 다시 품에 안을 때 느끼는 기쁨, 미끄럼틀을 타고 내려갈 때 느끼는 아찔한 무서움과 바닥에 도착했을 때 드는 안도감, 상실과 회복을 반복하는 숨바꼭질, 화면과 안전한 거리를 두고 즐기는 영화의 끔찍한 장면 등은 모두 주체가 의도적으로 연출하는 쾌감과 불쾌감의 드라마인 셈이다.

어른이 돼서도 우리는 늘 두려움을 찾고, 자신을 아프게까지 한다. 예를 들어 극한적인 스포츠나 공포 영화나 파산의 위험이 도사린 투자를 '즐기고', 심지어 자신을 불행으로 몰아넣기도 한다. 탈출할 때 느끼는 짜릿한 안도감을 맛보려고 무의식중에 불속으로 뛰어드는 것이다.

우리가 다투는 이유는 화해하는 기쁨을 누리기 위해서다. 문제를 향해 돌진하는 것도 극복했을 때 느끼는 기쁨을 만끽하기 위해서다. 우리 삶에서 처음으로 큰 기쁨을 체험했을 때의 그 근본적인 느낌, 최초의 행복을

---

20) François Ansermet et Pierre Magistretti, *op. cit.*

다시, 그리고 또다시 느끼고 싶어 한다. 이런 시도가 반복되므로 나는 감히 '불행해지는 습관'이라는 표현을 사용하는 것이다. 물론 이런 습관이 우리가 살아가는 데 반드시 필요하기 때문에 생기는 것도 아니고, 또 우리 자신이 어떻게 해야 불행해지지 않는지도 잘 알고 있지만 우리는 군이 이 습관에서 벗어나려고 하지 않는다. 여기에는 틀림없이 그럴 만한 이유가 있다.

하지만 이 모든 것은 무의식적인 상태에서 일어나기에 매우 복합적일 뿐더러 확실하게 감지할 수도 없다. 우리는 무의식과 의식이 쉽게 충돌한다는 것을 알고 있다. 예를 들어 폭력적인 아버지에 대한 공포에서 벗어나는 것이 소원이었던 사람이 폭력적인 남자와 결혼해서 똑같은 상황을 반복하는 경우를 흔히 볼 수 있다. 자녀에게 자신이 누리지 못했던 것을 주고 싶어 하지만 다른 한편으로는 자신이 경험한 것과 똑같은 고통을 주기도 한다.

'쾌감과 불쾌감, 의식적인 것과 무의식적인 것 사이에는 급변, 불투명성, 충돌, 전도, 반전 등의 과정이 도사리고 있어 우리가 원하는 길을 찾거나 기쁨으로 인도하는 길을 가려고 할 때 끊임없이 우리를 방해한다. 인간의 운명이 그토록 복잡한 것도 바로 이 때문이다. 모두 자신을 위하는 길을 간다고 믿고 별다른 이유도 없이 자기 인생을 복잡하게 만든다. 스스로 막다른 골목으로 들어간 모든 사람이 어떤 거역할 수 없는 힘이 자신을 그리로 몰아붙였다고 믿는 것을 대체 어떻게 설명해야 할까?'[21] 실제로 우리는 자기 이익과 정반대로 행동하게 하는 내면적 모순, 즉 '비논리적인 논리'를 따른다.

---

21) *ibid.*

이런 부조리, 우리 소망과 행동 사이의 불일치를 무마하려고 우리는 구실을 만들어내고, 모든 책임을 외부의 상황과 사정 탓으로 돌린다. 설명할 수 없는 것을 설명하기 위해, 삶을 불편하게 하는 구실을 만들기 위해 무의식적으로 이런저런 시나리오를 쓰는 것이다. 우리가 겪는 어려움의 원인이라고 생각하는 것은 사실상 우리가 깨닫지 못하는 내면의 불편함이 만들어내고 작동시키는 여러 도구 중 하나일 뿐이다. 선명하지 않고, 이해할 수 없는 불편을 분산시키고 중화시키기 위해 우리는 존재의 사소한 장애에 과다한 비중을 둔다.

'찻잔 속의 태풍'이라는 말이 있다. 인간은 사소한 것 때문에 불행해진다. 때로 문제가 생기면 현명하게 해결할 수 있어도 우리는 무의식중에 숨겨진 불만을 표출할 계기를 만들고자 일부러 남겨둔다. 자신도 모르는 사이에 스스로 자신을 '운명의 장난감'으로 만드는 것이다. 자기 존재의 불만을 정당화할 수만 있다면 무엇이든 좋다. 예를 들어보자. 어떤 사람이 가족이나 동료의 산만하거나 이기적인 행동으로 기분이 상해 있다. 그렇게 늘 언짢아하다 보니 기분이 까칠해져 있다. 그럴 때는 다른 어느 때보다도 주위의 사랑과 보살핌이 필요하지만 오히려 사람들을 혐오하고 껄끄럽게 대해서 점점 자신을 고립시킨다. 이처럼 자신에게 필요한 것과 완전히 반대되는 행동을 하면서도 이 모순을 직면하지 않으려고 다른 사람들의 잘못을 이유로 내세우면서 자기 행동을 정당화한다. 이렇게 예민하게 반응하는 근본적인 원인은 주위 사람들의 태도에 있기보다는 자신이 어린 시절에 받은 상처에 있고, 그것이 영원한 불행의 원천이 됐을 가능성이 크다.

이제 비슷한 모순을 설명하는 생리학적 가설을 살펴보자.

쾌감은 특정한 신경전달물질(특히 도파민)이 분비된 결과다. 그래서 이 좋은 느낌을 다시 경험하고자 도파민이 분비되는 상황을 거듭 연출한다. 이것이 바로 도파민에 중독되는 '보상 회로'다. 하지만 우리의 몸에는 과속을 피하기 위한 '역(逆)조절' 장치도 있어 두 장치가 동시에 작동한다. 쾌감의 순간에 분비되는 도파민을 효과적으로 상쇄해서 점점 기능을 약화시킨다. 의약품이나 마약을 장기적으로 복용하면 내성이 생겨 시간이 지날수록 더 많은 양이 필요해지는 것과 마찬가지다. 그럴 때 뇌는 보상 체계의 기능이 약해지면서 반(反)보상 체계에 밀려나는 상태를 감지한다. 그렇게 쾌감의 메커니즘을 제어하는 역조절 장치가 작동한다. 이 장치는 지나치게 효과적으로 작용해서 일종의 괴리를 형성하기 때문에 마약중독자에게 나타나는 금단 증상처럼 자기가 느끼는 불쾌감에서 어서 빠져나오고 싶어 하는 불안을 느끼게 한다.

이 원리는 샤워기의 온도 조절 기능과 비교할 수 있다. 뜨거운 물을 원하지만 온도가 너무 높으면 위험하기 때문에 온도 조절 장치에는 차가운 물을 내보내는 안전장치가 있다. 이것은 생존의 문제이므로 안전한 '냉수'의 작동은 '온수'로 접근하는 기제보다 더 강하다. 우리는 샤워할 때 잠시 차가운 물이 나오고 나서 따뜻한 물이 나오는 그 황홀한 짧은 순간에 가장 큰 쾌감을 느낀다. 그래서 쾌감을 얻고자 따뜻한 물을 틀어놓지만, 체계는 차가운 물을 내보내서 매번 이 시도를 방해하므로 같은 행위를 반복하게 된다. 이 체계는 우리를 불만족한 상태로 만들어 끝없이 만족을 찾아 헤매게 한다. 이런 메커니즘에 따라 즐거움을 찾는 '충동'은 점점 '강박'이 돼 간다. 이처럼 끝없이 계속되는 불만이 인간을 불행하게 하는 대표적인 이유 중 하나다.

이런 사례에서 보듯 신경과학은 심리학과 만난다. 즐거움과 괴로움은 어떻게 풀어볼 수 없이 뒤엉켜 도저히 분리할 수 없는 것처럼 보인다. 우리는 바로 자신이 자신을 해치는 행동을 반복하지만 그런 사실을 모르므로 자신을 반복적인 불행의 희생자로 여긴다. 하지만 이런 반복의 주체는 바로 자신이며, 기꺼이 이를 감내하면서도 그런 사실을 깨닫고 싶어 하지 않는다. 그리고 이 불행의 무한 반복을 마치 운명처럼 받아들인다.

불행이 대부분 우리 의지와 무관하다는 사실은 충동이 만족을 추구할 뿐, 목표를 추구하지 않는다는 사실로 설명할 수 있다.[22] 충동은 자극이다. 우리는 샤워하면서 더운 물로 몸을 덥힐 때 느끼는 만족을 추구한다. 다시 말해 따뜻한 물을 원하는 것이 아니라 몸을 덥힐 때 생기는 쾌감을 누리고 싶어 하는 것이다. 따뜻한 물로 몸을 덥히는 행동이 만족을 만들어낸다. 이것은 살아 움직이며 계속되는 압박이고, 만족을 주는 목표를 찾아 헤매는 욕망이다. 중요한 것은 목표를 달성하는 것이 아니라 목표를 향하는 데 있고, 목표가 아니라 만족이 중요하다. 사냥꾼의 즐거움은 결정적인 한 방을 쏘는 데 있지, 저녁 식탁에 올릴 사슴고기에 있지 않다. 어떤 목표에 집중한 충동은 충족으로 이어질 수도 있고 좌절될 수도 있다. 사냥꾼에게는 가족에게 먹일 고기를 가져오는 것이 목표가 아니라 멋진 짐승과 대결해서 상대를 쓰러뜨리는 즐거움을 위해 산속을 헤맨다. 우리는 '획득'이 주는 즐거움을 (가끔 필요의 수준을 넘어서지만) 잘 알고 있다. 우리가 옷을 쇼핑하는 것은 입을 옷이 없어서가 아니다. 읽어야 할 책이 집에 여러 권 있어도 서점에 간다. 목표가 사전에 정해져 있지 않다면 불만을 해소하는 방법으로 현재 찾고 있는 만족보다 더 큰 만족을 줄 수 있는 목표를 늘 상상한

---

22) 여기서 목표란 주체의 외부에 있는 존재나 사물로 봐야 한다.

다. 이것이 바로 '슈퍼마켓 현상'이다. 충동을 촉발하는 것은 구매 대상이 아니라, 쇼핑 카트를 채우는 쾌감이다. 규칙이나 통제 없이, 우리가 원하는 대로 사게 내버려둔다면 쇼핑 카트는 차고 넘친다. 쇼핑 카트를 발명한 이유를 생각해봤는가? 모든 물건을 손으로 들어야 했던 시대에는 두 팔이 우리를 제어했다. 만족의 진정한 목표는 결코 거기에 도달한 어떤 것도 아니고, 또 그런 것이 실제로 존재하지도 않는다. 그것은 충동 자체다. 무엇이든 '쌓아두는 병'을 앓는 사람들은 이런 기제에 갇혀서 강박적인 구매로 큰 문제를 일으키기도 한다.

이런 가설들은 즐거움의 의미를 상태가 아니라 움직임으로 정의하는 흥미로운 관점을 제시한다. 즐거움은 괴로움의 탈출과 연결돼 있다. '즐거움은 획득한 만족보다 만족의 획득에 더 가깝다.' 힘든 하루를 보내고 드디어 안락의자에 몸을 던지는 순간이 가장 좋은 때인 것이다. 획득한 즐거움은 몸에 뿌린 향수처럼 서서히 사라져간다. 막 뿌렸을 때는 기분 좋게 코를 자극하지만 시간이 지나면서 향기를 느끼지 못하게 된다. 하지만 주위 사람들은 여전히 그 향기를 맡으며 부러워할지도 모른다. 양쪽에서 자극하는 것은 즐거움을 획득하려는 욕망이다. 그리고 획득을 향한 갈구는 끝없이 계속된다.

소비사회는 상품을 획득하는 즐거움(충동)이 행복을 보증한다면서 이것을 상업적 자산으로 삼아왔다. 그리고 우리는 획득하는 것이 소유하는 것보다 더 만족스럽다고 믿으면서 변화 없이 오래 지나면 지겨워지는 정체 상태를 견디지 못하고 끝없이 물건을 사들였다. 이런 환상은 우리 지갑을 털어갔고, 경제를 활성화했다.

여기서 잠시 '구매력'이라는 말이 내포한 사악한 메시지를 생각해보

자. 이 말은 '구매할 수 있다는 것은 곧 힘이 있다는 것을 의미하며 그 힘은 곧 권력'이라는 주장을 담고 있다. 호화스러운 저택에서 살고 명품 자동차를 몰고 다니는 사람은 그것이 단순한 개인적 욕구의 충족이 아니라 사회의 다른 구성원들에게 어떤 형태의 권력을 행사할 권리가 있다는 것을 암시하는 셈이다. 악몽 같은 이야기지만, 이미 이런 권리는 현실로 나타나고 있다. 부자들의 '갑질'이나 '진상' 손님의 모욕적인 행태가 바로 그것이다.

우리가 느끼는 끊임없는 불만족은 다행히도 원하는 물건을 소유하거나 원하는 행위를 하고 나면 욕구가 채워지면서 사라진다. 간단히 말해 우리가 진정으로 이 당근을 원하고 소유한 것에 만족하면 그 당근을 뒤쫓아 달려가는 짓을 멈춘다는 것이다. 그렇지 않으면 계속해서 다른 당근을 찾아 달리고, 영원히 끝나지 않는 경주가 된다.

신경과학자들과 정신분석학자들이 세운 가설은 고대 인류학 연구가 발전함에 따라 더 확고해졌다. 원초적으로 인간은 살아남도록 조건화됐을 뿐, 행복하도록 만들어지지는 않았다는 것이다. 정말 훌륭하고 새로운 이 가설의 큰 흐름을 살펴보도록 하자.

원시시대는 오늘날과 비교하면 진화하는 데 훨씬 더 긴 시간이 걸렸다. 수만 년 동안 우리 조상은 수렵과 채집으로 연명했다. 오랜 세월 자연선택은 우리의 기질을 결정해왔지만, 현대 문명을 향한 길고도 더딘 길을 걷는 동안 뇌는 거의 진화하지 못했으므로 우리에게는 당시 원시인들이 살아남는 데 필요했던 성질들이 여전히 남아 있다.

야생의 수많은 위험에 대비하기 위해 원시인들은 용감하고, 창의적이고, 지적 능력과 협동의 효율성을 갖춰야 했을 것이다. 하지만 부족과 자신의 안전에 주의해야 했으므로 늘 경계하고, 의심하고, 걱정하면서 스트레스에 시달렸을 것이다. 언제 어떤 일이 일어날지 알 수 없으니 결코 낙관적일 수 없는 상태에서 지속적으로 불안에 휩싸여 살았을 것이다. 안전을 우습게 여겼던 이들은 일찌감치 맹수들의 먹이가 됐을 것이다!

이런 성향이 행복에 영향을 주는 것일까? 신경생리학의 관점에서 보자면 자연선택은 모든 경계심을 풀고 쾌감에 몰입하는 것은 인간에게 불리하고, 늘 경계하는 것을 더 유리한 기능으로 작용하게 했던 것일까? 인류가 살아남은 것은 지나칠 정도로 자신을 제어하고, 탁월한 역조절 장치가 작동하는 보상 회로 덕분일까? 호기심을 자극하고 항상 앞으로 나아가라고 부추기는 진화의 동력은 불편함이었을까? 예를 들어 배고픈 느낌이 불안을 생성하고, 무기력을 떨치고 일어나 음식을 찾으러 나가게 했을까? 그렇지 않다면 우리의 조상은 비가 내리기 시작하면 동굴 속에 틀어박힌 채 굶주린다는 사실조차 깨닫지 못하고 죽었을 테고, 우리도 존재하지 않았을 것이다.

사회는 엄청나게 변해 우리가 냉장고까지 가는 데는 그리 큰 수고가 필요 없지만 불행히도 이 성질은 여전히 남아 있어 (포만감보다 생존 본능이 더 강한) 배고픈 느낌은 수백만 명의 비만 인구를 양산했고, 다이어트의 유행과 저칼로리 식품 산업의 약진을 불러왔다. '늘 최악의 경우에 대비하는 뇌가 있다는 사실은 생존을 위해 투쟁해야 했던 원시시대에는 장점이었지만 오늘날에는 장애로 작용한다.'[23]고 긍정심리학의 창시자 마틴 셀리그맨은 설명한다. 고민과 근심이 많은 사람은 행복한 사람보다 사회에서 성공할 확률이 낮다. 오늘날 성공은 감성적으로 탁월한 지적 능력과 더 밀접한

23) Laurence Shorter, *Le Secret de l'optimisme, Le tour du monde d'un acharné du bonheur* (낙천주의의 비밀, 어느 행복 중독자의 세계일주), Lattrès, 2009.

관계가 있다.[24]

불행해지는 습관은 현대에 갑자기 생긴 것이 아니라 수백만 년 동안 자연선택으로 형성된 인간의 성질을 통해 꾸준히 발전했고, 우리가 이제야 겨우 이해하기 시작한 복잡한 메커니즘이다. 우리 뇌는 현재 상황에 꼭 맞게 적응하지 못했고, 급변하는 사회의 속도를 따라갈 만큼 민첩하지도 못했으며, 진화하지도 못했다. 행복은 자연스러운 것이 아니라 우리의 원시적 성향을 거스르면서 의도적으로 만들어야 하는 것임을 깨달아야 한다. 이런 이유로 요즘 서점과 특강 목록에서 '행복해지는 방법'이 그토록 인기를 끌고 있는 것이다.

사회적 변화와 인간 본성 사이의 이런 격차가 지적이고 복합적인 형태로 승화된 것이 바로 문명과 교육이며, 다양성을 추구하는 경향이다. 예를 들어 우리 뇌는 문제가 제기되면 즉시 결정을 내려 대응하는 데 뛰어난 능력을 보인다. 게다가 수만 년 동안 우리는 이 능력에 의존해서 생존해왔다. 하지만 오늘날 우리 삶은 너무도 복잡해서 문제를 오랫동안 생각하고 여러 각도에서 바라볼 수밖에 없다. 이제는 생존을 위해 이기적이고 즉각적으로 반응하는 성질에만 의지해서 살아갈 수 없다.

어릴 적 자신을 어떻게 다스려야 하는지를 배우지 못한 사람은 전체적인 상황을 고려해서 당연히 해야 할 것과는 정반대되는 행동을 한다. 예를 들어 본능적인 충동에 따라 즉각적인 만족을 주는 일만을 하고 싶어 하고, 반드시 해야 할 일을 뒤로 미룬다. 왜냐면 쉽게 즐거움을 얻을 목적으로 하는 행동을 제어할 능력을 갖추지 못했기 때문이다.

---

24) Daniel Goleman, *Emotional Intelligence: Why It Can Matter More Than IQ* (감성적 지능: 왜 IQ만으로는 안 되는가), Bantam, 1996.

단기적이고 즉각적인 오늘날 소비 행태에 대해 성찰하는 일은 매우 중요하다. 왜냐면 우리의 뇌는 원시인들의 뇌가 그렇게 작동했던 것처럼 우리를 단순한 방향으로 이끌어가기 때문이다. 기묘한 역행적인 진화로 사회 발전이 오히려 우리를 후퇴시키고 있는 것이다.

우리는 불편함이 안정으로 이어지지 않을 때 결핍을 느끼고, 화를 내고, 낙담하고, 지쳐버린다. 우리가 느끼는 불행이 안정적인 만족으로 이어지지 않는 이유는 단순한 삶으로 돌아가는 것을 퇴보로 간주하는 문화 때문이다. 우리 사회가 지향하는 변화는 항상 '더 많은' 소비, '더 많은' 물질, '더 많은' 행동, '더 많은' 이동에 있는데 이것은 안정과 거리가 멀다. 우리는 모든 것을 스스로 복잡하게 만들기 때문에 불행하다.

이제 변화의 동력이 되지 못하는 불행은 비생산적인 결핍일 뿐이다.

자신을 파괴하는 모순된 행동이 크로마뇽인에게서 비롯됐다면, 의식의 진화가 수많은 인위적 난관을 만들어내고 이를 흡수하려는 고통 속으로 우리를 밀어 넣는다면, 그리고 이런 과정에 우리 뇌가 어떤 역할을 한다면, 일을 시작하기 전에 먼저 철학적 심호흡을 하고 스스로 불행해지는 사태를 멈춰야 할 것이다!

2부 수용

우리는 모두 언젠가 서글프게 혹은 막연하게
자신이 인간이라는 사실을 받아들이게 된다.

-장 아누이

앞서 우리는 인생을 불행하게 하는 여러 가지 습관을 살펴봤다. 이제 이런 질문을 던져보자. 불행의 습관에서 벗어나려면 어떻게 해야 할까?

첫걸음은 자신의 결정이다. 자신을 훼손하는 원인을 찾아내 그 작동 원리를 파악하고, 멈추기를 스스로 '원해야' 한다. 문제의 원인이 외부에 있는 것처럼 보이지만 변화는 우리 손에 달렸다는 것을 인정하고 스스로 달라지기로 결심해야 한다. 고통받는 사람은 자신이니 변해야 하는 사람도 자신이다. 게다가 이제는 다른 사람들이 달라지게 하려는 헛된 희망은 절대 이뤄지지 않는다는 사실도 이해했을 것이다. 세상이 우리 요구에 맞춰줄 것이라는 희망도 마찬가지다. 속상한 일이지만 어쩔 수 없다.

비록 문제의 원인이 자신에게 있지 않더라도 문제에 휘둘리게 내버려둔 책임은 자신에게 있다. 물론 이런 사실을 인정하기는 쉽지 않다. 장 폴 사르트르의 말을 기억하자. "중요한 것은 사람들이 내게 한 일이 아니라 그들이 내게 한 일에 대해 내가 나 자신에게 한 일이다." 우리 책임이든 아니든 시련은 찾아오게 마련이고, 이를 극복하거나 좌절하는 것은 결국 우리 자신에게 달렸다.

인생은 감정의 영향을 받지만 전체적으로 이성적인 시각으로 바라봐야 한다. 하지만 어려운 상황이 닥치면 우리는 이성의 통제를 벗어나 감정에 크게 휘둘린다. 우리가 주체할 수 없을 정도로 감정의 지배를 받는 것은 견디기 어려운 상황이지만, 동시에 필요한 일이기도 하다. 고통스러운 느낌과 자기 삶에 대한 통제력을 잃었다는 느낌이 함께 증폭되기에 견디기 힘들기는 하지만, 이런 느낌은 문제가 해결될 때까지 꺼지지 않는 시끄러운 알람 소리 같은 것이기에 우리에게 꼭 필요한 것도 사실이다. 더구나 이 경고음은 주위 사람들에게도 들리기 때문에 어려운 시기에 절대적으로 필요한 지원과 위로, 용기 또는 조언을 얻을 수도 있다.

가끔 효과가 있고, 또 필요하다고 해서 감정이 늘 우리 인생의 좋은 길잡이가 되는 것은 아니다. 이성이 나무 기둥이라면 감정은 나뭇잎이다. 이성은 인생의 큰 방향을 결정하고 감정은 거기에 색을 입힌다. 마음에는 머리로 이해할 수 없는 어떤 이유가 있다고들 하지만, 결정할 일의 성격에 따라 다르고 가슴과 머리 사이에 항상 원활한 소통을 유지하는 것이 좋다.

우리는 어린 시절에 겪은 사건의 내용은 잊어도 그 느낌은 간직하고 있다. 그만큼 감정은 중요한 것이어서 늘 주의를 기울여야 한다. 갈등에 대한 거부감, 버림받을지 모른다는 두려움, 자신이 무능하다는 자각, 자기 비하, 피해의식, 사랑받아야 하고, 완벽해야 하고, 다른 사람의 기대에 어긋나지 말아야 하며, '좋은 남편' 또는 '좋은 엄마'가 돼야 한다는 의무감이 바로 감정이 연주하는 배경음악이다.

항상 자신이 내린 결정을 책임져야 하기에 과연 무엇이 선택을 결정하는지를 잘 알아야 한다. 어떤 골치 아픈 상황, 언짢은 상황이 벌어졌을 때 자리를 박차고 일어나거나 마음에 드는 생각에만 귀를 기울이지 말고 행동하기 전에 자신이 어떻게 감정과 이성의 영향을 받고 있는지를 스스로 살펴보는 것이 아주 중요하다.

- 이성적인 측면에서 이 상황을 어떻게 파악할 수 있는가?
- 감정과 느낌, 인상은 각각 어떻게 말하고 있는가?

- 결정을 내리는 데 관여하는 것은 머리인가 가슴인가?

- 때로 복잡한 상황은 이성과 감정을 뒤섞는다. 이 두 가지를 분리하자.

- 이성적으로 결정해야 할 사안인데 감정 때문에 거북하다면 감정을 어떻게 진정시킬 것인가?

감정의 측면에서 결정할 문제라면 사건이 끝난 뒤에 이성이 문제를 마무리하고 실질적인 방법을 찾을 수 있게 여지를 남겨두자.

다시 한 번 말하지만, 불행을 멈추는 것은 정신 자세의 문제다. 편안하고 성공한 삶을 살아가려면 자신의 영혼이 어떤 상태에 있느냐가 핵심적인 관건이다. 따라서 총명함과 솔직함, 그리고 자신에 대한 준엄한 평가가 필요하다. 착각은 그만하고 불평도 멈추고 현실을 인정해야 한다. 우리가 적절치 못한 행동을 하는 이유는 자기 행동과 인간관계, 인생을 잘못 이해하기 때문이지만, 제어하지 못한 감정의 지배를 받기 때문이기도 하다. 우리는 때로 마음 깊은 곳에서 작동하는 감정적 충동을 이기지 못해 한쪽 손에 붙은 불을 다른 손으로 끄려다가 불이 옮겨붙는 사고를 당하기도 한다.

삶을 불행하게 하는 생각과 태도는 험한 땅에서 자라는 잡초와도 같다. 실망과 분노, 절망과 불만은 아무리 뽑아내도 다시 자란다. 하지만 땅의 성질을 바꾸면 잡초는 점차 사라진다. 매번 괴로운 상황에 대처하느라 애쓰기보다는 정신의 구조 자체를 바꾸는 것이 자신을 해롭지 않게 하는 길이다.

이 장에서는 자신을 불행하게 하는 행동을 멈추는 데 도움이 될 새로운 기반을 구축하는 방법에 대해 이야기할 것이다. 어떻게 그런 기반을 구축할 수 있을까? 실용적이고 효과적인 사고보다는 좀 더 근본적이고 철학적인 사고가 우리를 불행하게 하는 여러 가지 원인을 명확히 이해할 수 있게 해줄까? 심리학자로서 나는 그동안 경험과 연구를 통해 인간을 괴롭히는 다양한 요소(걱정, 신경질, 불평, 고집, 분노, 장애, 두려움, 결핍, 증오, 실망, 슬픔, 의기소침, 절망 등)에 대해 폭넓은 시각을 갖추게 됐다.

물론 책 한 권이 심리 치료를 대신할 수는 없다. 심리 치료는 충분한 시간 여유를 가지고 전문가와 대화를 통해 맺힌 곳을 풀고, 오래된 상처를 봉합하고, 삶의 재미를 되찾아가는 과정이다. 이 작업은 자연스럽게 자신의 감정을 이해하고 다스릴 수 있게 해준다. 비록 더디지만 환자는 틀림없이 나아진다.

하지만 이 책의 목적은 심리 치료의 목적과 다르다. 나는 이 책을 읽는 사람이 스스로 문제를 해결하기를 바란다. 이 책의 목적은 생각하는 데 도움을 주는 것이다. 그리고 여기서 내가 제안하는 것은 잘못된 행동의 근본적인 원칙을 없애고, 새로운 행동 패턴이 뿌리내리는 토양을 만드는 일이라고 할 수 있다. 고통으로 이어지는 잘못된 행동을 단지 지적만 하고 그에 대해 너무 허술한 '싸구려' 해법을 제시한다면, 그것은 문제를 대수롭잖게 해결할 수 있다는 헛된 인상을 심어줘서 결국 불행해지는 기술 한 가지를 더 추가하는 셈이 될 것이다!

나는 단순하면서도 강력한 두 개의 열쇠를 제공하고 싶다. 이 해법들은 지극히 당연해 보이고 별로 새롭지도 않지만, 정작 우리가 곤경에 처했을 때 생각하지 못하는 것들이다. 간단히 말해 핵심적인 것들로 양쪽 주머니에 하나씩 넣을 수 있는 두 개의 열쇠다.

첫 번째 열쇠는 '수용'이라는 열쇠로 '불완전', '유한성', '고독'이라는 세 개의 문을 열어준다. 두 번째 열쇠는 '변화'라는 열쇠로 '힘', '책임감', '의미'라는 세 개의 문을 열어준다.

이 열쇠들은 우리 정신과 육체가 정확하고 적합하게 작동하지 못하게 하는 자물쇠를 열어서 어려움을 해결하고, 결핍을 극복하며, 절망을 견디게 해준다. 즉, 우리가 유연하고 현명하게 살아가는 데 근본적으로 필요한 도구를 만들어 설령 불가피한 고통을 겪더라도 웃으며 앞으로 나아가게 해준다는 것이다. 매번 불행하다는 느낌이 들 때마다 두 개의 주머니 중 하나에 손을 넣자.

삶을 불행하게 하는 상황은 보기보다 훨씬 복잡하다. 이성과 감정, 금전, 건강, 의무, 신념 등이 섞여 그야말로 뒤죽박죽이다. 이런 모든 것을 포함한 우리 삶을 더 나은 것이 되게 하는 지혜 중에서 가장 핵심적인 것은 미국의 사회윤리학자인 니부어가 기도했듯이 우리 힘으로 바꿀 수 없는 것을 받아들이는 평정심, 바꿀 수 있는 것을 바꾸는 용기, 이 두 가지를 알아보는 현명함이다. 인간은 무한소에서 무한대에 이르는 초월적인 체계의 한 부분이다. 인생을 모든 사람이 함께 모여서 하는 놀이에 빗댄다면, 규칙은 몹시 까다롭지만 한편으로는 광대한 자유 지대도 있다. 모든 문제는 우리의 능력 안에 있는 것과 능력 밖에 있는 것을 구별하는 데 있다.

게다가 이것은 철학적 사고의 핵심이며 심리학자들의 고민이기도 하다. 철학자는 우리에게 어떻게 살아야 하는가를 말하고, 심리학자는 우리가 어떻게 살고 있는지를 말한다. 전자는 갈 길을 제시하고 후자는 이를 분석한다. 지혜에 대한 사랑과 영혼에 대한 이해의 대결인 셈이다. 이 두 갈래 길 사이에 다리 몇 개를 놓아보자.

자기 힘으로 바꿀 수 없는 것을 받아들인다는 것이 과연 어떤 것인지를 정의하기란 쉽지 않다. 우리는 무엇을 받아들이고, 무엇에 맞서야 할까?

인생의 아름다운 면과 어두운 면을 있는 그대로 받아들인다는 것은 체념과는 분명히 다르다. 체념은 서글픈 포기와 억눌린 분노를 담고 있지만, 수용은 비록 나중에라도 자신에게 결핍을 느끼게 한 대상에 대한 욕망이 되살아날 수 있다는 전제를 깔고 있다. 수용한다는 것은 동의한다는 것이다. 이것은 의식적인 결정이고, 긍정적인 행동이다. 억누른 불만도 아니고 감춰둔 앙심도 아니다. 이해하면 받아들이기 쉽지만 이해하지 못해도 받아들여야 할 때도 있다. 받아들인다는 것은 솔직하게 "예."라고 말하고, 그 결정을 책임지며, 불평하거나 자기 비하하기를 멈추는 것이다.

심리학에서 힘과 수용 사이의 경계는 철저히 개인에게 달린 것으로 여긴다. 자신의 감정을 인정해야 할까, 아니면 조절하는 방법을 배워야 할까? 자신의 연약함을 인정해야 할까, 아니면 강해지려고 노력해야 할까? 누가 어디까지 싸우라고 강요하는가? 우리가 쓰러지면 누가 부축하는가? 가령 걷잡을 수 없는 분노는 우리 책임인가? 이론적으로는 그렇다. 하지만 분노는 조절하기 어렵고, 우리 통제를 벗어난다. 물론 그렇다고 책임이 가벼워지는 것은 아니다. 모든 책임은 우리가 져야 한다.

그럼에도 정의는 자신을 변호할 수 있다고 가르친다. 법의 판결은 피고의 책임을 어떻게든 최소화하는 변호사들의 수단에 따라 달라질 것이다. 정당방위나 치정 사건처럼 범죄 의도에 관한 미묘한 사실들이 적어도 법정에서는 피의자의 책임을 경감한다. 예를 들어 친아버지를 살해하려한 스무 살 청년이 어려서부터 아버지에게 학대당했다는 사실이 알려지면 처벌이 가벼워지기도 한다. 하지만 그 한계는 어디일까? 아버지가 아들에게 어떤 종류의 가해를 얼마나 했어야 청년의 행위가 정당화될 수 있을까? 어디서부터 우리는 자신의 행동에 책임을 져야 할까? 자, 이런 문제는 재판관에게 맡기도록 하자.

법의 범주를 떠나서 우리는 자신의 모든 행동에 책임이 있다. 책임은 정신적·육체적으로 결함이 있는 사람에게 특정한 상황에서만 면제될 수 있다. 그러나 이 책임과 무책임 사이의 경계는 어디인가? 어떤 기준으로 판단해야 할까? 이런 의문들은 우리가 수용해야 할 첫 번째 경계로 인도한다. 바로 불완전이다.

4장

불완전 ✎
....

관용은 인류의 특성이다.
우리는 모두 실수와 약점투성이다.
그러니 서로 어리석음을 용서해야 한다.
이것이 자연의 첫 번째 법칙이다.
-볼테르

삶이 불완전하다는 것은 명백한 사실이다.

너무 당연한 말이지만, 우리를 괴롭히는 문제를 살펴보면 대부분 불완전함에서 비롯한다. 그러나 자신이 불완전하다는 사실을 문제 삼는 것은 터무니없는 태도다. 왜냐면 '불완전'이라는 말 자체가 '완전'과의 상대적 비교에서 나온 것이기 때문이다. 세상에 '완전'이란 없다. 어떤 존재도 완전하지 않다. '완전한 인간'을 어떻게 정의할 수 있겠는가? 완전한 인생? 완전한 아이? 완전한 사회? 생각만 해도 꺼림칙하지 않은가? 우리는 이미 몇몇 미치광이와 폭군의 머리에서 나온 '완전한' 사회가 어땠었는지를 기억하고 있다.

따라서 자신이 불완전한 존재라는 사실은 모든 형태의 자기 평가에서 가장 기본적인 전제가 돼야 한다.

세상에 완벽이란 없다

완벽한 방법과 혼란스러운 목표가 이 시대의 특징처럼 보인다.
-알베르트 아인슈타인

인생은 불확실성과 불안정의 지배를 받고, 우리는 모든 것을 제어할 수 없다. 따라서 부적절한 행동을 멈추고 새로운 결정을 받아들여야 한다. 인정할 수밖에 없는 불완전성에 비춰서 우리가 지금 부리고 있는 고집과 버리지 못하는 집착을 되돌아보면 가슴에 품고 있는 분노와 앙심, 결핍감과 절망감을 떨쳐버릴 수 있다.

우리는 때로 의도하지 않은 일탈 행위를 하고 늘 실수도 저지르지만, 그렇다고 그것이 곧 결점이 되지는 않는다. 부주의는 잘못을 저지르기 쉬운 인간의 특성과 관계있다. 살다 보면 어쩔 수 없이 우리는 산만해지고, 피로를 느끼고, 걱정으로 마음을 졸인다.

완벽해야 한다는 완고한 기대가 무너졌을 때 우리는 실망하고 짜증 낸다. 그러나 이것은 이중의 환상이다. 왜냐면 완벽이란 현실적으로 이룰 수 없는 환상이지만, 완벽을 추구하는 사람은 잠재적으로 완벽할 수 있다는 것을 인정하기 때문이다.

그렇다고 최상의 결과에 다다르려는 노력을 기울이지 말아야 한다는 뜻은 아니다. 게다가 '세상에 완벽이란 없다.'는 말이 더 나은 인간이 되려는 노력을 포기하는 구실이 되지 않도록 해야 한다.

생각을 바꾸고, 극복할 수 없는 장벽과의 싸움을 포기하고 완전히 마음에 들지 않는 상황이지만 행동으로 옮기고 인생이 원하는 대로 흐르지 않는다는 사실을 받아들이는 태도는 저절로 생기는 것이 아니다.

두 살 무렵부터 우리는 욕망을 억제하라는 세상의 강요를 받는다. 하지만 불행하게도 많은 사람이 무의식중에 아기 때 누리던 '무제한의 권력'을 포기하지 않으려고 한다. 그리고 스스로 의식하지 못해도 이런 현상은 삶의 단계마다 반복적으로 나타난다.

절대로 다다를 수 없다는 것을 알면서도 '완벽'이라는 이상을 향할 때 우리는 과연 어디까지 갈 수 있을까? 절대로 움직이지 않는 한계와 자신의 노력으로 넘어설 수 있는 한계를 어떻게 구분할 것인가? 이것은 조물주의 역설로, 인류는 종종 한계를 인정하지 않는 창조자, 구원자의 노력 덕분에 발전해왔다. "그들은 그것이 불가능하다는 사실을 몰랐기에 해냈다."는 마크 트웨인의 말이나 "내 사전에 불가능이란 없다."고 했던 나폴레옹의 말은 이 세상 모든 독학자와 열정으로 세상을 바꾼 사람들이 지향하는 가치를 대변한다.

하지만 "누구도 불가능에 대항할 수는 없다."는 말도 있다. 삶은 생물학적 현상이고, '인간'이라는 문명화된 '동물'에게는 생태적인 제약이 있다.[26] 이것은 완벽을 향한 인간의 욕망이 부딪히는 첫 번째 제약이다. 인간은 자기 힘으로 어떻게 해볼 수 없는 자연의 시간적·지역적·기후적 제약을 받으며 살아간다. 하지만 문명의 발전은, 특히 21세기 기술혁명 이후 인간을 자연의 지배에서 조금씩 벗어나게 했다. 현대 기술이 생태계와 인류의 건강에 끼치는 해로운 영향을 귀가 닳도록 듣고 있지만, 우리는 이렇게 지구를 오염하는 기술이 수백만 명의 목숨을 구한다는 사실 또한 알고 있다. 비록 역사의 흐름을 멈출 수는 없어도 조금 돌아가려는 노력이 헛되지

---

26) 인간의 문명화를 어떤 달성된 상태보다는 계속되는 움직임으로 보는 것이 적당할 것이다. 이것은 아마도 인간의 삶에서 유일하게 진정한 의미의 작업일 것이다. 불완전한 연료로 움직이는 절대로 끝나지 않을 작업.

는 않을 것이다. 이것은 앞으로 수십 년간 인류가 맞서야 할 가장 중요한 도전이 될 것이다. 그러나 여기서 우리 관심을 끄는 측면은 이 발달한 첨단 기술이 우리의 심리와 삶에 미치는 영향이다.

우리는 모든 것이 가능한 것처럼 보이는 세상에 살고 있다. 수도꼭지에서 더운 물이 나오는 것은 이미 오래전부터 신기한 일이 아니고, 작은 플라스틱 상자를 통해 지구 반대편에 있는 사람과 실시간으로 대화하는 것을 당연하게 여긴다. 화면에 비친 친구와 함께 웃고 이야기하는 것도 이젠 놀랍지 않다. 기술은 우리의 지치고 망가진 몸을 치유하고 고쳐줄 뿐 아니라 인간을 달에 보내기까지 했다. 인공위성 덕분에 시골 촌구석에서도 친절하게 길 안내를 받는다. 기계가 그렇게 할 수 있다는 사실이 더는 우리를 놀라게 하지도 않는다. 어제만 하더라도 공상과학영화에나 나왔을 법한 것들이 오늘은 우리의 일상적인 삶을 편리하게 해주며 우리를 더욱 기술에 의존하게 하며, 우리가 세상을 지배한다는 환상을 증폭한다.

이런 기술의 발전은 우리의 일상을 편리하게 해주고 생명을 구하는 한편, 해로운 환상을 부추긴다. 서기 1세기에 현자 에픽테토스는 이렇게 말했다. "너는 세상일이 스스로 일어나기보다는 네가 원하는 대로 일어나기를 바란다. 그래서 너뿐 아니라 다른 사람도 불행하게 한다. 아침부터 너는 길에서 지나가는 사람들과 부딪친다고 불평한다. 대체 무엇을 원하는 것이냐! 사람들과 부딪치지 않는 길을 한 번이라도 걸어본 적이 있더냐?" 기술이 출현하기 훨씬 전부터 인간은 세상이 자신에게 복종하기를 바라왔다. 세상일이 자기가 정한 대로 되기를 바란다! 이것은 커다란 힘이기도 하지만, 또한 실망과 노여움의 근원이기도 하다.

자신이 놓여 있는 환경을 지배하려는 이 욕망은 문명의 강력한 동기가 됐고, 호기심과 발전의 동력으로 작용했다. 오늘날 우리는 전자 기기가 제어하는 환경에서 태어나고, 아이들은 비현실적일 만큼 인공적인 세상을 보여주는 TV를 보며 자란다. 세 살짜리 아이가 아이패드를 가지고 놀고, 생애 최초 선물로 자전거보다 스마트폰을 받는 지금 이 세상이 자기 뜻대로 돌아가기를 바라지 않는 것이 이상할 지경이다.

현재의 통신수단이 제공하는 순간성은 한 걸음 물러서서 사태를 바라보고, 분석하고, 통합하는 데 필요한 시간을 줄였다. 인터넷은 수많은 정보에 쉽고 빠르게 접근하게 해주고 우리는 이 모든 것을 지극히 수월하게 소비한다. 모든 것이 거의 환상적으로 우리 손끝에 달려 있다. 하지만 모든 정보를 안다는 것이 상식을 고루 갖춰주지는 않는다.

장점이 많은 발전에도 조심해야 할 점이 있다. 왜냐면 복잡한 현실 세계는 우리의 바람과는 달리 노력도 분석도 없이 즉각적으로 돌아가지는 않기 때문이다. 세상은 자기 법칙대로 돌아간다. 사물의 본성, 흘러가는 시간, 계절의 속도, 우연의 역할, 인과관계의 복잡성이 세상의 법칙이고 이것은 절대 바뀌지 않는다.

이 명백한 사실을 잊은 채 우리는 아무 소용없이 화를 낸다. 존재하지 않는 이상을 기준으로 삼아 불평을 터뜨린다. 철학자 베르트랑 베르줄리는 '세상은 슬프고 노여운 정신으로 가득 차 세상의 법칙에 대해 불평을 늘어놓는다.'고 썼다.[27] 세상이 슬퍼 보이는 것은 놀랄 일이 아니다. 슬픔의 바람이 태풍처럼 불기 시작하면 모든 사람은 이미 존재하는 슬픔에 슬퍼한다. 이렇게 해서 우리의 슬픔에는 이유가 생긴다. 알고 보면 초라한 이

---

27) Bertrand Vergely, *Petite philosophie pour vaincre les jours tristes* (슬픈 날들을 이겨내기 위한 작은 철학), Milan, 2003.

유, 슬픔의 원인은 다름 아닌 우리 자신이라는 것이다. 우리는 단지 이것을 보지 못할 뿐이다. 그리고 세상을 증오로 뒤덮는 책임을 다른 사람에게 돌리는 데 너무 열중해 있다. 세상은 나쁘지 않다. 세상을 불평하는 우리가 세상을 나쁘게 만든다. 세상이 불러일으키는 분노는 바로 세상을 향한 분노에 그 원인이 있다. 세상은 그런 것이고 여기에 완벽을 요구한다는 것은 터무니없다. "완벽이란 존재하지 않는다. 이것을 이해하는 것은 인간 지성의 승리이며 이를 가지려고 욕심내는 것은 가장 위험한 광기다."라고 이미 200년 전에 시인 알프레드 드 뮈세는 말했다.

불완전을 받아들이는 것은 결국 찾을 수 없는 것을 찾고, 바꿀 수 없는 것을 바꾸려는 우리의 결핍을 인정하는 것이다. 우리 앞을 막아서는 것에 맞설 힘이 없음을 수용하는 것이다.

줄리엣과 톰은 요리하고, 친구들을 식사에 초대하기를 좋아한다. 줄리엣은 전채, 본식, 후식의 식단을 짜고 톰은 요리에 맞는 술과 음료를 선택한다. 톰은 이번에 노르웨이를 여행하고 돌아오는 길에 싱싱한 연어를 가져왔다. 그는 연어를 간단히 손질해서 친구들과 함께 즐기는 저녁 식사에 두 번째 전채 요리로 내자고 제안했다. 하지만 줄리엣은 톰의 제안이 당황스러웠다. 전채가 두 개라니? 너무 많아. 게다가 본식에 이미 생선 요리가 있잖아. 그러면 전체적인 균형이 깨지잖아. 음료는 무엇으로 하지? 줄리엣은 서둘러 식단을 다시 짜고, 순서를 바꾸고, 남편에게 짜증을 부렸다. 줄리엣이 화를 내며 톰을 탓하면서 싱싱한 연어는 불화의 씨앗이 돼버렸다. 완벽한 식사를 준비하려는 줄리엣은 요리의 맛, 양, 음료 등 모든 것이 조화를 이루는, 다시 말해 존재하지 않는 완벽함을 찾고 있었다. 줄리엣을 괴롭힌 것은 두 가지였다. 즉, 완벽한 균형을 찾아야 한다는 의무감과 그것을 찾아낼 수 없다는 무력감이었다.

불완전을 용납한다는 것은 해답이 없음을 인정하는 것이다. 완벽한 식사란 존재하지 않는다. 줄리엣은 자녀의 방학 연수 프로그램을 선택할 때도 같은 문제에 부딪힌다. 첫 번째 프로그램은 내용이 아주 흥미롭지만 가격이 너무 비싸고, 두 번째는 가격은 적절해도 연수 시설까지 거리가 너무 멀고, 세 번째는 내용이나 가격, 거리 등은 그저 그렇지만 미취학 아동도 받아주니 막내까지 함께 보낼 수 있어 좋고, 네 번째는 아이들이 좋아하는 스포츠를 가르치지만, 아이들의 친구들이 모두 다섯 번째 프로그램에 등록한다니 이것도 문제다. 그렇다면 완벽한 연수 프로그램은 어디 있을까? 젊은 엄마들이 자주 겪는 문제는 선택할 때 가장 중요한 기준을 따르지 않는다는 데 있다.

여러 가지 선택의 가능성이 있을 때 목표에 부합하는 기준의 우선순위를 정하면 선택은 훨씬 쉬워진다. 예를 들어 목표가 '절약'이라면 '가격'이 가장 중요한 기준이 될 것이며 다른 기준은 이차적인 문제가 될 것이다. 만약 체중을 줄여야 한다는 목표가 있다면 운동을 많이 하는 프로그램을 고를 것이고, 숙소까지 30분 정도 걷는 것 때문에 불평하지도 않을 것이다.

어떤 분야에서 완벽을 추구하는 것은 기쁨과 행복의 원천이며 삶에서 필요한 행동이기도 하다. 우리 삶은 때로 외과의사의 완벽한 기술, 아니 최대한 완벽에 가까운 기술에 좌우된다. 최고의 경지에 오르기 위해 전 생애를 바친 플랑드르의 원초주의 화가들이 느꼈을 예술적 절정이나 올림픽 챔피언들이 놀라운 기록을 세웠을 때 느꼈을 감격을 우리는 결코 상상할 수 없다. 이 같은 열정은 자신에게 커다란 행복의 원천이 된다.

인생은 산 정상을 향해 나 있는 길과 같아서 올라가기도 하고 내려가기도 하며 다음 굽이를 돌기까지는 앞을 알 수 없는 구불구불한 길이다. 우리는 겨우 몇 걸음 앞만 내다볼 뿐이다. 그럼에도 우리는 정상을 향해 계속 올라간다. 다음 골짜기 뒤에 과연 무엇이 있는지 보고 싶기에 용기와 신념으로 길을 걸어간다. 뜻밖의 일에 마음을 열고, 불확실함을 받아들이고, 어떤 것도 확신할 수 없다는 것과 앞으로 가야 할 길에서도 자신이 할 수 있는 일이 별로 없다는 것을 알지만, 그래도 우리는 앞으로 나아간다. 수용은 안정의 원천이다.

인생이 원하는 대로 흘러가지 않는 것은 자명하다. 그런데 지금 자신을 괴롭히고 있는 것에 그만한 에너지를 쏟을 가치가 있을까? 몇 년이 지난 후에도 지금 겪고 있는 문제를 똑같이 중요하게 생각할까? 조금 떨어져서 바라보면 이 집착은 빗나간 것 같지 않은가? 이런 분노와 앙심, 쓸쓸함을 견딜 만한 가치가 있는가? 자신을 행복으로 이끌지 않는 생각과 태도, 과정을 계속할 필요가 있는가? 아니면 여기에 다른 이점이라도 있다는 걸까?

이런 모순에 대해 잠시 생각해보자. 어떤 결과를 얻고자 한다면 (예를 들어 다른 사람의 태도를 바꾸려고 한다면) 이 목표를 달성하려고 어떤 행동을 할 것이다. 그러나 만약 시도할 때마다 실패한다면 그 시도를 반복하는 이유는 무엇인가? 활로 과녁을 쏠 때 화살이 계속 빗나가면 우리는 무기를 바꾸거나 조준점을 바꾼다. 그런데 왜 인생에서는 그렇게 하지 못하는 걸까?

어떤 괴로움에는 해결 방법이 없다. 또 어떤 어려움에는 빠져나갈 구멍이 없다. 그냥 그런 것이다. 때로는 해결할 수 없는 문제를 안고 사는 법을 배워야 한다. 그것을 인정하는 것만으로도 벌써 조금은 마음이 가벼워진다. 내 문제에 해결 방법이 있다면 그것을 찾으면 되니 스트레스를 받을 필요는 없다. 만약 해결 방법이 없다면 왜 없는 것을 찾으려고 애쓰겠는가? 그러니 이런 경우에도 스트레스를 받을 필요는 없다.

인생에 아무 도움이 되지 않는 어려움에 왜 고집을 부리며 집착하는가? 어쩌면 이 비효율적인 고집 뒤에는 다른 목적이 숨어 있는 것은 아닐까? 예를 들어 상대가 변하지 않으려고 얼마나 완고하게 고집을 부리는지, 얼마나 무심하고 몰인정한지를 증명하려는 심리가 작용하는 것은 아닐까? 사실은 자신이 스스로 자신을 괴롭히고 있고, 또 이 괴로움을 해소하기 위해 아무것도 하지 않고 있다는 사실을 인정하기보다는 그 괴로움의 원인을 다른 사람이나 상황 탓으로 돌리기가 훨씬 쉽기 때문은 아닐까? 이런 사실을 솔직하게 인정하기는 쉽지 않다. 하지만 아무리 어린 아이라도 네모난 퍼즐을 동그란 구멍에 넣으려고 몇 번 애쓰다 보면 그것이 불가능한 일이라는 사실을 금세 깨닫는다.

공평하지 않아

> 밤을 새우지 않고 새벽을 맞을 수 없다.
> —칼릴 지브란

'운명의 수레바퀴'는 운명의 여신 포르투나를 우의적으로 상징한 것으로 사람들이 매달린 수레바퀴를 돌릴 때마다 머리를 위로 향하게 된 자는 기뻐하고, 머리를 아래로 향하게 된 자는 괴로워하는 모습을 그리고 있다. 또한 우여곡절로 점철된 인생의 우연성은 구름 위에서 눈을 가린 여자가 사람들의 머리 위로 행운과 불행을 무작위로 뿌리는 모습으로도 표현된다. 우리는 이처럼 행운과 불행의 바퀴에 묶여 돌고 있는 보잘것없는 존재들일까?

인생이 늘 관대하지 않다는 것을 우리는 잘 알고 있다. 때로 즐겁고 아름답지만, 때로 슬프고 고통스럽다. 성공과 기쁨을 누리다가도 절망하고 사랑을 잃기도 한다. 풍요로운 몇 해가 지나면 빈곤한 몇 해가 찾아온다. 병들고, 실패하고, 미치도록 슬퍼하고 나면 편안하고 달콤한 순간이 찾아온다. 당연하다. 인생의 바퀴가 돌면서 즐거움과 고통을 나눠주니까.

살다 보면 우리는 시련과 환멸, 사별을 경험한다. 이런 어려움을 처음 겪으면 몹시 힘겨워하면서 세상을 원망하고, 잘못을 남에게로 돌리고 분노를 폭발할 대상을 찾으려고 한다. 하지만 철이 들면서 인생이란 것이 원래 불공평하고, 부조리하고, 어이없다는 사실을 알게 되고, 성숙해지면서 이런 억울함을 받아들이는 데에도 어려움을 덜 느끼게 된다. 인생을 알고 이해할수록 자신의 내면이나 외부에서 고통의 원인을 찾는 일도 줄어든다. 때로 이유가 없을 때도 있다. 인생은 예측할 수 없는 우연으로 가득하다. 받아들이는 것만으로 이미 홀가분해지지만 자신의 고통을 드러내면 안 된다고 가르치는 사회에서 살아가는 우리는 결국 외롭고, 슬프고, 남들보다 덜 행복한 것처럼 느끼는 것이 과연 정상인지 의심하게 된다. 이 부끄러운 감정을 '사회'라는 가면극에서 그대로 드러낼 수 없으므로 우리는 '품위'라는 가면과 거짓 기쁨 뒤에 자기가 받는 고통을 숨긴다. 인간의 인간다움을 부정하면서 모두가 가면극의 공범이 되는 것이다.

인생은 불공평하다. 하지만 기준이 필요한 아이들에게 공평성은 세상을 안심하고 살아가게 해주는 지표가 된다. 더 크지도, 더 작지도 않은 똑같은 크기의 과자가 공평하게 분배될 때 아이들은 자신을 남과 다르지 않은 온전한 존재로 느낀다. 부모는 한 아이에게 옷을 사주면서 옷이 필요 없는 다른 아이에게도 똑같은 옷을 사준다. 그렇게 해서 형제간 다툼을 피하고, 한 아이만을 편애하지 않고 자녀를 모두 똑같이 사랑한다는 것을 보여주려고 하는 것이다. 그리고 이것은 차별당한다고 느끼는 아이의 노여움을 피하는 수단이기도 하다. 의도는 갸륵하다. 그러나 불행하게도 이런 태도는 아이를 일시적으로 안심시키지만, 잘못된 환상을 심어준다. 바로 세상은 공평하고 공정하다는 환상이다.

또 어떤 가정에서는 부모가 이런 사소한 문제에 신경 쓰지 않고 필요에 따라 행동한다. 이들은 아이들을 하나하나 진심으로 사랑하고, 아이들에게 필요한 것들에 늘 주의를 기울이므로 전체적으로 보면 결국 아이들을 대하는 태도가 공평해진다는 것을 잘 알고 있다. 아이들은 각기 다른 날, 각기 다른 방식으로 자기 차례가 온다는 것을 알고 있어서 지금 당장 공평성이 실현되지 않아도 별로 신경 쓰지 않는다. 아이들은 기계적이고 정확한 배분 따위에 구애받지 않고, 자신이 사랑받는다는 것을 느끼고 있기에 불안해하지도 않는다. 이들은 남의 행복도 박탈감 없이 함께 기뻐할 줄 알게 된다. 이들은 나중에 세상이 불공평하다는 느낌 때문에 상처받는 일도 적을 것이다. 불공평하다는 느낌은 결국 공평한 세상을 믿는 아이의 환상과 실제로 그렇지 않은 세상 사이에 존재하는 간극일 뿐이다.

약육강식이 지배하는 자연에서 공정, 공평은 존재하지 않는다. 우리 문명은 약자를 보호하려고 노력하면서 이런 자연의 법칙에 맞선다. 이것이 인간을 문명화하고 인간답게 하는 것이다. 하지만 때로 인간끼리 서로 해칠 때면 정의는 법을 무기로 삼아 분쟁의 씨앗을 '솔로몬의 아기'[28]처럼 둘로 가르려고 한다. 사회마다 적합한 법이 있지만, 한계가 있고 간혹 사회가 스스로 법에 맞추는 상황이 벌어지기도 한다.

때로 불공평은 정직하고 용감하게 최선을 다하는 인간의 행동과 무관하게 운명적으로 찾아온다. 기형으로 태어난 아기, 신생아의 갑작스러운 죽음, 예기치 않은 사고, 대낮에 집 앞에서 납치된 아이, 산책하는 사람에게 떨어진 벼락, 집 위로 쓰러진 나무, 성실하게 일하던 사람을 숨지게 한 화재 같은 불공평은 인간이 대비하거나 조정할 수 없는 것들이다. 단지 나쁜 시간에 나쁜 장소에 있었을 뿐, 인간의 의지나 행동과 아무 상관없다. 불공평은 우연이고, 아인슈타인이 농담처럼 말했듯이 '신이 던지는 주사위'며, '운이 없는' 것이 잘못이라면 잘못인 인간의 운명이다.

이런 불공평은 견디기 힘들고 영혼을 해친다. 인간은 늘 살아남기 위해 정의를 찾아야 했다. 글로 쓰였든 상징적으로 표현됐든 모든 종교적 신화는 바로 이 정의의 의미를 찾으려고 한다. 인간 세상에서는 법이 질서를 세우려고 한다. 억울한 일을 당한 사람은 자신을 변호할 수 있는 체계가 정비된 재판을 통해 불공평한 처사를 바로잡을 수는 있지만, 그것으로 세상의 모든 불공평이 사라지는 것도 아니고 재판 후에도 불공평한 느낌이 그대로 남아 있을 때가 많다. 재판을 경험한 사람들은 알겠지만, 소송에서 이겨도 만족하기 어렵다. 자신의 권리가 제대로 지켜지지 않았고, 자기가 당

---

28) 두 여자가 한 아기를 데리고 솔로몬 앞에서 서로 엄마라고 주장한다. 사실 둘 중 한 여자는 자기 아이를 실수로 죽게 했고 다른 여자의 아기를 자기 아이로 삼으려고 한다. 솔로몬은 아기를 둘로 갈라 두 여자에게 각각 반쪽씩 주라고 한다. 진짜 엄마는 아기를 살리고자 양보하겠다고 한다. 이것을 의도한 솔로몬은 누가 진짜 엄마인지 가려내어 아기를 돌려주게 된다.

한 피해를 남들이 알아주지 않는다는 느낌이 들어 상처를 악화할 뿐이다. 인정받기를 원하고, 자기 권리를 지키기 위해 시간적·경제적 희생을 감수하고 싸운 만큼, 그동안 기울인 헛된 노력 때문에 더욱 괴로워하게 된다. "정의가 엄격하면 불공평이 크다."는 속담처럼 법은 모든 상처를 치유해주지 못하고 또 그런 역할을 맡고 있지도 않다. 잘 끝난 재판보다 차라리 나쁜 합의가 더 낫다는 말은 법체계의 한계를 보여준다. 정말로 모욕당했다는 느낌이 들 때 합의는 그 불완전한 특성상 곧바로 불만을 불러올 수 있다. 하지만 사건을 신속히 종결하므로 당사자는 툭툭 털어버리고 좀 더 기분 좋은 다른 일로 넘어갈 수 있다. 각각의 길에는 좋은 점과 불편한 점, 그리고 불확실한 부분이 있다.

사람 사이의 갈등에서 몰이해와 배신이 주는 고통은 당사자가 상대에 대해 품는 감정의 폭에 비례한다. 특히 이런 갈등이 가족이나 부부, 가까운 친구 사이에서 일어날 때 서로 이해하고 배려할 필요를 외면하고 인연을 끊어야 하는 것은 가장 받아들이기 어려운 고통이다. 이렇게 되면 사랑하는 사람의 시선에서 자신은 사라져버리기 때문이다. 이 '존재하지 않는' 느낌은 자존감에 상처를 줘서 심리적으로 무너져버리기도 한다. 다행히 모든 경우가 그런 것은 아니다. 우리는 자신을 계속 사랑할 수 있다. 이것은 우리의 힘이자, 우리가 평생 끌어안고 살아야 하는 고독이기도 하다.

우리는 가끔 미디어에서 보도한 재판 소식에서 "정의가 실현돼 모든 것을 잊고 새 출발 할 수 있기를 바란다."는 피해자의 말을 듣곤 한다. 새로운 삶을 시작하기 위해 자신이 겪은 고통과 피해를 세상이 알아주는 것이 필요하다는 말은 충분히 이해할 만하다. 하지만 유감스럽게도 아무리 노력을 기울여도 이런 소원이 늘 이뤄지지는 않는다. 그래도 일은 마무리돼야 한다. 모든 것을 잊고 다시 설 수 있게 정의로운 법의 심판을 기다리는 것은 합당한 요구지만, 한편으로 그것은 남에게 의존한다는 뜻이기도 하다. 왜냐면 잊는 것은 결국 자신에게 달린 문제이기 때문이다. 법체계를 통해 사회가 공식적으로 우리가 겪은 불공평과 부당함을 인정하는 것은 값진 도움이 되지만, 이것이 스스로 아픈 과거를 잊고, 다시 일어서는 과정에 방해가 되는 일은 없어야 한다. 사회의 인정 없이도 잊어야 한다. 그러지 않으면 고통은 더 커진다. 사회적 보상에 너무 많은 에너지를 쏟지 말자. 합당하고 필요한 일이지만 필수적이지는 않다. 어떤 대가를 치르더라도 인정받으려고 집착하다가 모든 것을 잃고서야 끝나는 경우도 종종 있다.

잠시 시간을 내서 자기 인생에서 '이건 불공평해!'라고 생각하는 것들을 모두 정리해보자. 분명히 어린 시절부터 불공평하다고 느낀 몇 가지가 있을 것이다. 어쩌면 당신은 오늘도 같은 이유로 고통스러운 상황을 겪고 있을지도 모른다.

모든 것으로부터 자신을 보호할 수 없다

> 우리는 선택할 수 있다.
> 빛이 들어오게 하거나
> 덧문을 닫아버리거나.
> ─헨리 밀러

불공평은 시련의 형태로도 다가온다. 보험은 정해진 것을 대상으로 들 수 있고, 없는 것보다 낫겠지만 인간의 삶에 깔려 있는 수많은 비극을 생각하면 보상은 그야말로 새 발의 피다. 보험이 중병이나 사망, 사고, 지진이나 홍수로 발생하는 피해를 다소 완화해줄 수는 있겠지만, 보상은 금전적일 뿐이며 잃어버린 것을 대신하지도 못한다. 진짜 상처는 저절로 아물어야 하고, 이를 보살필 수 있는 사람은 우리 자신뿐이다.

실패한 계획, 망한 회사, 가출한 자녀, 속이는 배우자, 배신하는 친구가 주는 고통은 무엇으로도 보상할 수 없다. 얼굴에 나타나는 세월의 흔적, 추운 겨울날 느끼는 슬픔을 막을 수 있는 것은 없다. 어두운 날들, 뜬눈으로 지새운 밤, 온몸을 마비시키는 의심과 죽을 것 같은 외로움으로부터 우리를 지켜줄 것은 아무것도 없다. 어려움은 인생의 한 부분이고, 여기에는 보험이든 첨단기술이든 법체계든 그다지 도움이 되지 않는다.

'위험 제로(zero risk)'라는 말은 완전히 벗어나지 못한, 오래된 두려움에서 생긴 표현이다. 인생에는 항상 위험 요소가 있다는 사실을 받아들여야 한다. 상식에 기대서 어느 정도 위험에 대비할 수는 있지만, 각자의 삶에서 절대적 안전이라는 환상을 좇는 것은 끝없는 싸움이 돼버리고 만다. 계약서에 서명할 때에는 깨알같이 작은 글자 한 자도 놓치지 말고 다 읽어야 한다고 수없이 되풀이하지만 인생에는 이런 보증서가 없다. 어떤 선택을 하고, 무언가를 하기로 할 때 앞으로 무슨 일이 일어날지를 전혀 알 수 없다. 언제나 불확실한 구석이 있어서 나중에야 그 실상이 드러난다.

길에서 비틀거리다가 넘어지면, 조심했어야 하고 그리로 가지 말았어야 했다고 말하는 얼간이들은 늘 주변에 있게 마련이다. 일단 일이 벌어지고 난 다음에 이것이 잘못됐고 저것을 하지 말았어야 했다고 말하기는 얼마나 쉬운가! 이것은 남의 실수를 이용해서 자기주장을 내세우고 남의 실패를 빈정대며 좋아하는 모리배의 태도다. 무언가를 결정할 때 모든 카드를 손에 쥐고 있기는 어렵다. 모든 결정에는 위험이 따르므로 그만큼 용기도 필요하다. 구경꾼들은 남의 실수를 비판할 수 있지만 똑같은 일이 다시 일어나지 않도록 그 실수에서 배우는 것은 별개의 문제다.

몇 세기가 지나는 동안 인간의 삶은 상상할 수 없을 만큼 복잡하고, 흥미진진하고, 풍요로워졌다. 하지만 우리는 여전히 미지를 두려워하고, 안전 구역을 벗어나지 않으려고 한다. 이런 태도를 달리 표현하면 가진 것을 잃을까 봐 겁을 내는 것이다. 하지만 용기를 내지 않는 것은 이미 잃은 것과 다름없다. 우리 사회는 위험에 알레르기 반응을 일으키고 무엇이든 통제하기를 좋아한다. 모든 분야에서 안전을 구축하기 위해 어마어마한 돈과 시간과 에너지를 쏟아붓는다. 유용한 부분도 있지만 (자동차의 안전띠, 오토바이 헬멧, 피뢰침 등) 안전에 대한 집착은 모든 것을 미리 걱정하는 절대적 논리처럼 강요된다.

예상치 못하게 다가오는 미지를 대면하자. 자신을 믿자. 우리가 가진 도구함에는 예상치 못한 상황에 대처하는 데 사용할 기구들이 가득 들어 있다. 상황에 즉흥적으로 대처할 수 있고, 방법을 물어볼 수 있으며, 조언을 구하거나 도움을 청할 수도 있다. 우리는 처음부터 끝까지 모든 것을 통제하도록 조건화돼 있지 않다.

모험이 주는 맛을 다시 느껴보자. 문제가 생기면 풀면 된다. 모든 것을 미리 준비하고 모든 것에 미리 대비하는 것은 끝없는 목록을 만드는 것과 다름없다. 삶을, 사람을, 자신을 믿자. 신뢰에는 불신과 비교할 수 없이 큰 가치가 있다. 불신은 인생을 좀먹는다. 100% 확실한 사람은 없다. 모든 사람은 잘못 생각하거나 실수를 저지를 수 있지만, 그의 의지와 진정성은 믿을 수 있다. 세상 사람들이 모두 나를 속이고, 나를 해칠까 봐 두려워하며 아예 모든 관계를 의혹의 대상으로만 삼을 수는 없다. 인생에서 많은 것을 경험하다 보면 통찰력은 더욱 예민해진다. 선과 악을 뒤섞지 않고 구별할 수 있게 된다. 한 점의 불확실성도 없게 하는 데 자신의 삶을 낭비하기보다는 차라리 그 불확실성을 끌어안고 살아가는 편이 낫다.

벽장 속의 주검

> 실수 없는 인간이 있는가?
> 약점 없는 왕이 있는가?
> ─볼테르

인생은 공평하지도 완전하지도 않다. 그리고 인간은 약하지만 끊임없이 변하는 존재다. 원하는 것을 이루려고 노력하지만 욕망과 현실이 늘 일치하지는 않는다. 이 간극은 어떤 방법으로든 각자가 스스로 해결해야 한다. 우리는 자신이 다른 사람보다 특별히 뛰어난 존재가 아니라는 사실을 잘 알고 있다. 그래도 주변 사람들의 실수나 어리석음 때문에 한 번도 화를 낸 적이 없는 사람이 있겠는가? 자기 잘못을 감추려고 거짓말한 적이 한 번도 없는 사람이 있겠는가?

우리는 일반적인 사실에 대해, 예를 들어 말의 의미 같은 것에 대해 다른 사람과 의견을 일치시킨다. 그럼에도 '내일'이라는 말을 '며칠 내로'라는 뜻으로 쓰는 사람이 있다. 손목과 길거리, 휴대전화 등 시계는 어디에나 있지만 "8시에 만나자."라는 말을 '지금 하는 일이 끝나면 만나자.'라는 뜻으로 쓰는 사람이 있다. 빌린 물건을 돌려주지 않기도 하고, 안다고 생각하지만 틀릴 때도 있고, 믿었다가 속을 때도 있고, 잘못 짐작하고, 실수를 저지르기도 하듯이 인간의 크고 작은 결함은 결코 사라지지 않을 것이다. 인간은 그 본성상 약점이 있지만, 여러 가지 경험을 통해 조금씩 더 나아지면서 스스로 완성되는 존재다.

현명하고 올바른 존재가 되는 일은 평생 노력을 기울여야 할 과제다. 각자 차이는 있지만 우리는 모두 어린 시절의 영향을 받는다. 항상 모범적이지만은 않았던 지난날을 여행 가방에 넣고 떠나는 길에서 우리는 예기치 못했던 여러 상황과 마주친다. 그렇게 크고 작은 어려움을 만나면 각자 가지고 있는 도구함을 이용해서 최선을 다해 해결해야 한다. 길을 가다 보면 틀림없이 걸림돌이 있겠지만 이것에 너무 마음을 쓰다 보면 지쳐 쓰러질 수도 있다. 길이 험난해도 앞으로 계속 나아가야 한다.

각자 비밀의 정원 한구석에 자신의 약점과 약간의 거짓, 부끄러운 기억들을 묻어뒀다고 솔직하게 인정하자. 우리는 모두 벽장 속에 주검을 하나씩 숨겨놓고 있다. 의식적으로 그렇게 한 것일까? 처음부터 우리는 소질이 없다는 것을 알고 있었을까? 실패를 인정하기까지 몇 번의 시도가 필요하지 않았던가? 달걀을 깨지 않고 오믈렛을 만들 수 없듯이 실패 없는 성공은 없다.

이런 태도로 우리는 죄의식의 목을 가볍게 비틀 수 있다! 우리 삶은 '실수가 절대 용납되지 않는' 드라마 오디션이나 운동 경기가 아니다. 당연히 인생에서 실수할 권리가 있다. 우리가 저지른 실수가 빨간 펜으로 고쳐졌다고 해서 그것이 나쁘거나 해로운 것은 절대 아니다. 실수가 용납되지 않는다면 아무도 시도하지 않을 것이다! 시도가 없다면 변화도, 발전도,

새로움도 없고, 달라지는 세상과 먹어가는 나이와 삶에 적응하지도 못할 것이다.

때로 우리는 정확히 어떻게 진행될지 모르는 채 어떤 일에 발을 들여놓는다. 기꺼이 참여하는 것은 아주 잘하는 일이다. 결혼을 예로 들어보자. 결혼을 결심할 때 자신이 앞으로 무엇을 겪게 될지 과연 알고 있을까? 결혼할 때 사랑이 있고, 자신감과 믿음, 희망이 있지만 그중에 확신도 있을까? 있을 수도 있지만 항상 그렇지는 않다. 하지만 우리는 '원하기에' 결혼 생활을 시작한다. 이런 결심이 없다면 가정을 꾸릴 수 없다.

그러나 사랑은 변하고, 세 쌍의 부부 중 한 쌍은 이혼한다. 이들의 결혼은 실패인가? 그렇지 않다. 이들은 모험을 선택했고 여기에 몸과 마음을 바쳤다. 어떤 이들은 틀림없이 자신의 결혼 생활이 행복한 것이 되도록 노력했을 테고 다른 이들은 덜 노력했겠지만, 어쨌든 몇 년이 지난 뒤에 원했던 것과는 다른 삶이 펼쳐졌고 그래서 헤어졌다. 이혼을 팀의 해체로 여길 수도 있고 엄청난 고통을 받을 수도 있지만, 그렇다고 인생 자체가 실패한 것은 아니다. 오히려 자신을 불행하게 하는 상황을 끝내지 못하고 질질 끌려가는 것이 실패한 인생이다.

시도하고 실패하는 것은 당연한 일이다. 비틀거리는 것은 때로 몹시 고통스럽다. 노여움과 절망, 의미를 잃은 채 광란의 시간을 지내기도 한다. 하지만 고통이 한 차례 지나가고 상처가 아물면 무언가 배운 것이 있다. 이것이 실패의 좋은 점이다. 이 장점은 그동안 겪었던 모든 죄의식과 수치심을 만회해준다. 이것이 우리를 책임에서 면제해주지는 않지만 실패했다는 사실에 대한 자책감이 사라지는 순간부터 우리가 저지른 실수의 무게도 가벼워진다.

책임감은 우리에게 닥친 일과 우리가 하는 일에 대해 해명을 요구한다. 죄책감은 실수를 위반으로 각인시킨다. 낙제해서 한 해를 다시 공부해야 하는 학생은 아무런 교훈도 얻지 못하고 똑같은 어리석음을 반복할 수도 있다. 하지만 낙제한 또 다른 학생은 공부하는 방법이나 어려운 문제를 해결하는 방법을 터득하고, 자기 진로에 대해 다시 생각해서 더 완숙한 성인이 될 수 있을 것이다. 이럴 때 실패는 실패가 아니라 우리가 삶의 긴 여정에서 쌓아가는 경험이다.

잘못 선택했다고 자신을 책망하지만, 그 선택을 할 때 새로운 상황에 놓였던 우리가 과연 결과를 미리 알 수 있었을까? 누가 미래를 확정적으로 알고 미리 대비할 수 있단 말인가? 미지의 미래에 대해 우리가 가진 것은 경험을 통한 지식뿐이다. 미래의 결과를 알려면 시도하는 수밖에 없다. 그래서 용기를 내서 시도했던 것이다. 아무것도 하지 않는 안전주의는 우리를 아무 데도 데려가지 않는다. 시도하지 않으면 실수하지도 않겠지만, 모험과 멀어지고 자신이 품은 이상과는 분명히 멀어진다.

실수는 우리가 안전지대를 벗어날 때 혹은 시도하는 위험을 감수할 때 저지르게 된다. 원한다면 새장 안의 작고 안락한 둥지에서 '습관'과 '종속'이라는 이름의 주인 부부가 주는 모이를 쪼아 먹으며 조용히 살아갈 수도 있다. 그것이 자신의 선택이라면 그렇게 할 자유가 있지만, 실패의 두려움에서 나온 결정이라면 안타깝다고 말할 수밖에 없다.

철학자 베르트랑 베르줄리는 "삶 앞에서 슬퍼하는 사람은 모든 것이 자신의 이상에서 떨어져나가는 것을 느낀다."라고 적었다.[29] 치러야 할 대

---

29) Bertrand Vergely, Petite philosophie pour vaincre les jours tristes (슬픈 날들을 이겨내기 위한 작은 철학), Milan, 2003.

가를 알게 되는 것은 슬픔이 아니다. 완벽하지 못해 우는 것은 단순히 우는 것이 아니라 다시 태어나는 것이다. 평범하지도 슬프지도 않은 현실을 받아들이고 자기 삶을 온몸으로 받아들이고 행동함으로써 불행을 이겨내는 것이다. 울고 난 후에 다시 태어나는 것, 이것은 우리 손을 빠져나가는 꿈과 영영 잃어버린 어제 때문에 괴로워하기를 멈추는 것이다.

고통은 인생의 일부다

> 오! 나의 고통이여, 조용히 잠들라.
> ─샤를 보들레르

고통에서 해방되기 바라는 것은 인간의 중요한 부분을 스스로 빼앗는 헛된 생각이다. 하지만 고통에서 벗어나려는, 지극히 인간적인 욕구는 충분히 이해할 만하다. 치과에서 이를 뽑을 때 덩치 좋은 간호사에게 붙들려 꼼짝도 못 하고 당하기보다는 마취 주사를 맞고 발치하는 편이 훨씬 낫다는 사실은 누구도 부정하지 않을 것이다. 그러나 의학과 처방전이 신체적 고통을 줄이거나 없애줄 수는 있지만, 그렇다고 해서 몸이 보내는 위험신호가 사라지는 것은 아니다. 고통을 줄이려고 약을 먹는 것은 마치 엔진에서 나는 이상한 소리를 덮기 위해 라디오 볼륨을 올리는 것과 같다. 소리가 들리지 않으니 일단은 걱정을 접어두고 길을 계속 가겠지만 우리 몸이 피곤이나 기능 이상을 통해 보내는 신호에 귀를 기울여서 나중에 돌이킬 수 없는 사태가 일어나지 않게 하는 것이 좋다.

우리는 영혼뿐 아니라 육체에도 책임이 있다. 어떤 고통은 신호를 무시하고 외면한 결과와 직결된다. 우리가 위험을 자초했기에 고통이 찾아오는 것이다. 또 다른 고통은 순전히 우연에서 비롯해서 갓 피어난 장미에 떨어지는 우박처럼 공교롭게 찾아든다. 괴로운 일이고, 이유가 없기에 더욱 분노를 불러일으킨다.

육체의 고통은 줄이거나 없앨 수 있지만, 영혼의 고통은 삶의 일부가 된다. 고통받지 않을 수만 있다면 무슨 짓이든 하는 습관에 너무 익숙해진 우리는 고통 없는 삶이 절대 불가능하다는 사실을 잊고 산다. 고통은 예민한 신경과 뇌, 복잡한 의식과 감정에서 비롯한다. 심리학적 관점에서 보면 우리는 인생에서 일어난 사건들과 그때의 감정을 저장해두는 비상한 기억력 때문에 고통받는다. 시간이 지나면서 고통스럽다는 것의 의미를 배우고 그때의 아픔을 기억하고 그래서 걱정한다.

우리는 고통을 겁내기에 고통받는다. 위험과 실패, 죽음을 두려워한다. 사랑하기 때문에, 그리고 시간이 지나면서 사랑이 식고 떠나기 때문에 고통받는다. 사랑하는 사람이 다른 사람을 사랑하기 때문에 고통받는다. 죽음이 소중한 사람을 너무 일찍 데려가기에 고통받는다. 자기 모습을 있는 그대로 받아들일 수 없어서 고통받는다. 현실과 욕망의 괴리가 너무 커서 고통받는다. 소원이 이뤄지지 않고, 실패가 자신의 한계를 입증하기에 고통받는다. 꿈꿨던 인생과 다르고, 갈 수 있었지만 가지 않은 길 때문에 고통받는다. 자신을 사랑하지 않아서 고통받는다. 있는 그대로의 자기 육체와 어쩔 수 없이 들어가는 나이와 결코 이룰 수 없는 계획이 있음을 인정해야 한다. 죽음을 피할 수 없기에 자신의 삶이 한정됐음을 인정해야 한다.

누구에게나 욕망과 꿈이 있고 이것이 이뤄지지 않을 때 슬프다. 고통은 인간의 삶에 점철돼 있고 슬픔은 그중 가장 잘 드러나는 표현이다. 인생의 모든 것이 유쾌하고 아름답지만은 않다는 사실을 깨닫는 것이 환상과 무관심, 죄책감 그리고 무책임에서 벗어나는 길이다.

울 수 있는 사람은 자신이 허약한 존재임을 깨닫고, 고통이 자신을 관통하고 나서야 서서히 멀어진다는 사실을 알기에 고통이 그다지 아프지 않다. 그럴 때 우리는 철학자 시몬 베유가 말했듯이 '괴로워하지 않으려고 하거나 또는 덜 괴로워하려고 애쓰지 않고, 자신이 고통 때문에 달라지지 않도록 노력'하게 된다. 부정하거나 인내하기보다는 받아들이는 것이다.

철학자 앙드레 콩트 스퐁빌은 말한다. "고통을 끌어안고 산다는 것은 삶을 미화하거나 과장하거나 치장하는 태도가 아니다. 그 고통 속에 자신을 잃어버리는 태도는 더더욱 아니다. 그것은 고통을 가로질러 황혼의 맞은편 온전한 것들만이 존재하는 곳, 태양이 어김없이 지는 곳, 용기가 다시 돌아오는 곳, 그 안에서 길을 잃었던 우리가 구원받는 세상, 절망의 저편으로 건너가는 것을 말한다.'[30]

30) André Comte-Sponville, *Le Goût de vivre et cent autres propos* (살맛과 또 다른 백 가지 이야기), Albin Michel, 2010.

틀 안의 자유

나는 철학적인 의미에서 인간의 자유를 믿지 않는다.
인간은 외부의 강압뿐 아니라 내부의 필요에 따라 움직인다.
—알베르트 아인슈타인

우리는 특히 젊은 시절에 우리가 원하는 모든 것을 할 수 있는 가능성을 자유가 보장해준다고 믿는다. 이것은 아름다운 믿음이지만 진실은 아니다. '자유롭기를 원하는 자는 누구나 자유롭다.'라는 심오한 진실이 담긴 루소의 말도 있지만, 우리는 이 말을 들으면 곧바로 '그래, 하지만…'이라며 반박하고 싶은 마음이 생긴다. 우리는 원하는 삶을 살 자유가 있지만 밥벌이를 해야 하고, 자식을 키워야 하고, 사회적 책임이 있고, 지켜야 할 법이 있고, 수용해야 할 강압과 금지와 한계가 있다.

자기 인생을 자유롭게 산다는 것은 스스로 인생의 방향을 정한다는 것을 의미하고, 여러 가지 제약을 자기 나름대로 정의하고 대처한다는 것을 의미한다. 이런 결정은 그나마 근심이 비교적 적은 사회 초년부터 시작되지만, 그래도 선택해야 할 것은 많다. 대학에 갈 것인가 말 것인가, 대학에 간다면 어떤 공부를 하고 어떤 직업을 택할 것인가, 결혼할 것인가 독신으로 살 것인가, 아이를 가질 것인가 말 것인가, 떠돌이가 될 것인가 붙박이가 될 것인가, 개미가 될 것인가 베짱이가 될 것인가… 인생에서 선택해야 하는 사항들은 생각보다 많다.

그리고 인생 여정에서 여러 가지 제약과 한계에 부딪힌다. 만약 어린 시절에 제약을 경험하지 못했다면, 부모가 부족함을 모르게 키웠다면, 필요를 느끼기도 전에 부모가 알아서 미리 충족해줬다면, 모든 욕심이 곧바로 채워졌다면, 어른이 도와주기 전에는 장애물을 뛰어넘기 위해 노력한 적이 한 번도 없다면, 기다리고 생각하고 시도하고 실패하는 법을 배우지 않았다면 인생의 긴 여정에서 길을 잃고 자신이 무능하다는 느낌이 들 것이다. 아니면 화가 치밀 것이다. 최악의 경우 모든 것을 갖지 못할 바에야 모든 것을 버리겠다는 식의 광기와 파괴적인 행동이 나타날 수도 있다. 만족을 얻지 못하면 경멸하거나 파괴하는 것이다.

장 드 라퐁텐의 콩트에 이런 이야기가 나온다.

배가 고파 죽을 지경인 여우가 있었다. 길을 가다 아주 먹음직스러운 포도송이를 발견했지만 너무 높이 달려 있어서 딸 수가 없었다. 그러자 여우는 경멸하듯 말했다.
"아직 설익었군, 거지들이나 먹겠어."

우리는 살아가면서 필연적으로 육체의 한계와 사회적 제약, 책임과 규칙, 타인의 자유를 인정해야 한다. 이런 한계는 우리가 사는 세상을 구성하는 틀이다.

누구도 법을 무시해서는 안 된다는 것을 안다. 그리고 법을 지킬 것인지 아니면 어기고 그 대가를 지불할 것인지를 선택할 수 있다. 도로교통법을 예로 들어보자. 이것은 모두가 지켜야 할 틀이다. 하지만 누가 완벽하게 지키는가? 한밤중 인적이 끊긴 길에서 붉은 신호등을 그냥 지나치지 않은 사람이 있는가? 이 위반이 적발될 가능성은 희박하고 받게 될 처벌과 위험이 발생할 확률도 극히 미미하다. 하지만 고속도로에서 출구를 놓쳤다고 해서 후진하는 사람은 거의 없다. 처벌과 위험이 너무나 크기 때문이다. 우리는 위험과 처벌 강도에 따라(경미한 위반=경미한 처벌) 법을 준수하지만 자신의 도덕성과 정해진 규정을 몰래 위반하는 짜릿한 쾌감에 좌우되기도 한다. "안 걸렸어!"라고 말할 때 느끼는 희열도 있다는 것이다!

법은 운전면허증이 있는 모든 운전자가 도로교통법을 숙지하고 있다고 전제한다. 지키거나 어기는 것은 각자의 기준에 따른다. 위법할 수밖에 없는 이유가 있었다면 정상을 참작하거나 법정에서 시비를 가릴 수 있다. 아이가 막 나오는 아내를 차에 태우고 병원에 가는 길에 과속한 경우와 늦잠을 자서 과속한 경우는 분명히 다르기 때문이다.

이 도로교통법의 예는 인생의 다른 일들과도 잘 맞아떨어진다. 삶의 곳곳에서 틀은 기준이 된다. 이 틀은 여러 가지 형태의 한계와 제약, 금지, 그리고 의학적·신체적·시민적·도덕적 명령을 포함한다. 때로 이 틀은 정해진 시간에 문제를 풀어야 하는 제약처럼 가벼울 수도 있고, 때로 죄 지은 사람이 사형선고를 받는 처벌처럼 엄혹할 수도 있다. 이 사정을 잘 아는 상태에서 틀을 어떻게 대할 것인지, 즉 존중할 것인지, 무시할 것인지, 모르는 척할 것인지, 살짝 어길 것인지, 위반할 것인지는 우리가 결정한다. 거기에 따르는 위험과 책임 또한 우리에게 있다. 장 폴 사르트르는 "자유란 원하는 것을 할 수 있는 것이 아니라, 할 수 있는 것을 원하는 것이다."라고 말했다.

우리의 모든 자유는 우리가 지금 행동할 수 있는 바로 이곳에 있다. 현실의 틀은 우리를 제한하지만, 우리는 그것을 존중하기로 선택했다. 그 안에서 모든 가능성을 발명하고 창조하고 발견해야 한다. 아이가 삶의 가능성으로 뛰어들 때 눈앞에 펼쳐진 무한한 세상을 발견하듯이 우리는 현실의 틀 안에서도 무한한 다양성을 찾을 수 있다. 인생은 가능성의 틀 안에서 무한한 자유를 선사한다.

사르트르는 나치 점령하에서만큼 자유로운 적은 일찍이 없었다고 말했다. 그 시기에는 가능성이란 것이 희박했기에 자유는 가장 소중한 것으로 여겨졌다. 이 말이 사실이었는지 증명할 수는 없으나 심리학적 측면에서는 늘 확인하는 현상이다. "가장 희귀한 것이 가장 비싸다."는 말이 있다. 어떤 행위에 접근하기 어려울수록 더 근사해 보이고 귀해진다. 반대로 접근하기 쉬울수록 대수롭지 않고 흔한 것이 된다. 예를 들어 고급 호텔들이 부유한 고객들에게 제공하는 인적 드문 바닷가의 야자수 그늘은 인근 마을 어부들이 볼 때 너무도 흔해빠진 일상의 풍경일 뿐이다.

이것은 가능성의 영역이 전례 없이 넓어진 오늘날 우리가 겪는 어려움의 하나다. 지난 세기나 가혹한 사회와 비교해보면 쉽게 알 수 있지만, 대부분 사람은 현재의 자유에서 얻는 풍요로움을 인지하지 못하고 있다. 이 가능성의 영역을 울타리가 쳐진 넓은 농장으로 그려본다면, 사람들은 이미 길이 난 곳, 안전한 곳, 붐비는 곳에 자리를 잡는다. 어떤 사람은 여기에 만족하고 또 어떤 사람은 싫증을 느낀다. 농장의 가장자리로 갈수록 만족하지 못하는 몇몇 사람은 자신이 무시해버렸거나 탐험해보지도 않은 농장 안의 가능성에 등을 돌리고 무조건 철조망을 뚫고 달아날 궁리만 한다. 그러나 용감하고 현명한 사람들은 틀 안에서 자신에게 허락된 가능성을 탐색한다. 이들은 현실에 뛰어들어 침착하고 정열적으로 행동하지만, 불가능한 꿈에 인생을 낭비하지 않고 탐험하고 발견하며 창조하고 발명한다. 이들이야말로 가장 행복한 사람들이다. 왜냐면 이들은 무한히 풍요롭지만 가능과 불가능의 경계가 분명히 있고, 시간이 제한된 인생을 있는 그대로 받아들이기 때문이다.

때로 우리는 늘 같은 밭만 갈고 있다는 느낌이 들 때가 있다. 습관적으로 더 쉽기 때문에 이미 깊게 골이 난 밭만을 갈며 평생을 보낸다. 너무 지루하지 않은가! 너무 비능률적이지 않은가! 온몸으로 쟁기를 짊어지고 아직 갈지 않은 땅을 찾아 나서야 할 때가 아닐까? 진정으로 우리가 살고 싶은 대로, 행복하게 위험을 감수하면서 살고 싶다면 다른 것, 다른 방법을 시도해봐야 하지 않겠는가?

5장

유한성 ✏

당신의 시간은 한정돼 있습니다.
자기 것이 아닌 삶에 낭비하지 마세요.
-스티브 잡스

불행한 인생이 되지 않기 위해 열어야 할 두 번째의 문은 바로 자기 유한성의 인정이다. 우리는 시간 속을 살고 있다. 주관적인 느낌에 따라 시간이 전혀 흐르지 않는 것처럼 느껴지거나 혹은 눈 깜짝할 사이에 흘러가는 것처럼 느껴져도 객관적 시간은 일정하게 흘러간다. 우리가 무엇을 하든지 하루는 24시간이다. '시간'이라는 하늘을 나는 양탄자 위에는 우리보다 먼저 시작해서 우리 다음에도 계속될 인생의 모험이 타고 있다. 우리는 수십 년간 스스로 원하는 것을 하면서 이 땅에 머물다 간다.

유한성은 좋은 것이든 나쁜 것이든 어김없이 지나가버린다는 것을 의미한다. 이것은 슬프면서도 기쁜 사실이다. 확실한 것은 우리는 모두 마치 우리 삶이 영원한 것처럼 살고 있다는 사실이다. 미래가 점점 줄어든다는 것을 깨달았을 때에는 이미 늦다. 자신이 진정으로 원하는 삶을 다시 살기에는 너무 늦다.

살아 있는 우리는 죽음을 생각하지 않기에 유한성을 받아들이기 어렵다. 죽음에 맞서는 유일한 지혜는 과거를 후회하지도 않고, 미래를 걱정하지도 않고, 단지 현재의 순간을 사는 것이다.

다른 사람들과 마찬가지로 나도 죽고 싶지 않다. 죽음은 늦으면 늦을수록 좋다. 다른 사람의 죽음은 나를 슬프게 하고, 소중한 사람에게 찾아오는 죽음은 나를 송두리째 뒤흔들어놓는다. 누구나 그럴 것이다. 하지만 우리는 죽음을 받아들여야 한다. 삶을 마감하는 마침표이기에, 그리고 예측할 수 없는 사건이기에 죽음은 우리 삶에 더없는 가치를 부여한다.

자신의 유한성을 받아들이는 것은 모든 일에는 끝이 있음을 받아들이는 것이기도 하다. 오래된 일이든 최근의 일이든 우리에게는 한순간의 일일 뿐이다. 설령 그것이 우리를 쫓아와도 시간 속을 살아가는 우리는 필연적으로 그것과 멀어지게 돼 있다.

이런 사실을 자각하는 것은 하루하루를 살아갈 가치가 있는, 아니 살아서 무척 기쁜 날들로 만드는 중요한 과정이다. 더 늦기 전에 진정으로 원하는 것을 이뤄야 한다. 기분 나쁜 일이나 헛된 망설임으로 삶을 무겁게 하지 말아야 한다. 불편한 일들을 더 끌지 말고 처리해서 하루하루 살아 있는 행복을 누려야 한다.

"내가 곧 죽으리라는 사실을 떠올리는 것은 내 인생에서 중요한 결정을 내리는 데 핵심적인 동력으로 작용했습니다." 애플의 사장인 스티브 잡스가 암 선고를 받고 나서 2005년 미국 스탠퍼드 대학 졸업식 연설에서 한 말이다. "거의 모든 것, 기대, 자존심, 가난이나 실패에 대한 두려움 따위는 죽음 앞에서 모두 자취를 감추고 진짜 중요한 것만이 남기 때문입니다."

삶은 경이로운 것이다. 우리를 지구상에 존재하게 한 수많은 작용을 안다면, 무시무시한 혼돈이 지배하던 우주의 돌덩이를 아름답고 살기 좋은 별로 만들어놓은 세월과 우연을 생각한다면, 오늘날 인간의 삶이라는 선물을 주기 위해 수 세기에 걸쳐 발달한 문명을 생각한다면, 나를 있게 한 정자와 난자가 만나지 못할 뻔했던 모든 우여곡절을 생각한다면, 우리의 이 행운을 매일, 매시간, 매분 즐겨야 하지 않을까? 이 경이로운 행운은 언제든지 우리를 떠날 수 있으니 말이다.

오늘 우리는 이렇게 살아 있다. 우리는 고통스러웠던 지난 시간을 노력과 노여움과 눈물로 극복했다. 우리는 싸웠고, 의심했고, 실패했고, 지금 여기 내일을 마주하고 있다. 남은 길을 망치지 말자.

죽고 싶지 않아

> 가장 불합리한 것은 삶이고, 가장 참을 수 없는 것은 죽음이다.
> ─장 폴 사르트르

부모와 사랑하는 사람들이 언젠가는 모두 죽는다는 사실을 이해하는 것은 어린아이가 순진무구한 상태를 벗어나게 하는 가장 슬픈 정신적 창상 중 하나다. 죽음에 대한 이해는 철드는 나이인 예닐곱 살 무렵에 찾아온다. 이 나이가 되면 동화 속 요정을 믿지 않게 되고, 태어나서 자라고 늙고 죽음으로 끝나는 것이 삶이라는 사실을 대강 이해한다. 물론 지금 어른들은 모두 알고 있지만 과거 아이였을 적 어느 날 깨달았던 순간이 있었다.

그리고 이후 모든 것이 이 고통스러운 깨달음을 잊게 한다. 더는 죽음을 생각하지 않고 살아가고, 죽음은 하나의 관념으로 남는다. 어떤 계기로 직접적으로 연관되기 전에는 죽음을 자신과 상관없는 것으로 여기는 것이다. 죽음은 마치 삶의 한 부분이 아닌 것처럼 보인다. 사회가 추방하고, 행여 눈에 띌까 걱정해서 감추기 때문이다.

그리 오래되지 않은 과거, 온 가족이 한집에 모여 살던 시절에 노인들은 마지막 순간까지 가족과 함께 생활했다. 이들은 되도록 오랫동안 활동하며 젊은 부부가 밖에서 일할 수 있게 아이들을 돌보고, 집안일에 도움이 되는 존재였다. 이들은 자기 몫의 일을 했고, 오늘날과는 다르게 자신의 권위를 잃지 않았다. 너무 쇠약해지면 가족들이 돌아가며 돌봤고, 후손들이 지켜보는 가운데 다 타버린 촛불처럼 조용히 숨을 거두었다.

세대 간의 차이가 미미했기에 이들의 경험은 귀중한 자산이 돼 아버지에게서 아들로, 어머니에게서 딸로 전해졌다. 노인 한 사람이 죽는 것은 도서관 하나가 사라지는 것과 같다고 해도 지나친 말이 아니었다. 양로원이나 제대로 된 치료 시설을 갖춘 병원이 드물어 모든 것은 집에서 이뤄졌다. 어른이 되기 전에 이미 몇 차례 죽음을 목격한 아이들은 나중에 늙어가는 부모를 맡아 돌볼 것이다. 준비된 이들은 죽음의 첫 징후를 알아차리고, 어떻게 대처해야 하는지를 알고 있었다. 죽음을 친숙하게 인식했기에 부모가 죽으면 이삼십 년 전 바로 부모가 했던 그대로 대응하는 모습을 자녀에게 보여줬다.

실제로 죽음은 삶의 한 부분이었다. 탄생과 죽음은 일상과 밀접하게 연관된 자연스러운 흐름을 형성했다. 따라서 사람들이 느끼는 감정은 오늘날과 같았겠지만 훨씬 쉽게 이 피할 수 없는 운명을 받아들일 수 있었다.

지금도 이런 방식으로 살아가는 사람들이 세계 곳곳에 있다. 이런 사람들은 노쇠를 무시하지 않고 존중하며, 죽음을 배척하지 않고 수용한다. 가까운 사람의 죽음을 겪을 때도 자연스럽게 대처하고, 다시 일상으로 돌아가 자신의 삶을 계속한다. 이런 지역에 사는 사람들의 기대 수명은 '선진국' 국민보다 짧고 유아 사망률도 높다. 이런 측면에서 바라본다면 현대기술 사회의 발전에 이의를 제기할 사람은 없을 것이다. 하지만 동전에는 양면이 있다. 선진국에서든 후진국에서든 사람은 어떤 이유로든 죽는다. 그러나 소위 '선진화한' 나라의 사람들은 죽음을 삶의 실패로 여기고, 허망하게도 영생을 꿈꾼다.

전에는 평범한 일이었던 아름다운 죽음이 이제는 흔치 않은 일이 됐다. 가족에게 둘러싸여 집에서 숨을 거두는 경우를 요즘은 거의 찾아볼 수 없다. 대부분 병원에서 최대한 오랫동안 주삿바늘을 꽂은 채 의학 기술의 통제를 받다가 사망한다. 물론 의학의 도움으로 옛날보다 훨씬 오랫동안 건강하게 살 수 있게 됐지만 현대 의학은 낡아 빠진 육체의 수명을 인공적으로 연장하며 빗나가고 있는 것은 아닐까? 기한을 다한 생명이 스스로 꺼지게 내버려두는 것이 의사에게 참을 수 없는 무력감을 안겨주는 것일까?

죽음을 앞두고 병원에 입원한 환자들은 흔히 혼자 있게 되는데, 물론 이것은 환자가 남은 나날을 조용히 보내게 해주려는 배려지만, 한편으로는 이 환자들의 예정된 죽음이 다른 환자들을 괴롭히고 그들의 사기를 떨어뜨리기 때문이다. 가족이 찾지 않는 이들은 홀로 시간을 보내고, 때로 자원봉사자들의 방문을 받을 뿐이다. 이들이 사망하면 죽음을 앞둔 다른 환자에게 병실을 내주기 위해 곧바로 시체를 실어 간다. 시체가 나오는 통로는 사람들 눈에 띄지 않도록 건물 뒤편이나 지하에 설치돼 있다. 망자는 이제 삶에서 차지하는 자리가 없다. 죽음은 무서우니 숨겨야 할 대상이 되고,

실패와 수치의 증거가 된다.

인간의 부자연스러운 죽음은 새로운 격론의 주제가 됐다. 때가 되면 불가항력으로 여겨 포기해야 할 것인가, 아니면 고통을 줄이기 위해 손을 쓸 것인가? 이 논의는 비인간적인 고통 속에서 죽어가는 환자를 방치할 수도 없고, 그렇다고 죽음의 승리를 인정할 수도 없는 의료 서비스의 등장과 함께 시작됐지만, 아직은 매우 조심스럽고 제한적으로 진행되고 있을 뿐이다. 죽음은 아직까지 금기로 남아 있고, 이를 미리 언급하는 사람도 거의 없다. 죽음은 틀림없이 고통스러운 것이지만, 이런 소통의 부재는 또 하나의 어려움을 낳는다. 나이 많은 사람은 때로 자신의 죽음을 예측하지 못하고, 가족은 이에 대해 말하기를 두려워하며, 요양원이나 병원에서는 각자의 감정을 존중한다는 이유로 이에 대해 침묵하거나 경계한다. 그러는 사이에 각자는 재량껏 죽음에 대처하는데, 바로 여기서 문제가 발생한다.

병원에서 잘못을 저지르고 있다는 말이 아니라 죽음에 대한 침묵을 심각하게 논의할 여지가 있다는 것이다. 병원에서 환자들은 현명하고 유능한 전문가들과 최고의 시간을 보낸다. 하지만 이것은 최악의 순간이기도 하다. 독단적인 결정, 추정과 거짓, 진단 결과, 살인적으로 내뱉는 부주의한 예측, 무덤처럼 무거운 침묵….

죽음을 앞둔 노인이나 환자는 자신의 삶과 죽음의 과정에서 중심에 있어야 한다. 죽음은 육체적으로 쇠약해졌다고 해서 남이 대신 결정해줄 수 있는 문제가 아니다. 삶의 마지막 순간이 어떤 것이 되기를 희망하는지 당사자와 진정성을 가지고 대화해야 한다.

어떻게 하면 인생을 아름답게 마칠 것인지를 말하려는 것이 아니다. 우리는 각자 이 점에 관해 경험과 판단에서 비롯한 가치관이 있다. 우리는 자신의 마지막 순간을 원하는 대로 맞이할 자유가 있다. 그리고 숨을 거두는 순간까지 존중받아야 할 자기 인생의 소중한 가치를 주장할 권리가 있다. 어떤 사람은 신에게서 생명을 받았으니 신이 거두어가리라고 믿는다. 또한 어떤 사람은 삶이 자기 것이니 삶을 떠나는 방법을 자기가 결정하는 것이 자신의 마지막 권리라고 말하기도 한다. 일시적인 치료로 고통을 완화하기를 바랄 수도 있다. 삶을 포기하기로 결심할 수도 있고, 태양이 지듯이 삶의 불꽃이 저절로 꺼지기를 기다릴 수도 있다.

삶을 마감하는 데 도덕적 원칙을 지키는 태도는 존중할 만하다. 그러나 그것이 타인의 삶일 때 존엄하게 죽는 방법에 대한 자신의 의견에만 갇혀 있는 것은 월권이다. 때로 임종이 너무 오래 지속되기도 해서 빨리 끝나게 도와주고 싶을 때도 있다. 하지만 이때의 고통은 오로지 지켜보는 사람의 마음에만 깃드는 경우가 많다. 사랑하는 사람과 이제 영영 헤어져야 하기 때문이다. 기다림은 견디기 힘들다. 지켜보는 사람에게는 다른 곳에서의 삶이 기다리고 있다. 하지만 이 오래 걸리는 시간, 서서히 다가오는 죽음, 느린 걸음에는 그럴 만한 의미가 있다. 모두에게 준비할 시간과 마지막으로 대화할 시간을 허락하기 때문이다. 더 늦기 전에 꼭 하고 싶었던 말을 하고, 조금 더 함께할 시간을 준다. 가족들은 환자 주위에 모이고, 멀어졌던 관계는 다시 가까워진다.

이 시간은 임종을 앞둔 사람에게 마지막 순간까지 살게 하며, 가까운 이들에게는 이별을 준비하게 한다. 이후에 찾아올 육체의 부재에 익숙해져야 할 순간에 앞서 웃음과 대화, 나눔, 감정과의 이별을 준비하게 한다.

마지막 순간까지 환자는 살아 있다. 그때까지 그는 자신의 주인이다. 그가 요구하기 전에는 그 생명의 마지막 한 방울을 걷어내지 말아야 한다.

남의 일이야

죽음에 대한 생각으로 삶을 망치는 것만큼이나
죽음의 절대성을 보지 못하고 살아가는 것도 어리석다.
-롤랑 토포

마시면 젊어지는 청춘의 샘과 같은 노화 방지 기술을 개발하는 의학, 지속적으로 성장하는 피부 화장품 산업, 그리고 성형수술에 이르기까지 이 모든 것이 인간의 공통된 운명을 거부하고 나섰다. 우리가 언젠가 죽어야 하는 인간이라는 사실을 생각나게 하는 시간의 흔적을 지우려는 노력은 거대한 규모의 산업으로 발전했지만, 이는 환상일 뿐이다. 늙음이 쇠퇴로만 여겨진다면 인생은 마치 망해가는 회사처럼 헛된 싸움과 같은 것이 돼버린다. 나이의 흔적을 지우려는 노력이 잘못된 것이 아니다. 효과가 있으면 다행이고, 없다면 유감스러울 뿐이다. 조종할 수 없는 것을 조종하려는 생각 자체가 잘못됐다는 것이다. 불가항력을 거부함으로써 자신의 능력에서 벗어난 환상을 키우기 때문이다.

시간의 흔적을 완화하거나 몸을 가꾸는 노력은 전혀 해로운 것이 아닌데도 이를 무시하는 것은 노화가 자신과 상관없다고 생각하는 태도다. 노화를 아예 생각하지 않는 것이 쇠퇴를 늦추는 가장 좋은 방법일까? 자신의 건강을 돌보지 않는 태도의 배경에는 죽음을 두려워하지 않는다고 말하고 싶은 욕구가 숨어 있지만, 사실은 질병과 죽음이 두려워서 무관심한 척하면서 이 무책임한 행동이 가져올 결과를 무시하는 것이다. 하지만 이런 태도를 유지하면 오히려 피하고자 했던 삶을 살게 될 가능성이 커진다. 죽음에 등을 돌리기에 죽음과 맞서게 되고, 죽음에 더 가까워진다.

그렇다면 죽음을 피하기 위해서는 쉴 새 없이 죽음을 생각해야 한다는 것일까? 좀 더 건강하게 사는 것이 더 현명하지 않을까? 사람들은 여러 가지 기준과 불확실성을 근거로 선택할 것이다. 가장 어려운 문제는 죽음에 대한 부정을 지나 죽음을 용납하게 되고, 피할 수도 예측할 수도 없는 자연의 성격을 이해하게 되면서 자신의 유한성을 인정하는 것이다. 죽음을 모르는 척하는 사람도 죽음에 집착하는 사람도 행복하게 사는 방법을 제시하지 못한다.

죽음의 문턱까지 가본 사람들, 즉 간발의 차이로 큰 사고에서 목숨을 건졌거나 임사 체험을 한 사람들, 혹은 오랜 혼수상태에서 깨어난 사람들에게 나타나는 삶의 변화를 살펴보는 일은 매우 흥미롭다.[31] 이들이 보여주는 특별한 태도는 죽음과 가까이 있거나 죽어가는 사람 곁에서 일하는 사람들, 경험이나 성숙을 통해 자신의 유한성을 긍정적으로 받아들인 사람들에게도 나타난다.

이들의 공통점은 무엇일까? 마치 삶의 마지막 순간을 살 듯이 현재에 정확한 가치를 부여한다. 알아야 할 모든 것을 알고 있으며, 그것을 마음속 깊이 느끼고 있다. 나이와 상관없이 언제라도 죽음이 우리를 앗아갈 수 있음을 알고 있다. 죽음이 불러올 비극을 알고 있기에 소중한 삶에 더욱 감사한다. 그리고 자신이 염두에 두는 일들의 우선순위를 알고 있다. 삶의 방향은 핵심적인 것을 향한다. 소중한 사람들에게 더 인간적으로 대하고, 더 많은 시간을 할애하고, 더 가까이 가고, 더 베푼다. 늘 유쾌하고 다정하며, 이전보다 더 삶을 즐기는 것처럼 보인다.

---

31) 임사 체험은 아주 깊은 혼수상태나 심장 정지가 일어난 후 다시 살아난 사람들의 경험이다. 이들은 삶을 바라보는 시각이 완전히 달라진, 말로 표현할 수 없는 변화를 느꼈다고 말한다.

삶을 잃을 뻔한 사람의 자세로서 충분히 이해할 만하다. 이들은 자신이 지향하는 가치에 부합하는 삶을 살아가며, 좋아하는 일을 직업으로 삼아 열정적으로 일한다. 사소한 문제로 화내지 않으며, 헛된 일에 시간을 낭비하지 않고, 필요 없는 싸움이나 이뤄지지 않을 소원에 집착하지 않으며, 손에 잡히는 행복을 즐긴다. 자신이 어떤 행운을 누리고 있는지를 알고 있고, 인생을 허비하지 않는다!

모든 것에는 끝이 있다

> 상실을 받아들여야 한다.
> 잃어버린 과거, 잃어버린 꿈, 잃어버린 사랑, 잃어버린 친구, 잃어버린 삶을.
> ─에드가 모랭

유한성은 이 세상 모든 것에 적용되는 본질적인 개념이다. 모든 것에는 끝이 있다. 그리고 떠났건 떠나보냈건 모든 헤어짐 뒤에는 적응과 재구성이 필요하다. 이별을 인정하는 과정이 필요하다는 것이다.

우리는 출생 시점부터 죽을 때까지 크고 작은 이별을 겪는다. 예를 들어 그토록 안락했던 아기 침대를 떠나보내고 큰 침대에서 자야 하는 어린 아이의 슬픔을 생각해보자. 비록 성장의 결과라고 해도 어쨌든 이별은 이별이다. 모든 아이가 똑같이 느끼지는 않겠지만 많은 아이에게 이것은 이별의 형태로 나타난다. 또 다른 아이는 자기 다음으로 '사랑하고 미워하는' 존재가 태어남으로써 세상의 중심에 있던 자기 자리를 잃어버린다. 유치원을 떠나 더 학교에 가기 위해 선생님과 친구들과 헤어져야 하는 아이는 어떤가? 부모는 아이가 이 순간을 해방으로 경험하기를 바라겠지만, 아이에게 이것은 또 한 번의 이별이고 아픔이다. 아이는 자신이 무엇을 떠나는지는 알아도 앞으로 무엇을 만날지는 모른다. 다시 말해 미지 속으로 던져진다. 이것이 부모에게도 떠나보내야 할 것이 되면서 사정은 더 복잡해진다. 아이가 엄마의 포옹을 뿌리치고 친구들을 향해 달려갈 때 혹은 엄마보다 선생님을 더 따를 때 느끼는 서운함도 소화해야 한다.

부모 자신이 이별에 대처하는 태도뿐 아니라 아이의 어려움을 이해하는 태도, 어려움을 알아차리고 신중하게 생각해서 아이가 그것을 극복하게 해주는 태도는 아이의 마음에 깊이 새겨져 나중에 필연적으로 찾아오는 이별에 좀 더 유연하게 대처하게 해준다. 좋은 교육에는 진실한 감정과의 만남, 그리고 이별을 배우는 과정을 포함해야 한다. 그것을 억압하거나 부정해서는 안 된다. 하지만 아이들이 겪는 이별이 어떤 것인지를 제대로 이해하는 부모는 극히 드물다. 자신의 어린 시절에도 무시했던 문제였기에 이 몰이해를 그대로 아이에게 전달하는 것이다. 더구나 어떤 부모도 자녀가 고통받는 모습을 보고 싶어 하지 않고, 그것을 보지 않는 가장 쉬운 방법은 눈을 감아버리는 것이다! 고통을 부정하고, 무시하고, 다른 곳으로 눈을 돌리게 하고, 웃게 하거나 사태의 좋은 면만을 보여주는 것은 다정하고 배려 있는 시도지만, 어쨌든 숨기는 행동이어서 아이에게 고통을 억제하고, 부정하고, 최소화하는 태도를 가르치게 된다. 아이는 부모가 시키는 대로 하면서 자신의 아픔과 홀로 남는다. 이런 감정을 느끼는 자신이 나쁘다고 생각하게 되고, 자존감이 훼손된다.

이별을 인정하는 것은 자신이나 다른 사람에게서 느끼고 싶지 않은 감정, 즉 슬픔과 노여움으로 표현된다. 우리 사회에는 어떻게든 이런 감정을 억제하는 문화가 있어 이별을 인정하는 건강한 과정을 방해한다. 이별을 받아들이는 것은 단절로 생기는 특별한 감정에 적응하는 정당한 과정이다. 수용은 상실을 극복하게 해준다. 슬픔과 분노를 억제하거나 부정하는 것은 수많은 포기와 이별, 죽음이 찾아오는 진짜 인생과 마주쳤을 때 자연스럽게 분출해야 할 감정의 표현을 위축한다. 상실은 우리를 고통스럽게 하지만, 이별의 슬픔은 오히려 상처를 아물린다. 이것은 꼭 필요한 과정이다. 분출해야 할 감정을 무한정 억제하다 보면 고통은 영원히 지속된다.

이별을 받아들이는 자세는 성장 과정뿐 아니라 우리에게 안정을 줬던 생각과 믿음에도 필요하다. 우리는 성장하면서 환상을 잃어버린다. 우리는 산타 할아버지가 존재하지 않는다는 충격적인 사실을 알게 된 날을 기억한다. 산타 할아버지는 어린 시절의 한 부분을 차지하고 있었고, 이런 허구를 사실로 믿는 것은 그 나름의 기능이 있었다. 하지만 이 환상이 깨지면서 우리는 혼란을 느끼고 세상에 대한 새로운 이해에 적응해야 했다. 이처럼 여전히 삶을 불행하게 하는 생각과 태도를 버려야 한다. 어쩌면 지난날에는 존재 이유가 있었겠지만 세상에 대한 이해가 점점 확대되는 지금은 그런 믿음이 적합하지 않다.

그렇다면 이별을 어떻게 받아들여야 할까? 맞는 열쇠를 고르기 위해서는 자신이 변하거나 수용할 수 있는 능력을 기르는 것이 필요하다. 자기 삶이 달라지기 위해서는 이별을 받아들여야 한다.

모든 이별을 다시 생각해보자. 예를 들어 많은 사람을 불행하게 하는 부모와의 갈등에도 이별의 지혜가 필요하다. 우리는 살아가면서 때로 중요한 선택을 해야 한다. 하지만 부모가 이 선택을 마뜩잖게 여기면 자신이 원하는 삶을 살고 싶다는 희망과 부모를 기쁘게 해야 한다는 의무감 사이에서 갈등한다. 이런 경우에 우리는 몹시 어려운 심리적 이별, 즉 '인정'과의 이별을 받아들여야 한다. 부모에게 인정받고 싶다는 욕구를 떨쳐버리지 못할 때 우리는 자신의 선택을 확신하지 못하고, 특히 관심이나 열정이 있어도 의심스럽고 불안한 일에 대해서는 늘 부모의 관심을 끌려고 한다. 그러나 이런 시도가 거듭 실패하면 절망만이 가중될 뿐이다.

인정 욕구를 버리면 자기 삶에서 무언가를 선택하기가 훨씬 쉬워지고, 죄의식이나 수치심, 근심 없이 살아가는 기쁨을 누릴 수 있다. 드디어 자유를 느끼는 것이다. 그러려면 이별의 고통을 인정하고 감정의 전개 과정(내면에 도사린 슬픔, 절망, 광기, 분노를 느끼고 표현하는 것)과 이성적 반응 과정(헛되이 애쓰는 부분은 어디인가? 무엇을 포기해야 하는가?)을 끝까지 따라가야 한다. 이별에는 감정적 표출과 이성적인 판단, 이 두 가지가 반드시 필요하다.

이런 기준으로 우리가 불행을 느끼는 상황이나 행동을 다시 생각해봐야 한다. 특히 자신을 괴롭히는 것이 죄책감이라면, 이 해로운 생각이 때로 장점도 되고 단점도 되면서 인생의 안전지대에 자신을 붙잡아둔다는 사실을 자각해야 한다. 자신을 '죄인'으로 생각하면 어떤 일을 시작해서 존중받고, 개혁하고, 위험을 감수하지 못하게 해 인생을 불행으로 몰아간다.

지속적인 죄책감은 자신을 비하하며 살아가게 한다. 그렇다면 전혀 현실적이지도 않은 이런 믿음을 왜 계속 고집하는 것일까? 실제로 자신은 전혀 책임이 없거나 별것 아닌 일에 사소한 책임이 있을 뿐이지만, 늘 죄책감을 안고 살아가는 이유는 무엇일까? 이처럼 현실(무죄)과 감정(유죄)이 서로 일치하지 않는데도 죄책감을 느낀다면, 이런 생각은 혹시 가상의 위험으로부터 자신을 보호하는 수단으로 작용하는 것은 아닐까? 그것을 세상에 자신을 드러내는 위험, 은신처에서 나와 세상에 맞서야 하는 위험, 낯선 현실에 몸을 던져야 하는 위험을 피하는 방법으로 사용하고 있는 것은 아닐까? 혹시 이 죄책감이라는 구실이 없다면 모든 어려움과 난처한 갈등을 감당해야 한다고 생각하는 것은 아닐까? 혹시 이런 제한적인 믿음에 끈질기게 매달리면서 어린 시절에 형성된 '인생관'에 의문을 제기하지 못하게 억압하고 있는 것은 아닐까?

중요한 것 이루기

> 인생은 꿈을 이룰 가능성이 있기에 흥미롭다.
> —파울루 코엘류

중요한 선택을 할 때마다 삶의 유한성과 그 종말에 대한 생각이 필수적인 기준으로 자연스럽게 자리 잡아야 한다. 날마다 그 하루에 새로운 가치를 부여하고, 존재의 소중함을 다시 찾고, 살아 있다는 엄청난 행운을 매 순간 누려야 한다. 종말의 날이 커다란 운명의 책에 쓰여 있든 말든 하루가 지날 때마다 남은 미래에서 하루씩 줄어든다는 사실에는 변함이 없다. 진정으로 하고 싶은 것을 계속 미루는 것은 의미 없다.

만약 살날이 6개월밖에 남지 않았다면 무엇을 할 것인가? 누구나 이루고 싶은 몇 가지 꿈과 하고 싶은 일들이 있겠지만, 6개월이라는 짧은 기간에 그것들을 이룰 수 있을까? 몇 개월의 시한부 인생을 선고받은 사람을 본 적이 있는가? 자신이 그와 같은 처지에 있다면 그것들을 이룰 만한 신체적·심리적 상태에 있다고 생각하는가? 그 일들이 중요하다면 지금 이 순간 왜 기다리고 있는가? 왜 더 늦기 전에 가능하게 하려는 조치를 당장 취하지 않는가?

위급함과 중요함을 혼동하지 말자. 우리 인생은 여러 가지 사소하고 위급한 것들이 정말로 중요한 것의 자리를 차지하고 있는 경우가 많다. 다시 말해 그 자리는 우리 인생의 핵심을 이루는 것이며 우리는 그것 때문에 살아간다. 우리가 존재하는 의미도 거기에 있다.

물론 모든 것이 항상 그렇게 단순하지는 않다. 우리는 오랫동안 마음에 품어온 꿈을 꼭 이루고 싶지만 현실적으로 불가능하다고 생각한다. 돈도, 시간도, 능력도 없고, 가족을 먼저 생각해야 한다는 등 꿈을 이루지 못할 온갖 이유가 늘 있기 때문이다. 우리는 왜 원하는 것을 향해 곧바로 뛰어들지 못하고 언제나 상황이 나아질 때까지 기다려야 한다면서 스스로 꿈을 좌절시킬까? 게다가 솔직히 말해서 꿈을 이루지 못하는 것이 상황 때문만은 아니라는 것을 자신도 알고 있다. 우리가 가는 길에는 언제나 장애물이 있을 것이다. 기다리는 동안에도 시간은 흐른다. 이제 이렇게 말하는 것이 좋지 않을까? "나는 지금 당장 시작한다. 그리고 방법은 그때그때 찾을 것이다!" 꿈이 정말로 중요하다면 그렇게 할 만한 가치가 있다.

꿈속의 현실보다 현실 속에 더 많은 꿈이 있다는 사실을 잊지 말자. 절대 이루지 못할 꿈보다 이미 이룬 경험 속에 더 많은 행복이 있다. 그러나 단지 꿈꾸는 것만을 좋아하는 사람에게는 자기 인생을 꿈꾸면서 아무것도 이루지 않을 권리도 있다. 그런 선택을 한 사람이 그렇게 살면서 행복하기를 빌며 서글픈 포기만이 남지 않기를 바란다. 그리고 우리가 세상을 뜨는 날 지나온 삶을 돌아보면서 "내가 해보고 싶었던 것들을 원 없이 하면서 살았어!"라고 말할 수 있어야 한다.

인생은 두 번 다시 살아볼 수 없는 유일한 경험이다. 그러니 자신이 좋아하고 중요하게 생각하는 것을 더는 미루지 말자.

미결로 남은 일들

모든 진실을 말해서는 안 된다.
하지만 진실만을 말해야 한다.
-쥘 르나르

삶의 임시성과 유한성을 받아들이려면 먼저 자신의 예정된 죽음을 인정해야 한다. 그렇다고 항상 죽음을 생각하며 살아야 한다는 말은 아니다. 단지 죽음이 언제든지 우리를 데려갈 수 있다는 생각으로 모든 것을 선택하고 결정하는 데 익숙해져야 한다는 뜻이다. 이렇게 죽음을 받아들이면 삶은 분명하고 치열해지며 하찮고 쓸데없는 일에 시간을 낭비하지 않게 된다.

자기 인생에서 이처럼 소중한 시간은 대부분 인간관계로 채워진다. 사람을 만나고, 함께 어울리고, 또는 헤어지면서 '삶'이라는 한정된 시간, 다시는 돌아오지 않을 순간이 흘러간다. 그렇게 관계를 맺는 사람 중에는 만나면 즐거운 사람이 있고, 괴로운 사람도 있다. 자기 삶의 일부를 이루는 사람들을 서류로 정리한다면 책상 위에는 이런 서류 파일들이 놓여 있을 것이다.

- 진행 파일. 즉, 현재 관계를 지속하고 있는 사람들.
- 대기 파일. 즉, 관계가 뜸하고 유예 상태에 있는 사람들.
- 처리 요망 파일. 즉, 관계에 조정이 필요한 사람들.
- 기록 파일. 즉, 종료되고 정리돼 잊힌 관계, 혹은 정리했지만 느닷없이 재개되는 관계에 있는 사람들.

처리 요망 파일이나 느닷없이 재개되는 파일을 '미결'이라고 부를 수 있을 것이다. 다시 말해 그것이 좋은 일이든 나쁜 일이든 우리가 무언가를 말하거나 처리하지 않은 채 갑자기 헤어지기에는 안타까운 사람들이다. 말하거나 처리하는 것으로 이 서류는 최종적으로 정리되고, 우리는 평화로운 상태로 눈을 감을 수 있다.

- 자신이 맺어온 인간관계에서 어떤 사람과의 관계가 '미결'인가?
- 오늘 말없이 떠나게 된다면 후회로 남을 사람은 누구인가?
- 원한을 품은 사람, 대화하면 원한이 풀릴 것 같은 사람은 누구인가?
- 함께 있는 것이 즐겁지 않지만 관계를 단절할 용기가 없어 지속하는 사람은 누구인가?
- 고마운 사람, 내게 잘해줬지만 고마움을 표시하지 못한 사람, 받은 만큼 돌려주지 못한 사람은 누구인가?
- 사랑하지만 고백하지 못한 사람은 누구인가?
- 정신적인 빚을 지고 있다고 느끼는 사람은 누구인가?
- 나쁜 점을 분명히 말해주고 싶은 사람은 누구인가?
- 서류를 봉인하기 전에 어떤 일을 하고 싶은 사람은 누구인가?

시간을 두고 과거나 현재의 관계들을 생각해보고, 만약 확인할 것이 있다면 상대와 만날 약속을 정하도록 하자. 되도록 단둘이 만나는 것이 좋고, 멀리 떨어진 사람이라면 전화하거나 편지를 쓰자. 자신에게 좋은 충고를 해준 사람, 정기적으로 생각나는 사람, 필요한 순간에 손을 내밀어준 사람, 간단한 말이지만 출발점을 마련해준 사람은 어찌 보면 사소한 계기로 나의 인생을 바꾸어놓은 셈이다. 그렇게 말해주면 당사자는 기뻐할 것이고 우리는 또 한 번 행복을 느낄 것이다. 인생은 이렇듯 무수히 많은 소소한 행복으로 이뤄진다.

이미 세상을 떠난 사람과의 화해도 심리적 족쇄에서 우리를 해방한다. 그가 살아 있다고 가정하고 편지를 쓸 때 우리는 건강한 평안을 느낄 수 있다. 물론 죽은 자가 산 자의 이야기를 들을 수는 없지만 중요한 것은 메시지의 내용이 아니라 우리가 마음에 담아두고 있던 것을 용기를 내어 표출할 때 느끼는 감정의 변화다. 이런 시도는 비록 완벽하지 않더라도 마음을 정리해준다.

그리고 잃어버린 시간을 되돌리기에 너무 늦은 사람들은 인생의 마지막 고비에서 서글픈 소회를 털어놓곤 한다.

- 원하던 삶을 살 용기를 내지 못했던 일.
- 사랑하는 사람, 특히 자녀와의 관계를 희생했던 일.
- 중요한 것을 희생하고 쓸데없는 근심과 습관에 시간을 낭비한 일.
- 자신을 위해 충분히 시간을 할애하지 않았던 일.
- 자신의 감정이나 의견을 제대로 표현하지 못해 오해를 불렀던 일.
- 친구들에게 충분히 귀 기울이지 않아 고립됐던 일.
- 행복은 운명이 아니라 선택이라는 사실을 너무 늦게 깨달은 일.

후회 없이 죽기 위해 당신은 무엇부터 시작할 것인가?

그리고 만약…

삶을 지속하고 싶다면 죽음을 받아들일 준비를 하라.
-지그문트 프로이트

죽음을 부정할 수 없는 사실이 아니라 마치 하나의 가정인 것처럼 생각하면서 어떻게 '진짜' 삶을 살 수 있을까? 죽음을 '반드시 일어날 일'이 아니라 막연하게 '있을 수 없는 일'로 여기지 않으려면, 죽음이 언제라도 우리를 데려갈 수 있다는 생각을 끌어안아야 한다. 물론 우리는 죽음에 대한 공포도 역시 끌어안고 살아가야 하지만 그렇다고 죽음이 두려워 집에 숨어 있어야 하는 것은 아니다. 단지 죽음의 가능성을 인정하고, 자신의 죽음 이후에 일어날 일들, 특히 소중한 사람들이 치러야 할 일련의 절차들을 구체적으로 생각해봐야 한다.

죽고 나면 어떤 일이 벌어질지 자신은 볼 수도 알 수도 없으니 아예 생각하고 싶지 않다고 말할 수도 있을 것이다. 자신의 죽음이 몇몇 사람에게 감정적·물질적 영향을 미치리라 예상하겠지만, 진정으로 책임져야 할 이들은 바로 배우자와 자녀다.

어려서 본 서부영화에서 인디언들은 "오늘은 죽기에 좋은 날이군!"이라고 말하곤 했다. 유목 생활을 하고 부족끼리 모여 살았던 이들은 틀림없이 우리와 사후 세계가 많이 다를 것이다. 하지만 이 지혜로운 선언을 떠올리며 죽음을 새롭게 성찰해보자. 나는 지금까지 죽음을 앞둔 환자들을 위해 일하는 간병인과 자원봉사자들을 교육하면서 이런 시도가 어떤 영향을 미치는지를 수없이 관찰했다. 일단 시작하면 자신에 대해 아주 깊이 있게 성찰해야 한다. 만약 이런 주제에 대해 성찰하는 일을 견디지 못할 것 같으면 이 장은 건너뛰기 바란다.

독신자에게는 이것이 자기만을 위한 문제가 될 것이다. 기혼자라면 두 가지 경우를 나눠서 생각해야 한다. 즉, 자신은 돌연사하지만 배우자는 생존하는 경우와 사고사처럼 두 사람 모두 죽음에 이르는 경우다.

우리가 풀어볼 과제는 만약 지금, 오늘 저녁, 오늘 밤에 갑자기 죽는다면 어떤 일이 벌어질지를 아주 구체적으로 상상해보는 것이다. 감정적 측면은 고려하지 않는다. 감정은 있는 그대로 표출될 것이며 여기에 대비해서 우리가 따로 할 수 있는 일이 없기 때문이다. 하지만 소중한 사람에게 직접 일어날 여러 가지 일에 대해서는 미리 조치를 취할 수 있다.

- 만약 갑자기 죽는다면 유물은 누가 처리할 것인가?
- 가족처럼 유물을 처리할 확실한 사람이 있는가?
- 그가 임의로 유품을 정리하는 데 동의하는가?
- 동의하지 않거나 이 일을 맡을 사람이 없다면 지금이라도 한 사람을 지정해야 한다. 만약 유족의 반발이 예상된다면, 이의가 없도록 글로 적어 확실한 장소에 보관한다.

좀 더 힘들지만 꼭 필요한 과제가 남아 있다. 바로 자녀를 남겨두고 부모가 모두 사망한 경우다.

- 돌봐야 할 자녀가 있다면 누구의 집으로 갈 것인가?
- 경제적인 지원은 누가 할 것인가?
- 그는 이런 결정에 대해 알고 있는가? 그리고 동의하는가?
- 확실하지 않으면 공식적으로 다른 사람을 명확하게 지정해야 한다.
- 자녀가 여럿일 때 이들이 서로 떨어지는 데 동의하는가?
- 아니면 이런 사태를 막는 어떤 해결책이 있는가?

- 이사하게 되면 아이들은 학교를 옮길 것인가?

- 피할 수 없는 선택인가? 다른 방법이 있는가?

- 아이들과 관련해 소원이 있는가?

- 아이들이 나중에 읽게 될 메시지가 있는가? 이들이 꼭 알아야 할 진실이 있는가?

목록은 길지 않다. 시간을 두고 이 문제들을 모든 측면에서 구체적으로 생각하자. 이런 생각에 익숙해지도록 하자. 많이 생각할수록 그만큼 진전된다. 이것은 병적인 생각이 아니라 현실적인 생각이다. 당신의 책임이고 또 핵심적이다. 더 구체적인 문제에 접근해보자.

첫 번째로 생각해야 할 문제는 유산이다.

- 유산을 정리할 사람이 서류를 보고 알아서 처리할 수 있는가?

- 그가 부동산과 동산을 어떻게 처리할지 알고 있는가?

- 그는 당신의 은행 계좌, 보험증권, 귀중품을 보관한 곳을 알고 있는가? 가장 먼저 무슨 일을 처리해야 하는지 알고 있는가?

- 이 사실을 공증인에게 알렸는가?

- 빌려주고 돌려받아야 할 것이 있는가? 증서가 있는가?

- 집이 저당 잡혀 있는가?

- 빚이 있는가? 연체금이나 대출이 있는가?

- 중요한 서류가 찾기 쉬운 곳에 있는가?

- 상속인이 있는가?

- 다른 사람이 무언가를 상속받기를 원하는가?

- 유언장을 작성했는가?

- 원하는 바를 어딘가에 분명히 적어놓았는가?

일단 일이 벌어지면 상속 절차는 생각보다 훨씬 복잡하지만 '정상적인' 가정에서는 별 문제없이 진행된다. 하지만 불화가 심하고, 형제끼리 소통하지 않거나, 이혼했거나, 부모에게 다른 자녀가 있거나, 혼외 자녀가 있는 경우에는 이 모든 것이 몹시 복잡해지므로 그에 따른 조치를 해야 한다. 유언을 문서로 작성해서 오해의 소지가 없도록 하고, 믿을 만한 사람(친구나 공증인)이 사본을 보관하게 한다.

만약 결혼하지 않은 상대와 함께 살고 있다면 지금 살고 있는 집이나 아파트에서 동거인이 계속 살 수 있도록 재산을 물려주는 절차를 공증인을 통해 밟아두는 것이 좋다. 재산 상속 문제는 몹시 까다로울 수 있어서 일이 닥쳤을 때 미리 준비한 대로 처리하는 경우는 매우 드물다. 그러니 사랑하는 사람들이 자신의 죽음으로 고통받으며 직면하게 될 문제들을 미리 생각해둬야 한다.

두 번째로 생각해야 할 부분은 잡동사니다.

- 유산 문제 다음으로 감정적·재산적 가치가 없는 나머지 것들도 처리해야 한다. 자신이 쌓아두었지만 다른 사람에게는 별로 도움 되지 않는 것들, 즉 창고와 다락을 가득 채우고 있는 짐들, 풀지도 않은 상자들, 책 더미, 오래된 서류와 문서 뭉치들을 어떻게 할 것인가? 모두 그대로 둘 수도 있지만 나중에 가족과 자녀, 늙은 어머니에게 이런 것들의 처리를 맡길 것인가?

- 예를 들어 남은 가족이 고인의 옛 서류를 일일이 보면서 보관해야 할지 말지를 고민하는 장면을 상상해보자. 그들은 서류들을 모조리 펼쳐보고 분석하고 골라내야 할 것이다. 지저분하고 무겁고 먼지투성이 서류들이다. 당신에게조차 힘겨운 청소인데 그들에게는 어떨

까! 소매를 걷어붙이고 어서 정리를 시작하자.

마지막으로 모든 사적인 물건에 대해 생각하자.

- 갑자기 죽는다면 당신이나 부부의 추억이 담긴 유물은 누가 정리할 것인가?
- 책상 서랍, 컴퓨터 하드 디스크, 옷장, 당신만이 아는 비밀 장소에는 어떤 사적인 물건이 들어 있는가?
- 그것은 사진, 편지, 일기, 기념품 등 지극히 사적인 물건인가? 이런 것들의 처리는 남은 사람들에게 몹시 거북한 일이 될 수도 있다.

이 모든 것은 몹시 힘겨운 문제지만 대충 넘어갈 수는 없다. 삶이 있는 그대로의 현실에 뿌리내리려면 자신이 언젠가 죽는다는 사실을 애써 잊으려고 고개를 돌리지 않는 현실주의자가 될 필요가 있다. 유쾌하지 않은 인생의 이면에 주목하는 것이 달갑지 않겠지만, 다행히도 모든 정리가 끝나면 안정이 찾아온다. 그렇게 전체적으로 정리됐음을 아는 것이 마음을 가볍게 하는 것이다. 우리의 죽음이 사랑하는 사람들에게 상실의 슬픔을 안겨주는 것도 안타까운 일인데, 이런저런 번거로운 일들로 짐을 지워서는 안 될 것이다. 살아 있는 동안 그들을 보살피고 불행으로부터 지켜주려고 했듯이 죽은 뒤에도 그렇게 하도록 하자. 이것이 우리가 해야 할 최소한의 일이다. 그들에게는 그들의 짐이 있다. 그들이 괴로움과 어려움을 느끼지 않도록 도와주기 위해 곁에 있을 수는 없겠지만 되도록 짐을 덜어주도록 하자.

추억의 안개

강하고 창조적인 사람들의 비결은 망각이다.
-오노레 드 발자크

이 책을 읽으며 지금까지의 삶을 돌아보고, 때로 오래된 상처와 지금도 생생한 고통을 다시 들춰내기도 했을 테니 이제 조금 가벼운 내용으로 이 장을 마치기로 하자.

우리는 흘러가는 시간과 삶의 유한성을 받아들임과 더불어 과거를 놓아줘야 한다. 삶이 너무 무거운 기억에 짓눌리지 않고 흘러가게 해줘야 한다. 생각할 때마다 가슴이 따뜻해지는 기억만을 남기고, 괴롭고, 씁쓸하고, 서글픈 과거는 망각의 강에 떠내려 보내자. 이미 오래전에 어린 시절의 마법은 사라졌다. 젊은 날 열정의 불꽃도 꺼졌다. 그 정직했던 아름다움을 결코 되찾지 못하겠지만, 아쉬워하기보다는 그것이 우리 삶에 해준 것들을 고마워해야 한다. 끝나버린 사랑과 사라진 열정, 그리고 잃어버린 우정도 마찬가지다. 이제 이런 것들을 정리해서 추억의 서랍 속에 잘 간직해야 한다. 그리고 새롭게 다가오는 모험을 추억의 잣대로 재지 말아야 한다.

추억의 안개 속을 헤매지 말자. 우리는 흔히 '거의 …할 뻔했어.' '그때 …했어야 했어.'라며 안타까워하고 후회한다. 하지만 이런 것들은 서글프고 무의미한 어둠의 추억이다. 여러 해 같은 경험을 거듭하면서 우리는 단련되고 변화한다. 몇몇 환상을 버리고, 실패와 성공을 배우고, 이전의 순진성을 결코 되찾지는 못하더라도 우리는 이대로 좋다. 왜냐면 이것이 우리 인생의 역사이기 때문이다. 고통으로 다리를 절뚝이지 말고, 시련을 통해 더 강해지고, 지금 우리가 누리고 있는 사랑과 성공에 만족하자.

추억에 매달리지 말자. 아무리 아름다운 추억도 우리의 정체성과 미래에 아무런 지표가 되지 못한다. 추억은 영원히 잃어버린 과거에 대한 후회이며, 어제로 돌아가거나 다른 장소에 있었기를 바라는 헛된 미망이다. 추억에도 기능이 있다면, 미지와 유한성에 대한 두려움을 피하기 위해 현재만이 아니라 미래에도 등을 돌리게 하는 것뿐이다.

자신의 유한성을 인정한다는 것은 지금 이 순간 바로 여기에 존재한다는 것이며, 인간에게 부과된 조건과 나약함을 인정한다는 것이다. 심리학자 장 클로드 리오데는 이렇게 설명한다. "나약함을 받아들이는 것은 다양성과 미래를 향해 자신을 여는 것이다. 오늘의 나는 내일의 내가 아닐 것이며 어제의 나도 아니다. 이것이 나에게 부과된 조건이다. 나는 이 조건이 내게 가져오는 것, 내일 내가 발견하게 될 것, 내게 잠재된 낯선 것을 발견하는 것, 이것이 불러오는 위험, 그리고 이것이 예고하는 모험을 좋아한다."[32]

우리는 약하지도 강하지도 않다. 그리고 진정한 힘은 자신의 나약함을 인정하는 데 있다. 많은 괴로움을 겪었지만 과거를 잊어버리라고 말하는 에디트 피아프의 노래와 함께 이 장을 마치도록 하자.

아니요, 난 아무것도 후회하지 않아요(Non, je ne regrette rien)

아니요, 난 정말 아무것도,
아니요, 난 아무것도 후회하지 않아요.
남들이 내게 좋을 일을 했든 나쁜 일을 했든 상관없어요.

----

32) Jean-Claude Liaudet, *op. cit.*

이미 대가를 치렀죠, 치워버렸죠, 잊어버렸죠.

과거는 내가 알 바 아니에요.

난 추억을 불태워버렸죠.

슬픔도 기쁨도 내겐 필요 없어요.

사랑도 그 서글픔도 영원히 치워버렸죠.

난 처음부터 다시 시작해요.

아니요, 난 정말 아무것도,

아니요, 난 아무것도 후회하지 않아요.

남들이 내게 좋을 일을 했든 나쁜 일을 했든 상관없어요.

아니요, 난 정말 아무것도,

아니요, 난 아무것도 후회하지 않아요.

왜냐면 내 삶은, 왜냐면 내 기쁨은

오늘 당신과 함께 시작되니까요.

6장

고독

어른이라는 것은 혼자라는 것이다.
-장 로스탕

수용의 열쇠로 열 수 있는 세 번째 문은 존재의 고독이다.

누구에게서도 무조건적인 사랑을 받을 수 없고, 완벽한 이해를 구할 수도 없는 인간은 본질적으로 고독한 존재다. 하지만 세상에 태어났을 때 부모에게서 받았던 무조건적인 사랑과 완벽한 이해의 기억이 끈질기게 남아 있어서 어른이 되어서도 똑같은 것을 타인에게서 찾으려는 욕구가 여전히 강렬하다. 출생 직후에 보살핌을 받지 못했다면 우리는 살아남지 못했을 테고, 그 보살핌을 조금 받았든 듬뿍 받았든 간에 이 체험이 우리 삶에서 확고부동한 토대를 형성한다.

존재의 고독은 독신자가 느끼는 외로움이나 은둔자가 느끼는 단절감과 전혀 다른 것이다. 부부로 살든, 자녀가 있든, 여러 친구에게 둘러싸여 있든 우리는 자기 삶에서 늘 혼자다. 우리를 괴롭히는 근심에 싸여 홀로 어둠과 혼란 속을 헤매고, 책임과 결정, 자기 행동에 따른 결과도 혼자 감당해야 한다. 누군가가 자기 생각을 완벽하게 이해해준다든가 자기 마음을 속속들이 헤아려주리라는 희망은 일찌감치 버려야 한다. 남에게 인정받으려는 마음 역시 환상일 뿐이니 버려야 한다. 남이 생각하는 삶을 자신이 이해하거나, 자신이 생각하는 삶을 남이 이해해주리라는 기대도 버려야 한다. 무엇에든 남과 일치하고 싶다는 희망을 버려야 한다.

이 어려운 과제를 어떻게 감당할 수 있을까?

한 무리의 화성인

> 타인과 자신 사이의 차이만큼
> 나와 나 자신 사이의 차이가 있다.
> ─몽테뉴

어떤 이는 화성에서 왔고 또 어떤 이는 금성에서 왔다고? 전 세계적인 성공을 거둔 이 단순한 주장은 많은 통계자료를 근거로 다소 이원론적인 세계관을 드러낸다. 단순할수록 사람들이 좋아하는 것이 사실이다. 하지만 이런 주장은 흔히 볼 수 있는 남녀 간의 주요한 차이에 바탕을 두고 있기는 하지만, 이보다 훨씬 다양하고 개별적이고 미묘한 차이들을 놓치고 있다.

우리가 각자 다르다는 사실은 누구나 알고 있다. 여러 가지 형태로 복잡하게 나타나는 어린 시절의 흔적에 대해 나는 다른 책에서 상세하게 설명한 바 있다.[33] 이것은 누구도 부정할 수 없는 사실이지만, 우리는 남과 서

---

33) Marie Anderson, *L'Emprise familiale* (가족의 굴레), Ixelles éditions, 2011.

로 이해해야 할 때, 남의 태도를 추측하거나 예측해야 할 때 이런 사실을 자주 잊어버린다.

남을 온전히, 그리고 구석구석 '해독'하기는 불가능하다. 그래서 착각과 오해가 생기고, 결국 우리는 자신이 불행하다고 느낀다. 남이 자신을 이해한다고 해도 서로 주파수가 얼마나 다른지를 새삼 발견하게 된다. 상대가 자기 마음을 알아주리라고 기대했다가 마치 외계인과 대화하는 것 같다고 투덜거리기도 한다. 상대가 자기 예상과 정반대되는 반응을 보이면 깜짝 놀라 화를 내고, 자기 의도를 전혀 다른 식으로 해석하고 있다는 것을 알게 되면 실망하고 몹시 언짢아한다. 그럴 때 상대가 자신을 조롱하거나 무시한다는 인상을 받지만 사실은 단순한 오해인 경우가 대부분이다.

결국, 문제는 여기 있다. 상대의 이해를 구하는 것은 정당한 반응이지만, 자기가 행동하기도 전에 상대가 먼저 이해해주기를 바라는 것은 소용없는 짓이다. 부부 사이에서도 상대가 늘 자기가 기대하던 대로 행동하지 않더라도 그를 있는 그대로 받아들여야 하고, 상대의 성격을 이해하지 못하더라도 부부의 삶을 계속해야 한다. 이것은 때로 아름다운 사랑의 증거가 되기도 한다. 상대의 어떤 면을 도저히 이해할 수 없어도 거기에 맞춰 행동할 수 있음을 보여주기 때문이다. 다시 말해 상대를 신뢰하고, 자신과 부부의 역할을 믿는 것이다.

상대가 불성실한 태도를 보일 때 우리는 이것이 자신을 괴롭히고 비판하려는 의도를 담고 있다고 생각한다. 물론 그럴 수도 있지만 이것은 대부분 우리가 생각하는 것과 달리 계획된 일이 아니다. 대수롭지 않은 일로 상대가 화를 내는 것처럼 보이는 것은 단지 그가 힘겨운 하루를 보냈기 때문일 수도 있다. 이와 마찬가지로 내가 걱정거리가 있어서 심드렁하게 대했을 뿐인데, 상대는 이것을 거부의 표시로 해석할 수도 있다.

인간의 자기중심주의는 자신을 세상의 중심으로 인식하던 유아기에서 비롯한다. 아이는 자연적으로 세상 모든 것을 자신을 기준으로 해석한다. 남의 사정을 상상할 능력이 없고 남의 세상을 이해할 수 없기 때문이다. 이런 능력을 얻으려면 기나긴 인생 경험이 필요하다. 그래서 어른인 우리는 세상의 중심에서 나와 남을 이해하는 법과 이런 이해력을 분별 있게 사용하는 법을 배우는 것이다.

실망과 분노를 근본적으로 해소하려면 자신의 관점을 마치 일반적인 견해처럼 확신하는 태도를 버려야 한다. 예를 들어 "이 건물은 잘못 지었다."라고 말하기보다 "이 건물은 마음에 들지 않는다."라고 말하는 것이다. 건축 전문가가 아니라면 명확한 사실로 주장하기보다는 단지 자기 의견을 피력하는 정도에 그쳐야 한다. 아이들이 상스러운 음악을 듣는다고 말하기 전에 단지 그들의 취향이 자기 취향과 다르다고 생각하는 것이 옳다. "어떻게 이런 형편없는 소음을 음악이라고 들을 수가 있니?"라고 말하는 것과 "난 요즘 음악은 하나도 모르겠어!"라고 말하는 것 사이에는 큰 차이가 있다. 부정적인 의견을 표현하는 대신 자신이 부족하고 뒤떨어졌음을 인정하자. 이 두 표현은 전혀 다르다.

우리에게는 무언가를 좋아하지 않을 권리가 있지만, 자기 취향을 일반화하거나 자기 생각을 정론처럼 말하는 것은 오만이다. 의견과 단정을 구별하자. 우리는 모든 것에 대해 자신에게만 유효한 의견을 내놓을 뿐이다.

우리의 뇌에는 위험을 감지하고, 그에 따라 행동하던 원시시대의 깊은 흔적이 남아 있다. 그렇게 끝없이 예상하고, 추측하고, 의견을 내면서 생존해왔다. 하지만 이제는 다른 시대에 살고 있으니 이런 행동 패턴을 바꿀 필요가 있다. 물론 모든 것이 빠르게 변하는 오늘날 우리에게는 무엇보다 확실한 기준이 필요해졌고, 그래서 의견을 내놓기보다 자주 단정하게 됐지만, 단정은 누군가를 결정된 의견 안에 영원히 가두는 행동으로, 단순한 견해의 수준인 의견과 달리 인간관계에 해를 끼친다.

이처럼 다르게 표현하는 것이 단순히 수사적인 형태만 달라질 뿐이라고 생각할 수 있으나 사실은 그렇지 않다. 말의 형태 변화가 차이에 대한 이해를 진심으로 반영한다면 상대도 그것을 분명히 알아차린다. 상호 간 비판은 아무 의미 없다. 다른 사람의 논리를 자신의 기준으로 단정하는 태도는 이기적이라는 사실을 인정해야 한다. "네 말은 논리적이지 않아."라고 말하지 말고 "나는 네 설명을 이해하지 못하겠어."라고 말하자. 다른 방법으로 귀를 기울이고, 서로 이해하려고 노력하고, 우리는 한 무리의 화성인이라는 사실을 인정하자!

어쩌면 이것이 외로운 노력으로 느껴질 수도 있다. 하지만 다른 사람들도 마찬가지다. 남을 자신에게 맞추려고 하거나 자기가 보는 것처럼 인생을 바라보고 자신의 선택과 결정에 따르도록 강요하기보다는 서로 다른 점이 만들어내는 수천 가지 다양한 관점을 인정하자. 어떻게든 설득하려 들지 말고, 진심으로 상대의 이야기를 경청하자. 판단하지 말고 그저 바라보자. 자기 생각을 내려놓고 타인과 세상을 여유 있게 만나자.

슬픔과의 싸움을 멈추자

> 인생에 절망한 적이 없다면 인생을 사랑한 적도 없는 것이다.
> ―알베르 카뮈

"절망이 유행처럼 퍼져 있다."[34] 심리학자 장 클로드 리오데는 그렇게 말한다. "절망하지 않으면 위험하다고 느낄 정도다. 절망은 우울하고 슬픈 순간에 드러나는 자신의 약한 모습이다. 사랑하거나 사랑했던 것들을 절망에 빼앗기지 않으려고 모든 이가 안간힘을 쓰고 있다."

누구에게나 어린 시절을 상실한 상처가 남아 있기에 모든 이가 슬프다. 엄마의 조건 없는 사랑, 부모가 만든 세상의 중심이 됐던 행복, 위험한 상황이 닥칠 때마다 보호해주고, 쓰러졌다가 일어난 우리를 격려해줄 때 느끼던 안전감… 이 모든 것이 떠나갔다. 머리로는 당연하다고 생각하지만 과연 우리는 마음속에서 어린 시절과 완전히 이별했을까? 행복을 상실한 슬픔을 견디지 못하고, 그 공허함과 결핍감, 괴로움에서 벗어나려고 과장된 쾌락을 좇고, 과도한 소비에 탐닉하며, 즉각적인 욕구 충족으로 공허한 삶을 채우려고 한다. 자신의 불완전함을 감추려고 무의식적으로 갈등을 만들고, 어떻게든 인생의 아픔에 맞서 싸우기를 피하려고 몸부림친다.

창조적인 공허 속으로 들어가자. 아무것도 하지 않는 시간, '쉬는 시간'의 영역으로 들어가자. 오늘날 우리 일상은 '뇌의 휴식'에 충분한 시간을 허락하지 않는다. 우리 뇌는 너무 많은 시간을 활성화된 상태로 보낸다. 많은 사람이 라디오 소리에 잠에서 깨고, TV를 보거나 이메일을 읽으

---

34) Jean-Claude Liaudet, *op. cit.*

면서 식사하고, 차 안에서 뉴스를 듣고, 지하철에서 휴대전화로 정보를 검색한다. 하루가 시작되자마자 뇌는 이미 100% 활성화돼 있다. 온종일 이어폰을 귀에 꽂고 지내고, 휴식할 때도 점심을 먹을 때도 일거리를 손에 들고 있다. 이렇게 팽팽하게 하루를 보내고 저녁에 집에 오면 곧바로 컴퓨터부터 켠다. 이들에게 '빈 시간'이란 없으며 여유도, 재충전도, 공상도 없다. 21세기의 새로운 질병이 된 주의력 결핍증, 과잉 운동성 장애, 우울증, 집중력 장애, 탈진 증후군은 상실의 슬픔을 피하려는 태도와 무관하지 않다.

삶에서 우리가 느끼는 아픔은 현실적인 어려움은 물론이고 우리 앞길을 가로막는 사고와 실패, 이별과 관련이 있다. 슬픔 또한 늙고 죽는 존재인 인간에게 운명처럼 부과된 조건의 하나다. 절망은 있는 그대로의 인생에 부대끼며 부조리에 맞서기를 거부하는 태도다. 자신의 자유가 한정돼 있음을 인정하지 않는 것이다. 비록 우리가 삶에서 질리도록 상처받기는 했어도 이 상처는 누구의 잘못도 아니고, 피할 수도 없다.

무리에 섞이기

> 각 개인이 통합되지 않으면 집단은 기능할 수 없다.
> 하지만 너무 잘된 통합은 상투적인 집단을 만든다.
> 어쩌면 불완전한 통합이 완벽한 것일까?
> ─보리스 시륄닉

집단에서 아이들이 보이는 행동과 그 행동이 나중에 어른이 됐을 때 어떤 영향을 미치는지를 예측하는 여러 가지 실험이 있었다. 그중에서도 집단 내에서 위치와 권력 관계에 주목한 실험은 매우 흥미롭다.

두 살 안팎의 아이들이 모여 있는 방에 책상 하나를 다리가 하늘을 향하게 눕혀놓고 아이들의 행동을 관찰했다. 아이들은 몇 번의 시도를 거쳐 '자신이 있어야 할 곳'은 네 개의 책상다리 사이의 사각형 책상 상판, 마치 배처럼 생긴 공간이라는 것을 깨닫는다. 아이들은 그곳을 차지하기 위해 온갖 노력을 기울이고, 결국 몇 명이 자랑스럽게 그 공간을 차지한다. 하지만 가장 힘센 아이들은 이보다 더 나은 곳을 차지한다. 바로 책상다리 하나를 차지하고 다른 아이들이 접근하지 못하게 한다. 이들에게는 책상다리를 차지하는 것이 권력을 차지하는 것과 마찬가지다. 책상다리 두 개를 차지하면 거의 독재에 가까운 절대 권력이 생긴다. 아이들에게 명령하는 지위를 확보한다는 것은 배에 타는 '특권층'을 고를 수 있는 자격을 얻었다는 것을 의미한다. 그렇게 엄선된 승객들은 권력자의 충성스러운 친위대가 된다. 다른 아이들은 힘없는 백성이 돼 사각형의 상판 밖을 서성인다. 어떤 아이들은 자신을 배척한 작은 배를 슬픈 눈으로 바라본다. 다른 아이들은 선물을 주고 애교를 떨며 권력자의 환심을 사려고 한다. 가끔 성공할 때도 있지만 선장은 이런 유혹에 흔들리지 않는다. 또 어떤 아이들은 늠름하게 모르는 척하거나 자신과 상관없는 이 놀음을 싫어하는 척하며 다른 곳으로 가버린다. 어떤 면에서 이런 반응을 보이는 아이들의 감정은 어른들이 '우리와 다른 사람들'이라고 부르는 집단에 대해 느끼는 감정과 비슷하다. 이 선택받은 집단의 일원들은 '특권'이라는 배에 올라타지 못한 사람들보다 훨씬 더 행복해 보이고, 문제도 없으며, 외롭지도 않은 것처럼 보인다. 게다가 이 특권 집단의 구성원들은 자신이 어떻게 처신해야 하는지도 잘 알고 있어서 마치 당연히 있어야 할 자리에 있는 것처럼 보이고 심지어 주변 사람들에게서 사랑을 독차지하기도 한다.

　어떤 집단에 속할 필요를 느끼는 것은 자연스러운 현상이다. 이것은 친목이나 스포츠, 문화, 직장, 종교 단체의 일원이 되고 싶은 욕구로 나타난다. 인간은 늘 부족 생활을 해온 군집 동물이지만 이제 우리는 생존을 위해 집단 생활이 필요한 시대에 살지 않는다. 지금의 집단 생활은 생존을 위해서라기보다는 심리적 필요에 따른 것이다. 아서 쾨슬러는 이 필요에 대해 이렇게 말했다. "인간의 아이는 어떤 다른 동물의 새끼보다 더 오랫동안 의존과 장애의 시기를 견뎌야 한다. 이 초창기의 완벽한 의존 경험이 개인이나 집단에 복종하고 굴복하는, 그리고 그런 이념과 상징에 쉽게 현혹되는 인간의 경향에 일부 책임이 있다는 생각이 들게 한다. 그러니까 세뇌는 요람에서부터 시작된다고 말할 수 있다."[35]

　우리는 개개인이 남과 다르다. 이 말은 맞기도 하고 틀리기도 하다. 세상에 똑같은 사람은 한 명도 없기에 맞는 말이지만, 서로 다른 점이 있다고 해도 그것을 자신은 안에서 느끼고 다른 사람은 밖에서 느낀다는 점에서 틀린 말이기도 하다. 이것은 마치 우주복을 입은 사람이 헬멧에 달린 작은 창을 통해 밖을 내다보고, 내부에서 일어나는 혼란은 오직 자기만이 느끼는 것과 같다. 고삐 풀린 의심과 의혹, 점점 빨라지는 맥박, 발가벗겨지거나 버려질지도 모른다는 걱정, 외로움, 스트레스, 엄습하는 두려움 등 온갖 형태의 괴로움을 느끼는 것이다. 누구나 이런 혼란을 느끼지만, 자신의 혼란만을 직접 느낄 뿐 다른 사람의 혼란은 전혀 알 수 없다는 것이다. 그러니 자기 쪽에서 볼 때 자신은 남들과 다르고 남들이 자신을 이해하지 못한

---

35) Arthur Koestler, *The Call Girls* (콜걸들), Random House, 1973.

다고 생각하는 것은 당연한 일이다. 이것이 바로 존재의 고독이다.

이 비유는 자유만큼이나 우리 인식이 제한돼 있음을 말해준다. 우리는 작은 창을 통해 세상을 바라본다. 다른 사람들은 이 작은 창으로 나를 들여다본다. 나머지는 모두 우주복에 가려져 있다. 가려진 부분은 다른 사람과 상관없고, 굳이 보여주고 싶지도 않으며, 때로 자신도 이해하지 못하는 내면의 작은 창고와 같은 것이다.

완전히 불투명하지 않은 우주복을 통해 어렴풋이 비치는 사람들을 보면서 그들을 이해하려고 하지만 심리적 기제는 대부분 어둠 속에 있다. 때로 그들을 이해했다고 생각하지만 사실은 자신이 해석한 것을 그들의 우주복 표면에 투영한 것일 따름이다. 우리는 제멋대로 상상하고 그들의 스크린 같은 우주복에 자신이 만들어낸 이미지를 투영한다. 진실은 때로 가장 관심 있는 사람조차도 알지 못하는 내면에 숨어 있다.

어렸을 적 우리는 '아빠, 엄마, 할머니는 이런 사람이구나.' 하고 생각했다. 그들을 밖에서 바라보고 그들에 대해 많은 것을 상상했다. 그들이 입은 우주복밖에 보이지 않았으니 별 도리가 없었다. 그러다가 이제 우리가 예전 그들의 나이가 됐다. 금방 닥친다는 경고를 들을 겨를도 없이 어느새 여기까지 와버렸다. 이런, 내가 벌써 서른이라니! 마흔이라니! 예순이라니! 세상에 자기 나이에 제대로 적응하는 사람은 없다.

그런데 어릴 때 봤던 어른들의 그 모습을 자신에게서는 찾을 수가 없다. 내부에서는 늘 '내'가 생각하고 결정하고 의심과 나약함을 끌고 다닌다. '나'는 별로 변한 것이 없다! 본질적인 '나'는 나이가 없지만 외부에서 보는 나이가 있을 뿐이다. 게다가 나이는 사회적으로 유년, 소년, 청년, 장년, 노년 등으로 잘 정리돼 있다. '나'는 늙은 것이 아니라 조금 성숙했을 뿐이지만, 육체는 돌이킬 수 없이 늙어버렸다. 세월이 흐르고 자신이 속한 연령대로 들어가면서 우리는 조금 놀라기도 하고, 뭔가 실수한 것처럼 당황하기도 한다. 그리고 이전에 밖에서 바라보던 것과 이 나이가 된 자신이 느끼는 것이 너무도 다르다는 사실에 경악한다. 자신의 물리적 나이를 의식하지 못한 청년은 '이제 난 어른이라는 사실을 명심해야 해!'라고 속으로 다짐하지 않을까? 처음 섹스하고 난 다음에는 '경험한 사람들'의 세상에 내던져진 낯선 느낌이 들지 않을까? 하물며 처음으로 자신을 누구의 엄마로 소개할 때 어떤 놀라움을 느끼지 않을까? "제가 미리 엄마입니다." 세상에! 내가 엄마라니! 장난감을 갖고 놀던 때가 엊그제 같은데 정말로 '부모' 집단에 합류한 것이다.

존재의 고독은 이처럼 자신이 느끼는 모습과 실제로 보이는 모습이 너무도 다르다는 것을 깨달았을 때 느끼는 거의 위선과 같은 이상한 감정이다. 하지만 이 감정은 예외 없이 모든 사람이 경험한다.

자유가 일으키는 현기증

> 자유에서 다른 것을 찾는 사람은 남을 섬기는 편이 낫다.
> ―알렉시 드 토크빌

존재의 고독은 우리가 사랑, 우정, 연대보다 더 깊은 곳에서 존재의 거대함 앞에 홀로 서 있음을 깨닫게 한다. 우리는 각자 우주복을 입은 채 끝없는 우주를 무중력 상태로 떠다니고 있다. 어떤 이는 둘이 손을 맞잡고,

또 어떤 이는 무리를 지어 다니기에 상대를 속속들이 알고 있는 것 같지만 결국 우리는 각자 자신의 우주복 안에 갇혀 있을 뿐이다.

그렇다, 우리는 모두 똑같은 처지에 놓여 있다. 서로 생각만큼 그리 가깝지도 않고, 정해진 기준이나 안전한 길도 없다. 이처럼 감정의 허공을 떠다니니 현기증을 느낄 만도 하다. 하지만 고독은 우리를 얼마나 자유롭고 평화롭게 해주는가? 존재의 고독을 받아들이면 자신이 진정으로 원하는 특별한 존재가 될 자유를 얻는다. 이것은 현기증이 날 정도로 환상적인 자유다. 원하는 것을 생각하고 말할 수도 있고, 원하는 방향으로 인생을 바꿀 수도 있고, 불쾌하거나 해로운 사람을 떠날 수도 있다. 쉬운 일은 아니지만 가능한 일이다. 우리는 자유롭다. 서로 주고받는 것을 기대하는 상호 의존 관계에 꼭 머물 필요도 없다. 타인이 나를 이해하거나 나의 말과 행동에 찬동해야 할 필요에서 해방되는 것이다.

살다 보면 가족, 사랑, 권위, 돈, 우정 등에 대한 생각이 복잡하게 얽힌 결정을 내려야 할 때가 있다. 예를 들어 얼마 전부터 사랑하게 된 연인과 함께 살기 위해 처자식을 떠나야 할지 결정하기는 쉽지 않다. 부당함에 맞서 자신의 권리를 지키기 위해 소송을 제기해야 하는지 결정하는 일도 결코 간단하지 않다. 우리 결정이 옳다고 자신 있게 말하고 그 조언에 책임질 사람이 있을까? 이런 상황에서 사람들은 이런저런 의견을 늘어놓는데 대부분 자신의 체험이나 도덕성, 또는 하고 싶지만 용기를 내지 못하는 것들에 바탕을 두고 있다. 하지만 결국 결정을 내리는 것은 우리 몫이며 그에 따르는 책임 또한 전적으로 우리가 져야 한다.

어쩌면 평가받는 듯한 느낌이 들 수도 있다. 하지만 평가는 무엇을 하든 따라올 것이다. 비방하는 사람은 무슨 말을 하든 비방하고, 좋아하는 사람은 무엇을 하든 좋아한다. 그들의 기준에 맞춰 자신의 삶을 결정할 수는 없다. '남들이 뭐라고 할지'를 걱정하는 것은 당연하다. 남들에게 인정받고 집단에 소속될 필요와 직결된 문제이므로 이런 두려움은 충분히 이해할 만하다. 하지만 우리는 이런 필요 없이도 살아갈 수 있고, 더구나 두려움이 우리 날개를 꺾는다면 더욱 그렇다.

우리 결정에 동의하지 않는 사람도 있겠지만, 모든 사람을 만족시킬 수는 없다. 사람들은 늘 남을 평가하고, 비판하고, 헐뜯는다. 때로 화를 내고, 욕설을 퍼붓고, 협박한다. 하지만 스스로 잘 내린 결정이라고 생각한다면 사람들의 이런 반응에 휘둘릴 필요는 없다. 자신을 비판하는 상대에 대해 개인적으로 실망하거나 앙심을 품을 필요도 없다. 우리는 자신에게 필요한 것과 비판한 사람에게 돌려줄 것을 분명히 구분할 수 있다.

각자 자기 영역이 있다. 자기 영역에서 생긴 문제는 원인을 잘 파악해서 결정하고 행동하면 된다. 타인의 영역은 그가 살아온 삶의 결과이니 나의 행동과 반드시 연관이 있는 것은 아니다. 그러니 내 문제에 대한 그의 반응은 자기 영역에서 유효한 선택일 뿐이다. 우리는 타인의 특정한 반응이 아니라 자신의 행동에 책임져야 한다. 자신의 행동에는 결과가 따르고, 이것은 부메랑처럼 자신에게 되돌아올 수 있다. 대처하기 쉬운 것일 수도 있고 예상치 못한 막중한 것일 수도 있다. 이것을 염두에 둘지 말지는 자신이 선택할 일이다.

존재의 고독을 받아들이는 데는 사람들이 자기 머릿속에 주입한 것들을 다시 살펴보는 과정도 필요하다. 어릴 적부터 부모와 교사들은 '우리 자신에 대해' 말하곤 했다. 그들이 "너는 아주 용감하구나, 훌륭해!"라고 말하면 우리는 용감한 아이가 됐다. 사람들이 자주 그렇게 말하고, 자신도 그 말이 듣기에 또 좋았으니까! 사람들은 계속 아이에게 용감하다고 말하고, 아이에게서 용감한 행동을 기대한다.

"멜라니는 수줍음이 많아요. 어릴 적부터 얌전했지요, 그렇지, 멜라니?" 이렇게 해서 멜라니는 엄마가 말한 대로 수줍음이 많다. 엄마는 어쩔줄 모르는 멜라니의 태도를 보며 웃으며 더욱 부추긴다. "멜라니, 너무 수줍어하지 마라, 그렇게 얼굴이 빨개지면 어떡하니? 애들이 널 잡아먹기라도할까 봐 그래?" 수줍음에 수치심까지 더해져 멜라니는 더욱 얼굴을 붉힌다.

"카롤린, 넌 어떻게 조심성이라곤 없니! 네가 아무것도 깨뜨리지 않는다면 해가 서쪽에서 뜰 게다!" 그러면 카롤린은 살아가는 내내 무언가를 깨뜨릴까 봐 늘 조바심하고, 그런 일이 일어날 때마다 사과한다. "죄송합니다, 제가 원래 조심성이 없어요!"

앙투안은 남을 잘 도와준다. 어린 동생들을 잘 보살펴서 엄마는 안심하고 맡긴다. 친구들도 그렇다. 선생님도 마찬가지다. 앙투안은 정말 세심해서 모든 사람이 무엇이든 믿고 맡길 수 있다. 벌써 삼십오 년째다. 앙투안은 이제 지쳤다. 그가 속으로 울고 있는 것을 아무도 보지 못하고 알지못한다. 그는 그런 모습을 어떻게 보여줘야 할지를 모른다. 한 번도 그렇게해본 적이 없었기 때문이다. 어떻게 다른 방법으로 사랑받을 수 있는지도모른다. 그렇게 그는 관심을 끌기 위해 술, 마약, 과속 같은 잘못을 저지른다. 자신도 다른 사람과 마찬가지로 회의와 고통을 느끼는 사람이라는 사실을 보여줄 다른 방법을 찾지 못했던 것이다.

너무 단순해 보이는가? 짧은 일화들이지만 한 아이의 성격은 이런 식으로 형성되고 결정된다. 그리고 의식적이든 무의식적이든 많은 사람이 성인이 돼서도 어린 시절에 찍힌 낙인을 여전히 끌어안고 살아간다. 하지만 이 때문에 삶이 불안정해지지 않는다면 심각한 문제는 아니다. 문제가 발생하는 지점은 어른들(나보다 많은 것을 알고, 내가 인정받으려 애쓰는)이나 다른 아이들이 임의대로 판단해서 규정해버린 내 성격, 즉 내 것이라고 생각하는(혹은 내 것이어야 한다고 생각하는) 성격을 유지하기 위해 자신이 의도적으로 노력을 기울이는 상황이다. 어린 시절 학교에서 쉬는 시간에 괴롭힘을 당하거나 따돌림받던 기억은 깊은 흔적을 남겨서 나중에 쉽게 체념하거나 반항하는 태도를 보이게 된다. 이처럼 모든 것이 그물처럼 얽여 있다. 그러나 홀로 미래와 마주한 지금, 이제 우리는 이 흔적들에서 자신을 해방하겠다는 결정을 내릴 수 있다.

고통은 또한 본연의 나 자신이 아니라 만들어진 '모델'에서 벗어나려고 할 때 느끼는 어려움과 두려움에서도 생긴다. 우리는 무의식중에 어린 시절 자신에게 영향을 미친 사람들을 닮아간다. 때로 몸에 안 맞는 우주복을 입듯이 자신을 우습게 꾸미기도 하지만 주변 사람들이 항상 그런 모습을 기대하고 있기에 그것을 버리기가 너무 위험하다고 느낀다. 마치 사기꾼이 된 듯한 느낌이 들거나 너무 잘 어울리는 역할을 연기해서 제2의 자신이 된 느낌마저 든다.

그렇다면 본연의 자아는 어디에 있을까? 진정한 나는 누구인가? 우리는 이것이 발각될까 봐 두려워하고 걱정한다. 이 고민은 공존할 수 없는 두 개의 무의식적인 믿음 사이에서 겪는 미칠 듯한 갈등, 즉 과거에 부모가 남겨준 믿음과 자신이 바라는 사람이 되기 위해 자유의 문을 여는 자신에 대한 믿음 사이에서 겪는 갈등이다. 한편으로 사랑받기 위해 필요하다고 생각하는 것과 다른 한편으로 온몸의 세포가 간절히 원하는 것 사이에서 우리의 의식은 갈가리 찢어진다. 이 고민은 오늘을 기점으로 어제와 내일 사이에서 분열된 상태에서 비롯한 것으로 자신의 내면에서 벌어지는, 이해할 수 없는 혼란을 중재하는 과정이다. 그리고 감당할 수 없는 자유에서 느끼는 현기증이기도 하다. 우리에게는 자신이 바라는 사람이 될 자유가 있지만 이 자유는 너무 버겁다. 우리 눈이 고민에 가려져 있는 한 '남들 때문에 그렇게 해야 한다고 믿는 것'과 '스스로 그렇게 하고 싶은 것'을 제대로 구분해서 볼 수 없다. 이것을 분명히 보기 위해서는 때로 많은 노력이 필요하다.

존재의 고독을 받아들일 때 우리는 진정한 자신이 되는 자유를 얻는다. 어릴 적 사람들이 자신에 대해 말했던 것들을 다시 살펴보면 마치 다른 사람의 생각을 모아놓은 것처럼 보일 것이다. 그중에서 자신에게 맞는 것은 간직하고 아닌 것들은 모두 버려야 한다. 그렇게 무게를 덜어내 가벼워진 우주복은 무중력 상태에서 외롭지만 자유롭게 떠다닐 것이다. 하지만 너무 외롭다면 그 역시 슬픈 일이다. 몇 군데 정박할 곳이 있다는 것은 우리가 이 세상에 속한다는 느낌이 들게 해줄 것이다.

인생에서 첫 번째 정박지는 탯줄이다. 이어서 우리 정체성을 이루는 여러 기준에 따라 여기저기에 정박하게 된다. 인생 초반에서 이 정박지들은 선택의 여지가 없는 가족, 성별, 출신, 종교, 모국어, 국적 같은 것들이다. 성장하면서 상황에 따라 어떤 것은 버리고 또 다른 것을 발견하게 된다. 이제 자신의 정체성을 이루는 모든 면을 다시 살펴서 자신에게 맞지 않는 삶을 갈아가도록 강요하고, 불행하게 하는 정박지들을 폐쇄해야 한다.

사실 이것은 책장을 넘기는 것처럼 간단한 일이다! 하지만 자신을 위해 이것을 이해하고 실천에 옮기는 것은 한 걸음씩 내디디며 길을 조금씩 알아가는 과정과 같다. 자신을 거스르고 해롭게 하는 것에서 벗어나 인생을 자신의 작품으로 만드는 일은 단 하나밖에 없는 인생을 위해 온 힘을 기울여야 할 과제다.

앞서 언급한 친절한 앙투안의 예를 들어보자. 그는 너무 지나친 친절을 베푸느라 지쳐버렸다. 친절은 장점이지만 지나친 것은 지나친 것이다. 그는 사람들이 바라면 자신의 필요와 여유는 생각지 않고 그들의 요구를 들어주면서 인생을 망쳐왔다. 앙투안은 다른 방법을 모르기에 멈추기를 두려워한다. 어느 날 그가 사람들의 요구를 거절하면 어떤 일이 벌어질까?

그의 마음속 깊은 곳에는 자신의 가치에 대한 심각한 의문이 도사리고 있다. 왜냐면 그는 항상 남들에게 맞춰 살아왔고 자신의 의견을 펼치거나 자신의 선택을 책임지지 않았기 때문이다. 조금만 다른 것을 시도하거나 다른 곳에 관심을 보여도 자신이 부주의하게 느껴질 뿐 아니라 주변 사람들을 놀라게 했기에 곧 다시 제자리로 돌아왔다. 앙투안은 조금씩 자신을 발견하는 법을 배우고, 충분한 안전장치가 없더라도 사람들이 조건 없이 자신을 사랑하리라는 사실을 깨달아야 한다.

"그렇다면 단지 자기 자신이 되기를 시도하는 것은 어떤가?" 사회학자 장 클로드 코프만은 묻는다. "삶이 만들어낸 자신이 되는 것은? 이 순간에 충실한 것은? 운명이 만들어낸 평범한 상품처럼 매일을 사는 것은 어떤가? 가장 발전한 현대 문명의 핵심에 있는 이 새로운 지혜의 발견은 흥미롭게도 사회가 개인에게 인생의 의미를 부여하던 옛 시대의 유산과 연관돼 있다."[36]

우리가 인생을 결정하는가, 아니면 인생이 우리가 걸어갈 길을 결정

36) Jean-Claude Kaufmann, *L'Invention de soi* (자아의 발명), Armand Colin, 2004.

하는가? 운명이 우리를 정하는가, 아니면 우리가 인생의 고삐를 손에 쥐고 있는가? 요즘은 삶을 있는 그대로 받아들이라는 조언이 유행이다. "현대적 삶의 산물인 이 현상은 이차적인 자아에 집중한다. 근본적으로 자기주도적인 자아를 거부하라고 부추기고, 특히 자기방어 태세를 갖추게 하는 결과를 낳는다."[37] 사회적 지위나 집안에서의 지위는 마치 자연적인 질서를 따른 것처럼 보인다. 안전 지대에 머무르는 것이다. 그저 자발적으로 진행되는 과정을 따르기만 하면 된다. 이럴 때 의미를 생산하는 것은 행동일 뿐, 행동의 의미를 생산할 책임과 선택의 권리가 있는 개인이 아니다. 일련의 사건이 우리를 대신해서 모든 것을 결정해주며, 강물에 떠다니는 나무토막처럼 우리는 그저 흐름을 따를 뿐이다. "그냥 그렇게 됐어." "내가 원했던 것이 아니야." "세상일이 원래 그런 거잖아." 우리는 상황과 조건에 따라 행동하면서 '느린 자동항법 모드'로 살아간다. 현실에 문제를 제기하거나 고심하면서 해답을 찾을 필요도 없고, 자신에게 돌아오는 책임도 줄어들기에 이것이 현명한 처세법일 수는 있으나 불행을 멈추기에는 너무 소극적인 태도다. "경고음이 울리지 않았어요."라고 평계를 댈 수는 있겠지만 언젠가 "발등에 불이 떨어졌다."고 말할 날이 올 것이다. 어쩌면 의도하지 않았을 수도 있고 의식하지 못했을 수도 있지만, 어쨌든 이것은 무책임한 태도다.

자기가 걸어가야 할 길을 스스로 결정해야 하는 외로운 자아의 삶은 우리 조상이 살았던 삶과는 전혀 다른 현대 사회의 근간이 됐다. 그러나 스스로 자기 삶을 만들어가는 것은 더없는 기회인 동시에 현기증이 날 만큼

---

37) Jean-Claude Kaufmann, *ibid.*

힘겨운 일이어서 사람들은 아예 시도조차 하지 않으려고 한다.

'느린 자동항법 모드'와 달리 '빠른 자동항법 모드'에서는 자기가 하는 일에 한 치의 빈틈도 없이 몰입한다. 일상을 온통 지배하는 이 격렬한 리듬은 광범위하게 퍼져 하나의 문화를 형성하고 있다. 아침에 일어나 밤에 잠들 때까지 단 일 분도 허비할 시간이 없이 모든 일이 꼬리에 꼬리를 문다. 아침에 자명종이 울리면 프로그램이 전속력으로 가동하기 시작한다. 여기에 죽은 시간이란 없다. 행동으로 점철된 일정에 정신적 동요 따위는 비집고 들어올 틈이 없으며 질문을 던질 시간조차 없다.

멈출 줄 모르는 자동항법 모드의 문제점은 존재의 감각이 쇠퇴한다는데 있다. 우리는 작동할 뿐, 인생을 즐기지 못한다. 떠다니거나(느린 모드) 뛰어다닌다(빠른 모드). 그리고 정말 위기가 닥쳐서 현명한 선택을 해야 할 때가 오면 힘겨워한다. 질문은 사방으로 흩어지고 나약한 답변은 공허한 내부를 헤매는 고민에게 자리를 내준다. 인생에 부여된 의미가 없으니 기댈 기둥도 없고 준거할 기준도 없다.

그러면 우리는 경고음을 덮어버리기 위해 라디오 볼륨을 높이는 것처럼 광적으로 새로운 행동에 뛰어든다. 생각하지 않기 위해서, 경고음을 듣지 않기 위해서 일을 더 많이 하고 더 흥분하고 다른 곳에 또 투자한다. 새로운 목적을 생각해내고 삶의 의미를 찾아 나서고 휴가를 계획하고 자동차를 바꾸고 거실을 새로 꾸민다. 하지만 새로운 의미는 발견되지 않는다. 행동 자체만 찍힌 자아의 새로운 포스터일 뿐이다. 새로운 인생을 발명했다고 생각하지만 우물 안으로 뛰어드는 것뿐이다. 한껏 흥분에 겨워 두 눈은 가린 채로.

몇십 년 전부터 세상은 시간이 너무 많아 지루한 사람들과 시간이 너무 없어 지친 사람들로 나뉘었다. 첫 번째 사람들은 자기 시간이 있지만 그것을 누릴 돈이 없고, 두 번째 사람들은 무수한 야망과 그것을 이룰 수단이 있지만 시간이 없다. 이들은 일정표를 더 빽빽이 채우고 속도를 더 빨리 내면서 욕망의 일부를 충족한다. 이들이 더 광적으로 시간과 경주하는 동안 첫 번째 사람들은 경기장 밖의 절망한 무리에 하나둘 합류한다. 어떤 이들이 앞만 바라보고 헐떡거리며 뛰는 동안 다른 이들은 길가에 서서 부러움과 서글픔이 섞인 눈으로 바라보고 있는 그런 세상에, 지금 우리는 살고 있다. 중도의 길은 사라졌다. 너무 과하지도 너무 모자라지도 않은 중용의 방식, 너무 앞서지도 그렇다고 너무 뒤처지지도 않은 삶의 양식도 사라졌다. 먼저 생각하고 나서 행동하는 시간의 질서도 사라졌다.

어떤 방식의 삶을 선택하든 우리는 수많은 장해물에 부딪히게 되지만, 이것을 불변하고 불가항력적인 확고부동한 것으로 받아들이고 인식함으로써 피해를 줄일 수 있다. 이런 진실에 대한 깊은 이해는 우리가 가진 에너지를 끌어내어 행동하기에 좋은 넓은 세상으로 우리를 인도할 것이다.

자기 인생을 주체적으로 정리하여 진정한 주인이 되고 오래된 불행과 이별하자면 "바꿀 수 있는 것을 바꾸는 용기, 바꿀 수 없는 것을 받아들이는 평정심, 이 두 가지를 알아보는 현명함"을 갖춰야 한다. 바로 이것이 이 책 3부에서 살펴볼 주제다.

3부 변화

철학은 말하는 법이 아니라
행동하는 법을 가르친다.

-세네카

삶을 머릿속으로 생각하기는 쉽다.

용기만 있었다면, 상황이 달랐다면 할 수 있었을 일을 영원히 생각만 하며 살다가 죽을 수도 있다. 절대로 행동에 옮기지 않을 결정, 절대로 극복하려고 시도하지 않을 한계, 절대로 표현하지 않을 요구, 시간이 있어도 절대로 시작하지 않을 계획과 그 밖의 모든 것에 대해 생각만 하기는 너무도 쉽다.

앞서 우리는 자신의 존재를 있는 그대로 받아들인다는 것이 어떤 것인지를 생각해봤다. 피할 수 없는 것을 받아들이면 쓸데없이 에너지를 허비하지 않고 마음의 평온을 얻는다. 진정한 의미의 수용은 사물의 이치를 마음 깊이 받아들이는 것을 뜻한다.

새로운 단계로 접어든 인생의 길목에서 이제 결정하고 행동할 때가 됐다. 자신이 원하는 내일을 맞이하고자 한다면 실제로 달라지게 할 수 있는 것들을 용감하게 변화시켜 그 변화가 현실에 뿌리내려려야 한다. 이것이 바로 오래된 불행과 이별하는 데 필요한 두 번째 열쇠, 곧 변화의 열쇠다.

어려움이 닥칠 때 우리는 무엇을 버리고 무엇을 받아들일지 스스로 묻는다. 이런 질문은 상황에 따라 다양한 뉘앙스로 던질 수 있다. 무엇을 바꿀 수 있는가? 무엇을 바꿔야 하는가? 무엇을 바꾸고 싶은가? 무엇을 받아들여야 하는가? 무엇을 받아들일 수 있는가? 무엇을 받아들일 것인가? 불편에서 벗어나려면 반드시 선택이 필요하다. 아무것도 선택하지 않는 것도 선택이다. 바로 체념, 무기력, 현실 인정, 불필요한 싸움의 회피 등을 스스로 선택하는 것이다. 다시 말해 아무것도 받아들이지 않은 채 아무것도 달라지기를 바라지 않는 것이다. 아무것도 달라지지 않아서 행복하다면 아무 문제없지만, 만약 바로 그런 습관 때문에 오래된 불행을 여전히 감수하고 있다면, 대체 왜 '선택하지 않는' 선택을 하는지 뼈저리게 의심해야 한다. 그리고 자신에게 솔직히 대답해야 한다. 그러나 어떤 대답이 나오든 변화의 어려움을 무시해서는 안 된다. 변화의 결과에 대한 두려움이나 아직 경험하지 못한 새로운 것을 발견하는 두려움보다는 거기에 이르는 과정 자체에 대한 두려움이 변화를 가로막는다. 설령 버려야 하는 것이 해로운 것이라고 해도 자신에게 익숙한 것을 포기해야 한다는 사실이 자신을 초라하게 만들기 때문에 '익숙한' 것이 '유일한' 선택처럼 보이고 또 익숙하다는 이유로 해로운 것을 그대로 유지한다. 습관을 통해 그 과정을 잘 알고 있기 때문이다.

변화는 자기가 모르는 것을 발견하는 용기다. 변화를 두려워하는 사람은 성장에 도움이 되는 계기가 나타나도 그것을 모른다. 앞서 우리는 일상의 반복적인 행동이 비록 우리에게 아무런 이익이 되지 않더라도 얼마나 큰 안정을 주는지 살펴봤다. 인간은 두려움에 갇혀 살아가는 동물이고, 가장 큰 두려움은 익숙한 보금자리를 떠나는 일이다.

우리 뇌의 복잡한 기능은 아주 오랜 진화의 결실이다. 뇌 기능의 목적은 에너지를 최소한으로 소모하면서 생존에 필요한 것들을 최대한 충족하고, 위험을 극복하게 하는 데 있다. 따라서 에너지를 가장 많이 절약하는 기능을 자동으로 우선시한다. 생각하지 않는 습관이 형성된 것은 바로 이런 뇌의 전략에서 나온 것이다. 우리 뇌는 수만 가지 행동의 복잡한 과정을 모두 습득한다. 그러고 나서 같은 행동을 반복할 때마다 매번 생각하는 데 소모되는 에너지를 절약하기 위해 이 과정을 하나로 묶어 저장해놓고, 그 다음부터는 생각하지 않고 자동으로 재생한다. 예를 들어 일단 철자법을 익히고 나면 각각의 철자를 하나하나 따로 생각하지 않고 자동적으로 그 것들을 결합해서 수천수만 개의 단어와 문장을 만들어낸다거나 인터넷에 서 자주 방문하는 웹사이트를 '즐겨찾기' 기능으로 설정해놓고 마우스 클릭 한 번으로 접속하듯이 어떤 행동을 자동으로 반복하는 것과 마찬가지다. 자동차 운전도 마찬가지다. 처음에는 가속 페달, 운전대, 제동장치, 백미러, 방향지시등 같은 각각의 요소에 주의를 기울이지만 일단 익숙해지면 특별히 생각하지 않고도 이 모든 장치를 조작하고 종합해서 운전하고 심지어 옆자리 탑승자와 대화까지 하는 여유도 보인다.

뇌는 에너지를 적게 소비하는 무의식적 기능을 우선시한다. 그런데 변화는 이런 자동운전 모드를 포기하고 운전대를 잡는 노력을 기울이라고 강요하니 받아들이기 어려운 것이다. 게다가 뇌에는 에너지를 절약하게 해주는 핵심 요소만을 선별해내는 필터가 있어서 우리는 언제나 익숙한 일에만 집중하게 된다.

이해를 돕기 위해 간단한 테스트를 해보자. 다음 문장을 읽어 보자.

옛날 옛 한 소녀가 숲 속을 달리고 있었다.

한 글자가 빠졌다. 발견했는가? 다시 읽어보자.

두 번째 단어 '옛'에 '적'이라는 한 글자가 모자란다. 아마도 처음 이 문장을 읽었을 때는 누락된 글자를 눈치채지 못했을 수도 있다. 왜냐면 '옛날 옛적'이라는 관용구는 별로 중요한 내용도 아니고, 여러 동화책에서 이미 수없이 읽었기에 너무도 익숙한 표현이 됐기 때문이다.

우리는 뇌가 읽고 싶어 하는 것만을 읽는다. 단어 하나를 빼거나 더하거나 순서를 바꾸면서 여러 가지 방법으로 다르게 시험해도 매번 우리가 무의식중에 문장을 수정해서 제대로 읽는 이유는 뇌가 잘못된 정보를 피해서 익숙한 방향으로 우리의 의식을 이끌어가기 때문이다. 일상생활에서는 뇌의 이런 작동 기제가 사태를 잘못 판단하거나 잘못된 기억을 떠올리게 하는 요인이 되기도 한다. '아주 작은 것이 모든 것을 바꾼다'는 사실을 잊어버리기 때문이다.

하지만 이런 선별 기능은 대부분 좋은 효과를 낸다. 만약에 눈에 보이는 모든 것을 매번 분석하고 생각해야 한다면 우리의 뇌는 아무리 유능해도 터져버리고 말 것이다.

그러나 이렇게 빠뜨리고 지나치는 것이 치명적일 수도 있다. 오래전부터 유지돼온 이 기능은 급변하는 사회에서 약점을 드러낸다. 변화는 힘든 것이지만 이제는 꼭 필요한 것이 됐다. 현대 사회의 삶에는 끊임없는 주의와 분석, 그리고 대단한 양의 심리적 에너지가 요구된다. 그러고 보면 우리가 이렇게 늘 피곤한 것도 그리 놀랄 일은 아니다.

다시 말하지만 나는 행동 하나하나를 수정하라고 권하지 않는다. 우리 삶을 좀 더 가볍고 유연하고 유동적으로 바라보게 하는 핵심적인 몇 개의 기본 틀을 심도 있게 살펴서 해롭지 않은 행동과 태도를 받아들이라고 충고하는 것이다. 문제 있는 자신의 행동을 하나하나 바꾸기보다는 깊이 있는 발전 전략을 따르는 편이 훨씬 더 안정적이며 에너지를 덜 소진한다.

수용과 변화는 밀접하게 연관돼 있다. 삶을 불행하게 하는 여러 작용도 대부분 서로 복잡하게 얽혀 있다. 그중에는 받아들여야 하는 것도 있고, 바꿔야 하는 것도 있다. 모든 것을 받아들이기가 불가능해 보인다면 바꿔야 하는 것도 마찬가지다. 우리에게 해로운 것의 핵심을 파악할 줄 알아야 하고 그중 바꿀 수 있는 것은 바꿔야 한다. 그러면 우리를 짓누르는 압박이 줄어들고 받아들이기는 더 쉬워진다.

움직이기에 받아들일 수 있고, 받아들이기 때문에 변할 수 있다.

7장

힘

이성은 인간의 이성적 능력을 충족할 뿐이지만
의지는 인간의 삶 전체를 있는 그대로 드러낸다.
-표도르 도스토옙스키

행동한다는 것은 효과적인 곳에 힘을 쏟는 것이며 현재를 움직여 미래를 선택하는 것이다. 원하는 대로 살기 위해 오늘의 행동을 선택하는 것이 불행을 막는 변화의 기본이다. 그리고 오늘을 바꾸기 위해서는 자신이 가진 힘을 되찾아야 한다. 힘을 되찾기 위해서는 자신이 피해자라는 생각을 버려야 한다. 우리를 노엽게 하거나 괴롭히고, 실망시키거나 앞길을 막는 이유를 상황이나 남에게 돌리지 말아야 한다.

자신이 약하다는 사실을 인정하는 것은 모든 것을 바꿀 수 없음을 인정하는 것이다. 세상의 불완전성과 시간에 대한 종속성, 그리고 존재의 고독과 마주하는 것이다. 이것을 인정함으로써 변화를 일으킬 가능성에 집중할 수 있다. 분노와 슬픔을 못 이기고 벽을 향해 몸을 던지며 힘을 낭비하지 말고 문을 찾는 데 그 힘을 사용하자.

가능한 곳에서 움직이기

'성공'이란 무엇을 의미하는가?
좋아하는 일을 하면서 가장 높은 지점에 도달하는 것이 아닌가?
－안 에베르

세상에 진정으로 강하거나 약한 사람은 없다. 인생의 각 단계마다 여러 가지 가능성이 열려 있다. 힘은 자신의 에너지를 유리한 곳에 배치하고, 민감한 부분과 조절하기 어려운 감정, 다시 말해 자신의 약점을 파악하는 능력을 말한다. 힘은 결국 자신에 대한 건강한 인정에서 나온다. 남처럼 되고 싶다면서 에너지를 헛되이 낭비하지 않고, 비로소 자신의 힘을 발휘할 수 있게 되면 진정한 자기 모습에 맞는 가능성이 펼쳐지면서 자신감이 솟아난다. 이것은 자신을 인정하고 존중하고 사랑할 때 생기는 자존감이 주는 기쁨이다.

움직일 수 있는 곳에서 움직이는 것은 너무도 당연해 보일 수 있지만, 불행한 상황에서는 몸과 정신이 마비돼 행동할 수 없거나 행동하려는 안간힘이 부질없는 것이 돼버린다. 그렇게 일상적인 기능조차 발휘하지 못하고, 자신의 틀에서 나오지도 못하고, 타인의 태도를 이해하지도 못하게 된다. 그래서 타인에게 분노하고 절망하고, 어쩔 줄 몰라 갈팡질팡하고, 자신을 괴롭히는 것이 무엇인지도 모르는 채 괴로운 감정에 사로잡혀 꼼짝도 못 한다.

하지만 그럴 때일수록 자존감을 되찾아야 한다. 잊지 말아야 할 점은 자신이 자랑스럽게 여기는 행동을 할 때 자존감이 충족된다는 사실이다. 자신을 해롭게 하는 행동을 멈추려면 바로 이 자존감이 필요하다. 천만다행으로 우리에게는 또 다른 자원이 있다. 바로 이성이다. 행동하기 위해서는 무엇보다도 이성을 길잡이 삼아 방법을 찾아야 한다. 감정은 다루기 어렵고 때로 우리를 마비시키지만, 이성은 한 걸음 뒤로 물러나 지금까지 해왔던 것과는 다른 방식으로 생각하게 해준다. 이성적으로 성찰하면 지금 우리를 짓누르는 것이 무엇인지를 정확히 알 수 있고, 우리를 당황하게 하는 큰 사건도 잠시 스치는 한순간으로 여길 수 있게 해준다. 지금 나를 덮치며 불행하게 하는 것도 한 걸음 물러나 바라보면 대수롭지 않은 것일 때가 많다. 아니, 설령 엄청난 불행이라고 해도 그에 대응하는 방식이 달라질 수 있다.

한 걸음 물러나는 것은 의식적으로 충분히 할 수 있는 훈련이다. 극장의 객석에 앉아 있다고 상상하고 무대 위에서 벌어지는 자신의 삶을 비평가의 시선으로 바라보자. 부부가 함께 그동안 살아온 삶을 바라볼 수도 있다. 두 사람이 행동하는 패턴을 관찰자가 돼 현명하게, 유머를 잃지 말고 침착하게 분석하자. 그동안 둘 사이에서 일어났던 오해와 착각을 깨달을 수도 있고, 상대에게 죄책감이 들게 해서 불화의 책임을 면하려 했던 자신을 돌아볼 수도 있다.

이전과 다르게 생각하는 것은 근본적인 해방으로 향하는 길이다. 우리를 괴롭히는 근심은 대부분 나쁜 논리와 그릇된 해석, 그리고 생각의 일탈에서 비롯한다. 과거 애플 사의 슬로건 'Think different'는 정확하고 용감한 교훈으로 우리의 인생에서도 큰 효과를 발휘한다. '다르게 생각할 때' 우리는 자신의 나약함을 받아들이고 필요 없는 싸움을 멈추면서 자신이 가진 힘을 되찾을 수 있다.

두려움의 제동 장치

> 고통이 두려워 굴복하면
> 두려움의 고통부터 느끼게 된다.
> ―보마르셰

절망하거나 분노한 상황에서 결정을 내리지 못하게 방해하는 제동 장치는 결과의 불확실성과 관계있다. 사람들은 성공할 확신이 없으면 시도하지 않는다. 하지만 아무도 미래를 확신할 수 없고, 너무나 많은 요인이 작용하므로 모든 것을 미리 통제하려고 드는 것은 어리석다.

이보다는 덜 명확하지만 또 다른 제동 장치가 위험을 인식하는 과정에서 작동한다. 변화를 받아들인다고 해도 과연 어디까지 위험을 감수할 것인가? 바로 이것이 해로운 기제들을 변화시키는 힘을 이끌어내기 위해 던져야 할 핵심적인 질문이다.

감내하고 좌절하는 동안 정신은 쇠약해지고 일상은 무거워진다. 이것은 존재를 옥죄는 사슬 같아서 위험을 무릅쓰지 않고서는 여기서 벗어날수 없다. 아주 작은 위험이라도 시도하면 우리는 차차 '아는 것을 알게' 돼 조금씩 자신감을 되찾게 된다. 언제나 첫걸음이 가장 어렵다. 우리가 낯선 시각을 받아들이는 위험을 감수하는 이유는 위험이 한편으로는 두렵지만 인생에서 많은 문제를 해결하는 결정적인 조건이기 때문이다.

불완전한 해답과 불확실한 결과를 받아들이고, 의심과 두려움을 느끼면서도 위험을 감수할 때 우리는 불리한 상황에 대처하는 능력을 얻는다. 모든 카드를 쥐고 있지 않다는 사실을 인정하고, 모든 것을 해결할 확실한 해답도 없음을 인정해야 한다. 가능성이 있는 곳에 힘을 쏟고, 변화시킬 수 없는 것은 그대로 받아들여야 한다. 모든 것을 통제할 수 없음을 깨달으면 불확실성을 인정하게 되고, 자신이 할 수 있는 만큼 대비하면서 위험을 최소화해야 한다. 당나귀는 똑같은 돌에 두 번 발이 걸리지 않는다. 우리도 마찬가지다!

우리는 물론 자신의 힘을 되찾아 사용할 수 있지만, 그러려면 아주 큰 의지와 용기가 필요하다. 게다가 우리 일은 당나귀가 하는 일보다 훨씬 복잡하다. 하지만 모든 것에 대비할 수 없는 것이 당연하고, 일이 닥칠 때마다 해결해도 문제는 없다. 생각해보면 간단하지 않은가! 누구나 여행 가방 하나쯤은 가지고 있을 테니, 그것을 들고 길을 나서면 된다. 길을 가는 도중에 배울 수도 있고, 도움을 청할 수도 있다. 우리에게는 그럴 힘이 있으니 그 힘을 활용하면 된다.

우리가 변하지 못하게 하는 제동 장치는 의혹, 조심성, 행동에 대한 두려움, 갈등에 대한 거부감, 보복의 공포, 웃음거리가 되거나 실패할 수 있다는 걱정 등이다. 이처럼 심리적 제동 장치가 작동하는 데는 세 가지의 원인이 있다.

첫째, 감정 때문이다. 누구나 어린 시절에서 비롯한 두려움이 있다. 이것은 거의 무의식적이고 비합리적인 요소로 "걱정할 필요가 없다는 것은 알지만 그래도 감당할 수 없다."는 말로 대변할 수 있다. 지금은 잊어버린 어린아이의 논리에 바탕을 두고 있는 만큼, 이유 없는 두려움은 그 원인을 파악하기 전에는 불가침의 영역에 있다. 그렇기에 통제하기 어렵지만 심리 치료나 자신에 대한 집중적인 성찰을 통해 극복할 수 있다.

둘째, 환상 때문이다. 누구나 원인을 알 수 없는 믿음에 감염돼 있다. 이것은 감정과 다르다. 누군가가 머릿속에 주입했거나 살아오는 동안 여기저기서 얻은 생각들로 한 번도 그것에 대해 의문을 품은 적이 없는 것들이다. 마치 흔들리지 않는 진실처럼 뇌리에 박혀 있지만 대부분 현실에 맞지도 않고 근거도 없다. 환상의 지배를 받으면 잘못된 상황에서 빠져나갈 힘을 소진하게 되지만 이성의 도움으로 환상에 현실적 근거가 없음을 깨달을 수 있고, 나아가 그것을 떨쳐버릴 수도 있다.

셋째, 현실 때문이다. 누구나 성장하면서 어른의 경험을 얻는다. 세상이 어떻게 돌아가는지를 배우고, 어떤 행동이 위험하다는 것을 깨닫는다. 이 두려움은 현실에서 비롯한 것이다. 이성적인 판단을 통해 달라질 수 있는 부분이다. 어디서 생긴 두려움인지를 생각하고 판단할 수 있고, 극복하는 방법도 찾을 수 있다.

우리를 해롭게 하는 상황과 거기서 벗어나기 위해 해야 할 행동이 불러올 두려움에 대해 이야기할 때 우리가 느끼는 두려움을 느끼지 못하는 친구들은 감정적 측면이 아니라 자신이 경험한 현실과 자신이 세운 기준에 따라 우리에게 조언한다. 이런 개인적 측면은 서로 너무도 다르기 때문에 그들은 우리를 이해하지도, 느끼지도 못한다. 그들이 우리 입장에 놓였다면 어땠을지 상상할 수는 있지만 그것은 우리의 진짜 경험과는 사뭇 다르다. 또한, 그들은 우리를 비웃을 수도 있고, 그럴 때 우리는 외롭고 이해받지 못한다는 느낌이 더욱 강하게 들 것이다. 그렇다고 그들의 조언을 듣지 말라는 것은 아니다. 오히려 그들의 이야기는 우리를 마비시키는 감정에 치우치지 않기에 좋은 조언이 된다. 하지만 당시에는 이런 정황이 보이지 않고, 이것을 소화할 능력이 아직 없기에 그 조언을 거부하기도 하고 자신이 겪는 감정적 어려움을 그들이 알아주지 않는다며 분노하기도 한다.

하지만 모든 것이 지난 다음에 "친구들은 처음부터 알고 있었어. 하지만 내가 친구들의 조언을 듣지 않았지!"라고 말하는 경우가 많다. 그러나 어쩌겠는가. 이것이 인생이다. 불완전한 모습 그대로의 인생이다. 내가 남의 조언을 받아들일 수 없다면, 그것이 아무리 소중한 것이라도 아무짝에도 쓸모없다. 결국, 자기 방색대로 결론을 내야 한다는 사실에는 변함이 없다. 하지만 어쩌면 앞으로는 변화에 조금 덜 저항하고, 조금 더 빨리 문제를 해결할 수 있을지도 모른다.

지금 시도한 방법으로 잠긴 문이 열리지 않으면 다른 방법으로 시도하기를 두려워해서는 안 된다. 똑같은 일을 백 번 되풀이해도 풀리지 않는다면 백한 번째 시도라고 해서 성공할 리 없다. 수없이 유리창에 머리를 부딪고 죽는 파리처럼 세상의 섭리를 바꾸려는 헛된 노력을 하고 싶지 않다면 이제 용감하게 다른 방법을 찾아나서야 한다. '안 되면 다시 하라.'는 주장을 '안 되면 다른 방법으로 하라.'로 바꿔야 한다. 간단해 보이지만 이것은 근본적으로 다른 문제다.

존중받기

> 언젠가 사람들에게서 잊히고, 조롱받고, 버림받기를 원치 않는다면
> 지금 존중받아야 하고, 함부로 대하지 못하게 해야 한다.
> ─콩스탕스 드 데이스

원하는 삶을 살고 있지 않다는 불쾌한 느낌의 배경에는 자신이 존중받지 못한다는 불편한 감정이 깔려 있다. 이런 감정이 생기는 이유는 스스로

자신을 존중하지 않고, 남들에게서 존중받지 못하거나 존중받을 수 없다고 생각하기 때문이다.

　자신을 존중하는 법을 배운 적이 없는 사람은 자신을 존중하지 않는다. 가정에서 서로 존중하는 법을 교육받지 못하고 자라면 대부분 이렇게 된다. 이런 사람들은 자신을 존중받을 만한 가치가 없고, 기대에 미치지 못하는 존재로 여기며 성장하고, 결국 자기 생각이나 특성을 계발하지 못하고 복종만 하는 꼭두각시처럼 살아가게 된다. 아주 사소한 일에도 자기부정적인 행동을 반복해서 자존감을 형성하지 못하기 때문이다. 이들은 자신의 가치를 모르기에 자신을 존중하지 않는다. 자신을 알지 못하고, 자신을 표현하는 방법을 배운 적도 없어서 자신이 무엇을 할 수 있는지도 모르고, 이런 훈련을 할 기회조차 없다. 그러다가 결국 더는 견딜 수 없는 상황이 되면 어떻게 대처해야 할지 몰라 쩔쩔맨다. 늘 다른 사람들 때문에 피해자가 된 듯한 기분으로 살아가면서도 자신이 어떤 강점과 장점을 갖추고 있는지, 그리고 그 강점과 장점으로 어떻게 이 상황을 극복할 수 있는지를 이해하지 못한다.

　－우울한 상태를 벗어나지 못하고, 자신에게 필요한 것을 잘 표현하지도 못해 남들한테서 존중받지 못한다고 느낀다. 자신이 겪고 있는 것을 말하지도 않고, 드러내지도 않은 채 괴로움을 쌓아간다. 애초부터 자리를 잘못 잡았기에 어려움은 커져만 간다. 이것은 어쩌면 무의식 중에 자신이 다른 사람이나 상황의 피해자라는 것을 보여줘서 동정심을 유발하고, 자신이 스스로 낸 상처에 바를 연고를 원하는 태도인지도 모른다.

　－다른 사람들은 자신보다 유능하고, 경쟁에 필요한 무기를 더 많이 가

졌고, 운도 더 좋기에 상대적으로 저열한 자신은 존중받지 못한다고 생각한다. 앞서 이미 살펴봤지만 이런 믿음은 스스로 불행해지는 잘못된 생각일 뿐이다.

- 자기표현을 두려워하기에 존중받지 못한다고 생각한다. 자신이 진정으로 원하거나 생각하는 것을 말할 용기가 없다. 그랬다가 혹시라도 갈등이 생기거나 나중에 복잡한 일이 벌어진다면 감당할 자신이 없고, 실제 혹은 상상의 보복이 너무도 두렵다. 그래서 피할 수 없거나 비극적이라고 상상하는 싸움이나 결별보다는 차라리 고통을 택한다.

제대로 화낼 줄 모르면 남들에게서 존중받지 못한다. 화는 폭발적이고 폭력적인 특징 때문에 사회가 배척하는 감정이고, 교육 과정에서도 제압되고, 통제되고, 부정된다. 즉, 아주 어릴 때부터 화는 다스리는 방법을 배우기보다 아예 금지된다는 것이다. 그러나 화는 단순히 괴로움의 표현이 아니라 방어의 도구이며 남들이 자신을 존중하게 하는 수단이기도 하다.

야생에서는 공격성을 드러내고 화를 분출하지 않으면 목숨을 부지하지 못했다. 하지만 지금 우리는 원시 상태에 살고 있지 않고, 화는 우리의 여행 가방에서 사라진 지 오래다. 그러나 겉보기에만 그럴 뿐, 화는 자연 현상이므로 단지 사회적 상황에서 금기시되고 억압되고 부정되지만, 결국 어떤 형태로든 폭발하고 만다.

화는 폭력성과 다르다. 알베르 카뮈가 '인간은 자제하는 존재'라고 말했듯이 때로 강렬한 감정에 사로잡히는 인간은 비록 화산처럼 폭발하지는 않더라도 그 감정을 단호하게 표현할 수는 있다. 어릴 적부터 정당하게 훈련받았다면 알겠지만 그러지 않았더라도 다행히 방법이 전혀 없는 것은 아니다. 화를 건강하고, 효율적이고, 절도 있게 표현하는 방법을 배우면 된다. 단호하고 책임 있는 언어로 표현한 화는 신체적·심리적으로 자신을 고양하는 방법이 된다. 즉, 타인을 똑바로 바라보고, 자신에게 지배력이나 영향력을 행사하지 못하게 거리를 두는 방법이다. 이 방법에서 화는 전혀 파괴적이지 않고, 방어적이며 상대에게 존중을 요구한다. 그대로 두고 보지만은 않겠다는 의지의 표현이다!

실비는 어렸을 적부터 알고 지내는 세 여자 친구와 한 아파트에서 함께 생활했다. 그녀는 친구들과 비교하면 자신이 너무 초라하다고 생각했다. 친구들은 부엌을 어지르고, 밤에 소란스럽게 귀가하고, 때로 필요한 물건이 있으면 허락도 받지 않고 실비의 방에 들어왔다. 그들끼리는 그렇게 하는 것이 자연스러웠던 것이다.

이런 상황은 강박증까지 일으킬 정도로 실비를 괴롭혔다. 존중받지 못하는 데서 비롯한 괴로움은 격한 감정을 불러일으켜 작은 기름 냄새, 복도에서 들리는 웃음소리, 현관에서 들리는 신발 소리처럼 사소한 것들도 그녀의 신경을 긁어놓았다. 실비는 자신이 지나치게 예민하다는 것을 알았지만 어떻게 해결해야 할지를 알 수 없었다. 그때까지 친절함과 상냥함만을 알고 살아온 그녀는 자신의 무능력을 고스란히 감내해야 했다.

그러던 중 사건이 벌어졌다. 실비가 가장 아끼는 우산을 친구 한 사람이 '빌려 가서' 잃어버렸던 것이다. 실비는 드디어 참았던 화를 폭발했다. 세 친구를 불러 공동생활에서 지켜야 할 태도와 존중을 단호하고 명확하게 요구했다. 그리고 방에서 나가라고 소리친 뒤 거칠게 문을 닫았다! 얼마나 행복했던가! 실비는 흥분해서 덜덜 떨면서도 행복했다! 후련하고,

유쾌하고, 한층 성장한 느낌이 들었다. 결국 화를 낸다는 것은 너무도 쉬운 일이었다. 내부에서 들리는 작은 소리에 귀를 기울이고, 물꼬를 터주기만 하면 되는 일이었다.

이날 이후 친구들은 바른 태도를 유지했다. 잘못을 인정하고 사과했으며, 공동생활에서 지켜야 할 규칙을 함께 정했다.

중요한 점은 실비가 더는 두려워하지 않는다는 것이다. 그녀는 자신의 힘을 깨달았다. 친구들은 놀라서 대꾸조차 하지 못했고, 스스로 잘못을 인정했다. 실비에 대한 그들의 시선이 달라졌음은 분명하다. 전에는 별 흥미 없는 착한 소녀로 봤다면 이제는 강하고, 성숙하고, 존경할 만한 상대가 앞에 있다. 그때부터 실비는 자신이 존중받지 못한다고 느끼는 상황에서는 단호하게 존중을 요구할 권리가 있음을 알게 됐다. 건강한 화의 사용으로 힘의 균형을 흔들어놓은 것이다. 자신의 결의를 한 번도 시험해보지 않았기에 그녀는 자신이 무능력하다고 생각했다. 이제껏 공평하지 않은 무기를 가지고 싸워온 것이다. 하지만 다른 사람들처럼 그녀에게도 힘이 있었다. 그녀는 자신이 약하다고 생각했기에 약했을 뿐이었다. 힘의 균형이 이뤄지면서 두려움은 사라졌고 친구들은 실비에게 귀를 기울였다. 그녀는 이제 부당하게 고통을 참을 필요도 없고, 인생을 바꿀 수 있음을 안다.

때로 자신을 마비시키는 두려움을 극복하는 유일한 방법은 참을 수 없는 상황에 내몰리는 것이다. 하지만 참을 수 없는 정도는 사람마다 크게 다르고 어떤 이들은 이미 자기 파괴의 길로 너무 멀리 가버린 뒤이기도 하다. 오래 기다릴수록 생존에 필요한 힘을 잃는다.

인생을 바꾸고 싶어

성공은 용기의 자식이다.
–크레비용

만약 사람들의 생각을 들을 수 있다면 어느 흐린 가을날 이른 아침 버스 안에서는 이런 말이 들릴 것이다.

"똑같은 일만 반복하고 배울 것도 없는 이 직장이 지겨워 죽겠어. 상사는 모욕만 주고, 매일 타는 이 버스는 더럽고 우울한 사람들로 가득해. 난 저 사람들처럼 보이고 싶지 않아! 비는 정말 지겹게 내리는군. 매일 반복되는 이 교통 체증은 날 미치게 해! 지겨워! 그래서 어떻게 할 거야? 다 때려치워? 넌 이미 아내를 떠났잖아, 뭐? 내가 아내를 떠났다고? 떠난 건 그녀였고 이유도 알고 있잖아! 네가 지겨운 인간이 됐기 때문이지! 칙칙하고 지루하고 재미없는 인간! 넌 매일 불평하고 체념하고 마음을 닫았잖아, 좀 솔직해지자고!"

인생을 바꾸고 싶은가? 대번에? 그러는 사람도 있겠지만 대부분 오랜 시간에 걸쳐 변화를 준비하게 된다. 한 가지 확실한 것은 이럴 때 여유 자금이 있으면 도움이 된다는 것이다. 그러니 수입을 늘리거나 지출을 줄이면서 개미처럼 돈을 모아야 한다. 이러는 것이 도움이 될까? 하지만 돈이 없으면 변화를 향한 길에서 발목을 잡힌다는 것은 분명한 사실이다. 그리고 머릿속을 끝없이 맴도는 나약한 생각, 즉 '당장은 안 되지만, 이것을 마치고 나면, 저 문제를 해결하고 나면, 아이들이 다 자라고 나면' 같은 구실도 변화에 장애가 된다.

시간은 흐르고 여전히 비는 내리고 나는 이 삶이 지겹다. 밤에는 잠을 이루지 못하고, 담배를 너무 많이 피운다. 몸은 이제 모두 그만두라고 한다. 그렇다. 바로 지금이 변화를 시도할 때다! '좋은 때'라는 것은 따로 없다. 나는 지금 이 순간을 살고 있고, 지금 행복할 권리가 있다. 그러니 발을 내딛자. 지겨운 직장을 그만둘 용기를 내자. 사람들의 반응에 당당하게 맞설 용기를 내자.

그러면 어떤 일이 벌어질까? 대부분 동료가 내게 지지를 보낸다. 물론 모두가 그러지는 않을 것이다. 어떤 이들은 내가 무책임하고, 충동적이라고 비난하겠지만 그것은 어쩌면 자신의 초라한 인생이 그나마 안전하다고 스스로 설득하려는 가련한 자기기만일지도 모른다. 하지만 내가 주변에서 자주 듣는 말은 "대단해! 나도 그러고 싶었지만 용기가 없었어!"라는 고백이다. 친구들은 내게 격려를 보내고, 나를 부러운 시선으로 바라본다. 아! 마음이 날아갈 듯 가볍다. 하지만 한편으로 겁이 나는 것도 사실이다!

어떤 이들은 나더러 운이 좋다고 한다! 마치 내가 '인생을 바꾸는 로또'에라도 당첨됐다는 듯이 선망의 시선을 보낸다. 그러나 이것은 운이 아니라 용기다! 그리고 용기로 말하자면 내가 있던 그 자리, 매일 아침 일어나 일하러 가던 바로 그 자리에 있기 위해서도 아주 많이 필요했던 것이다.

그리고 이제 드디어 나는 원하던 것을 얻었다. 시내에 있던 아파트를 팔고, 오래된 시골집을 사서 손질하고 민박집을 시작했다. 이웃집 부부와도 인사했다. 이들은 정말 좋은 사람들로 내가 꿈에 그리던 인생을 살고 있는 듯하다. 그리고 어쩌면 언젠가 내게도 여자 친구가 생길지도 모른다.

물론 이런 일이 절대 쉽지는 않다. 하지만 단 한 번뿐인 내 인생은 몇 푼의 돈이나 잠정적인 안락을 위해 희생하기에는 너무나 소중하다. 부모가 반대하고, 친구들이 말리고, 상사가 비난하고, 마치 모든 것이 나를 이 구렁텅이에 잡아두려는 것처럼 느껴지더라도 결정할 권한은 내게 있다.

"자, 용기를 내, 네 행복을 향해 가까이 가. 걱정하지 마. 네가 걱정하는 일은 일어나지 않을 거야."

내가 만약 나의 가장 친한 친구라면 이렇게 말하지 않겠는가? 걱정하는 마음을 달래고, 변화에 대한 공포, 낯선 것에 대한 두려움, 익숙한 낡은 습관에 몸과 정신을 맡겨버리고 싶은 비겁함에서 벗어나자. 그러려면 근본적이고 충격적인 변화보다는 감당할 수 있는 작은 변화부터 야금야금 시작해보자. 혼란스러운 책상 서랍을 정돈하는 정도의 사소한 변화도 발전의 원천이다. 변화한 뒤에 찾아올 미지의 세계는 고독이나 위험이 아니라 놀라움과 새로움으로 가득하다.

마음의 제동 장치를 풀고 마침내 자신이 원하던 인생을 살려면 삶의 여러 국면을 돌아봐야 한다. 우선 자신이 종사하는 직업을 돌아보자. 좋아하지 않는 일, 지겹고 스트레스가 많은 일, 자신을 불행하게 하는 일을 하고 있다면, 자신의 가치에 더 합당한 직업을 찾아 한시바삐 지금 하고 있는 일을 버려야 한다. 그리고 자기 처지에 따라 살아갈 다른 방도를 찾아야 한다. 내일 돌연히 죽음을 맞이하게 되더라도 지금 하는 일을 계속할 것인가? 아니라면 어서 결단을 내려야 한다. 사람들은 흔히 '먹고살기 위해 어쩔 수 없다.'는 구실을 내세우지만, 그 직장과 업종을 떠나도 어떻게든 먹고살 수 있다는 사실을, 자신도 알지만 인정하지 않을 뿐이다.

다른 국면들도 마찬가지다. 자기가 짓지 않은 자기 이름이 그토록 싫다면, 억지 정체성에서 벗어나 이름을 바꾼다. 집안에서 강요한 종교와 신앙도, 원치 않는다면 버리거나 개종한다. 온갖 구실로 미루고 있는 이혼, 재혼, 커밍아웃을 더는 질질 끌지 말아야 한다. 살던 곳을 떠나고 싶다면 차일피일 미루지 말고 어서 다른 곳으로 가야 한다.

무분별한 소비 행태도 버려야 한다. 더는 TV나 SNS에 중독돼 매여 살지 말고 독서와 놀이를 즐기고, 자동차를 버리고 자전거를 탄다. 단순한 삶을 위해 복잡한 기계들의 사용을 포기한다.

심리 치료사로서 나는 인생을 송두리째 바꾸는 많은 사람을 곁에서 지켜봤고, 그중에 감동적이지 않은 사연이 없었다. 단순한 변화도 있었고, 인상적인 변화도 있었지만, 어떤 경우든 그만큼의 행복을 당사자에게 가져다줬다. 내 손으로 환자를 치료한 적도 있고, 가까이에서 지켜본 사람도 있다. 회사 문을 닫고 배를 타고 세계 일주를 떠난 경영자, 정원사가 된 은행원, 오래된 농장을 사서 민박집으로 개조한 가족, 일본으로 일하러 떠난 사진작가, 이혼과 함께 모든 것을 청산하고 레스토랑을 개업한 대기업 간부, 도시를 떠나 남쪽 바닷가로 살러 간 부부, 서커스를 배우러 멕시코로 떠난 수학 교사, 인도에 수행하러 간 음악가, 친환경 이상을 실현하기 위해 재능을 발휘하는 마케팅 전문가… 이들의 사례는 용기와 신뢰가 필요했던 크고 작은 변화들이다. 그럼에도 변화의 가장 중요하고 눈부신 본질은 거기에 들인 노력과 비례하지는 않는다. 그보다는 개인의 성격과 계획의 확고함, 자기가 진정으로 좋아하는 것을 이루겠다는 결심의 강도와 비례한다.

그리고 몇 달 혹은 몇 년이 지나고 나서 어떤 이들은 다시 이전의 삶으로, 옛 사랑으로 돌아가기도 하지만, 그럼에도 경험은 소중하고, 잃어버린 시간이란 없다. 어떤 선택도 돌이킬 수 없지만 모험은 늘 경험할 만한 것이 있고, 다음 삶을 이어갈 때 풍부한 교훈을 준다.

자기 인생이 마음에 들지 않는다면, 그만 닻을 올리고 자신을 이끄는 곳을 향해 믿음을 갖고 항해를 떠나자. 먼저 떠나 성공한 이들은 당신보다 더 강하지도 더 약하지도 않다. 앞으로 나아가고 용기 있게 더 큰 능력을 얻으려는 당신을 방해하는 것은 아무것도 없다. 눈가리개를 벗어버리고 제동 장치를 풀어버리는 순간, 특별히 많은 힘을 기울이지 않아도 일이 저절로 돌아가는 것을 보면 놀라지 않을 수 없다. 이럴 때 당신에게는 드디어 자기 자리를 찾았다는 아주 좋은 느낌이 든다. 마치 바로 그 자리에 반드시 있어야 했던 마지막 퍼즐 조각을 찾은 것처럼.

아! 인생은 성공할 방법을 찾았을 때 더없이 아름답다!

8장

책임감

인간은 생각하기 위해서가 아니라
행동하기 위해 태어난 존재다.
-장 자크 루소

책임은 자신의 행동과 그 행동의 결과로 나타난 삶을 감당하는 것을 의미한다. 책임감은 그것을 원했든 아니든, 정당하든 아니든, 쉽든 아니든 우리에게 닥친 일의 결과를 담보한다는 것을 의미한다. 따라서 자기 손안에 있는 것과 손이 닿지 않는 것, 즉 바꿀 수 있는 것과 받아들여야 하는 것을 구분하는 지혜가 필요하다.

인생은 하늘을 나는 양탄자에 우리를 태우고 여러 사건 속으로 데려간다. 어떤 것은 의도에 따라 일어나고, 또 어떤 것은 우연히 찾아온다. 이것은 세상의 법칙이니 피할 도리가 없다. 불행한 상황의 원인들은 대부분 서로 복잡하게 얽혀 있어 그것을 풀어내는 일이 늘 쉽지만은 않다. 하지만 사람은 자신의 책임 앞에 혼자다. 책임진다는 것은 인간에게 가장 높은 단계의 과제이고, 아름다운 자유가 허락하는 일이지만 그만큼 힘겨운 일이다.

사회학자 알랭 에렌베르는 절망을 '자신이 돼야 하는 피곤함'[39] 때문에 불만스러운 책임감이 낳는 병으로 정의한다. 우울증 환자는 자신이 돼야 하는 데 지치고, 스스로 자격이 없다고 생각한다. 개인주의가 팽배한 오늘날 사회에서는 모든 이에게 지나친 독립성을 강요한다. 우리 시대와 문화의 전형적인 질병인 우울증은 존재의 깊은 고독 속에서 자신의 책임을 감당하는 데 지친 개인의 무능력을 반영하는 것처럼 나타난다. 사람들의 상호 의존 관계는 여전히 존속하지만, 과거 부족사회 문화에서처럼 견고한 안전장치가 되지는 못한다. 우리 사회는 무한한 자유를 허락하지만, 그에 상응하는 결과에 대한 책임도 따른다. 우리는 자신의 선택 앞에 혼자이며 스스로 자신을 책임져야 한다.

탯줄 끊기

> 인간이 역사를 시작한 것은 아니므로 완전히 유죄는 아니다.
> 하지만 인간이 역사를 유지하므로 완전히 무죄도 아니다.
> ―알베르 카뮈

내가 태어난 땅과 나를 길러준 가족, 내게 생명을 준 부모에게 입은 은혜는 한이 없다. 그런데도 이 모든 것에서 언젠가 벗어날 수 있을까? 생애 첫날부터 함께 지내며 '나'라는 존재가 만들어지는 데 결정적인 영향을 준

---

39) Alain Ehrenberg, *La Fatigue d'être soi, Dépression et société* (자기가 되는 피곤함, 절망과 사회), Odile Jacob, 1998.

사람들이지만, 안타깝게도 지금은 가치관도, 이념 성향도, 종교적 신념도 서로 맞지 않는다. 그래도 여전히 그들 곁에 머물러야 할까?

이런 상황은 개인에게 심리적으로 복잡한 국면이지만, 우리가 사는 시대의 풍요에서 비롯한 현상이기도 하다. 한 가족에 소속돼 있지만 나와 맞지 않는다면 평생 함께해야 할 의무는 없다. 교통수단이라고는 마차와 자전거 혹은 튼튼한 두 다리가 전부였던 시절에 사람들은 평생 자기가 사는 마을 언저리를 떠나지 않았다. 배우자도 같은 지역이나 마을에서 알고 지내던 사람이고, 같은 공동체 안에서 만남이 이뤄졌다. 사람들이 사는 방식도 서로 비슷했기에 관습은 자연스럽게 전해졌고, 자식은 부모의 생활 방식을 그대로 이어받았다. 사회보장제도나 양로원도 없었으니 늙은 부모는 자녀가 함께 살면서 보살피거나 가까이 살며 자주 들여다봤다. 좋다거나 싫다는 생각은 하지도 않았고 생각할 문제도 아니었다.

그러나 오늘날 선택과 행동의 자유는 유례없이 확대됐다. 고향을 떠나 타지로 이주하는 사람도 많아졌고, 멀리 떠나 공부할 기회도 많아졌으며, 많은 사람이 타지에서 배우자를 만나 결혼하고 가정을 이뤘다. 사람들의 교류는 더 빈번해지고 확대됐으며, 가족의 기준을 벗어나 살 권리와 자유도 생겼다. 그래서 부모 세대가 준거하던 가치들을 그대로 지킨다는 것은 이제 당연하고 자연스러운 일이 되지 못한다. 이처럼 가족의 품을 떠나 자신의 인생을 스스로 만들어갈 수 있다는, 아니 그래야만 한다는 열린 생각 자체가 조용하지만 깊은, 그리고 책임이 따르는 혁명이다.

어디를 가든지 따라다니는 성과 이름이 있어도 우리가 선택한 인생을 자유롭게 살 수 있을까? 부모에게서 물려받은 정신적·종교적·교육적 유산을 지금 내가 느끼고 믿고 판단하는 것과 맞지 않는다는 이유로 버릴 수 있을까? 다른 사회 계층이나 다른 종교 혹은 다른 문화에 속한 상대와 결혼하는 것은 어떻게 생각하는가? 결코 단순한 문제가 아니며 대를 잇는 관습과 연관돼 발생하는 고통은 개명을 원하는 주요한 이유 중 하나다.

출신의 중요성, 아니 자신이 출신에 부여하는 중요성은 무엇인가? 여러 가지 기준이 있지만 일반적으로 자신의 정체성 실현과 그것이 가져다주는 고통 사이에서 저울이 평형을 이루는 기준을 따르게 된다.

오늘날 사회 분위기에서 젊은 세대는 자신이 원하는 삶을 살 자유를 어느 정도 확보한 것처럼 보인다. 하지만 비록 급격한 사회 변화로 전통적 기준의 일부가 사라졌다고는 해도 개인에게 가족은 여전히 튼튼한 성벽처럼 남아 있어서 가족구성원들과 의견이 다를 때 이를 무시할 수 없다. 따라서 많은 이가 이율배반적인 두 가지 명제 사이에 끼여 있는 것처럼 느낀다.

"너의 삶은 너의 것이다. 자유롭게 네가 원하는 삶을 살아라. 네가 되고 싶은 사람이 돼라."

"이처럼 혼란하고 미래를 예측할 수 없는 세상에서는 가족만이 확실한 지지대다. 가족에 귀속해라."

개인의 정체성과 가족의 인정이 서로 충돌하지만 않는다면 아무 문제 없다. 하지만 부모가 자녀의 선택을 인정하지 않거나 그들이 물려주고 싶은 가치와 자녀의 가치관이 서로 맞지 않을 때 부모가 소외감을 느낀다면 갈등은 고통스러워질 수 있다. 세상에 부모를 실망시키는 것보다 더 슬픈 일이 어디 있겠는가? 자신이 선택한 길을 걷지 못하는 것보다 더 괴로운 일이 어디 있겠는가?

이 딜레마 앞에서 자신을 부정하지 않고, 스스로 인생을 선택할 권리를 주장하면서 가족과 관계를 단절하는 사람들이 있다. 물론 탯줄은 끊어야 한다. 하지만 반드시 가족을 외면하고 살아야 한다는 것은 아니다. 중요한 것은 부모가 주는 기대의 중압감에서 자유로워지는 것이다. 이때 탯줄을 끊는 행위는 공식적이고 선언적인 관계 영역이 아니라 자신의 심리적·감정적 영역에서 이뤄져야 한다.

어떤 사람들은 부모와 관계를 단절하지 않고도 감정적인 거리를 잘 유지한다. 부모의 실망도 너무 크지 않고, 자식의 자립도 너무 고통스럽지 않고, 둘 사이의 대립도 너무 극적이지 않다. 부모와 갈등하지 않고, 서로 기분을 상하게 하는 주제를 피하면서 현명하게 처신하는 것은 행복한 탈출구임이 틀림없다. 물론 모든 가족 관계가 이렇게 형성될 수는 없다. 어떤 부모는 실망해서 화를 내고 싸움을 걸며, 직접적이든 간접적이든 자식을 비판할 기회가 있으면 놓치지 않는다. 또 어떤 자녀는 자신이 선택한 삶을 자유롭게 살기 위해서는 단절만이 유일한 해결책이라고 믿는다. 그리고 이런 단절은 때로 돌이킬 수 없는 것이 되기도 한다. 가까워지려는 모든 노력은 상처를 다시 헤집어놓을 뿐이다. 다행스럽게도 어떤 경우에는 일정한 시간이 흐르고 나면 관계가 다시 이어지기도 한다. 감정적으로 일정한 거리를 유지하는 것이 긴장을 풀게 하고 친근감을 회복해주는 것이다.

하지만 부모와의 관계가 어떻든 간에 자녀는 부모에 대한 물질적·감정적·심리적 의존으로부터 자신을 해방하기 위해 부모와 연결된 탯줄을 끊어야 한다. 그래야 성숙한 인간으로서 자신의 선택을 감당하고 자신의 책임을 다하면서 자신의 삶을 살아갈 수 있다.

음반 바꾸기

고요함은 얼마나 좋은 음악인가!
-장 아누이

어린 시절의 기억은 많이 남아 있지 않다. 어떤 기억은 선명하지만 또 어떤 기억은 과거의 어둠 속으로 희미하게 사라진다. 가사는 잊었고 '이거 해라, 이건 안 돼, 넌 못 해.'라는 후렴만이 기억에 남아 머릿속을 맴돈다.

무엇을 하지 못했는지는 기억나지 않지만, 어쨌든 무언가를 할 수 없었다는 것만은 기억한다. 모든 것이 허락되지 않았기 때문이거나 진짜 자기 관심사가 아니었기 때문이거나 온전히 해낼 수 없는 것이었기 때문일 것이다. 어린 시절에 자주 듣던 후렴이 '져서는 안 돼, 강해져야 해, 끝까지 싸워야 해.'였다면 오늘 들리는 후렴은 '그는 너를 무시해, 본때를 보여줘, 혼내줘야 해.'일 가능성이 크다. 여기서도 마찬가지로 가사는 사라지고 멜로디만이, 즉 감정적인 프로그램만이 남아 있다.

성인이 된 지금도 이 후렴에 신음하는 사람들이 있다. 자신이 느끼는 충동이 적절치 않다는 것을 알면서도 내부에서 조종당하는 듯한 느낌이 드는 것이다. 말은 기억에서 사라졌지만 어린 시절의 느낌은 여전히 남아 있다. 가사가 기억에 남아 있어 멜로디와 함께 들을 수 있다면 정말 우스꽝스럽게 왜곡됐다는 사실도 금세 알아차릴 수 있을 것이다.

이제 이 음반을 바꿔야 한다! 자신의 감정과 태도를 지배하는 이 오래된 불행의 노래를 영원히 꺼버려야 한다. 사랑받지 못할까 봐 두려워하거나 자기 자리가 아니라고 느끼는 꼬마가 되고 싶지 않다면, 원하는 것을 얻지 못하면 버릇없이 굴고 닥치는 대로 부수는 말썽꾸러기 꼬마가 되고 싶지 않다면, 자신을 불행으로 이끄는 프로그램을 바꿔야 한다. 자기 책임을 다한다는 것은 내면의 아이와 속삭이기를 멈추고, 성숙한 어른이 결정해야 할 일을 아이에게 맡기지 않으며, 절대로 오지 않을 것을 바라지 않는다는 뜻이다. 자기 책임을 다한다는 것은 적절하지 못한 행동을 하고 나서 "내가 왜 그랬는지 나도 모르겠어!"라고 말하지 않는 것이다. 이제 자신을 제어할 때가 됐다. 괴롭다고 불평하고, 자기 잘못을 남에게 떠넘기며 공격하는 짓을 멈춰야 한다. 자기가 삶에 지치고 허덕이고 있음을 남에게 하소연하기를 멈춰야 한다. 자신의 욕망과 필요를 스스로 알아서 해결해야 한다. 새를 고양이 발톱에서 구해주고 돌봐주는 간호사 놀이를 그만둬야 한다. 상처가 나은 새를 더는 보살필 필요는 없으며, 결국 새장에 가두는 일만이 남았음을 깨달아야 한다.[40] 지나간 과거의 무게와 아직 오지 않은 미래에 대한 기대를 내려놓아야 한다. 더 늦기 전에 지나온 시련과 갈등에서, 그리고 자기 존재 자체에서 교훈을 이끌어내야 한다.

현실은 결코 상상한 대로 이뤄지지 않는다. 꿈에서는 완벽한 사람이 되고, 기적적인 해결책을 생각해낼 수 있다. 하지만 현실을 인정해야 하고, 꿈이 너무 환상적이라면 그만큼 실망도 크다. 자연의 법칙과 세상의 이치에 따라야 한다. 누구도 거기서 예외가 될 수 없다. 이제 더는 불가능을 꿈꾸지 말고 현실로 뛰어들어야 한다.

---

40) 이것은 많은 오해와 문제를 낳는 패러독스다. 구원자에게는 구원해줘야 할 피해자가 필요하다. 하지만 구조 작업이 잘 진행되면 피해자의 상태는 점점 나아지고 더는 구원자가 필요하지 않다. 구원자는 피해자에게 자신이 필요 없다는 것을 느끼고, 이런 상태를 막기 위해 한 손으로 상대를 구하고 다른 한 손으로 약점을 거머쥔다. 이것은 구원자와 피해자가 모두 불행해지기에 아주 좋은 방법이다!

나쁜 습관들

습관을 버리는 것은 습관이 되지 않는다.
-이온 루카 카라지알레

변화의 과정은 흔히 습관에 구속받는다. 습관은 처음에 느꼈던 즐거운 감정을 되찾기 위해 혹은 불쾌함을 피하기 위해 반복하는 태도를 말한다. 우리는 습관이 얼마나 의존적인지를 잘 알고 있다. 시간이 지나면서 상황이 변해도 습관은 그대로 남는다. 다시 말해 습관은 흔히 우리의 달라진 요구와 필요에 더는 부합하지 않는다. 그저 기계적인 태도를 유발하고, 내용과 상관없이 익숙함에 대한 욕구를 충족할 뿐이다. 이런 습관은 좋지 않은 기제가 돼 상식에서 벗어난 태도를 무의식중에 고집하게 한다. 이런 습관적인 행동이 우리를 잘못된 길로 들어서게 하고, 건강과 인간관계를 해치고, 불행하게 하지만 우리는 여전히 그런 행동을 반복한다.

앞서 살펴봤듯이 이 과정은 신경전달물질에 의해 강화된다. 아주 강력한 메커니즘이어서 심지어 정신적 에너지도 별로 필요 없다. 그래서 해로운 습관을 버리려면 매우 어려운 제거 작업이 필요하다. 스스로 의식하고, 노력하면 이런 습관을 버릴 수 있다는 것은 누구나 알고 있다. 하지만 진정으로 변화가 일어나려면 여러 차례에 걸쳐 진지하게 시도해야 한다. 해롭고 반복적인 습관을 바꾸려는 노력에는 지속적인 의지와 자기 제어가 필요하다. 현명하고 굳은 결심은 물론 끈기와 철저한 자기 규율이 필요하다.

습관이 해로운 것이 아니라 '나쁜' 습관이 해롭다. 따라서 나쁜 습관을 버리는 첫 단계는 이것을 좋은 습관으로 바꾸는 것이다. 버리고 싶은 태도를 바꾸더라도 그전과 다름없는 즐거움을 주지만 피해는 없는 새로운 습관으로 교체하자. 그렇게 어려운 일이 아니다. 일상에는 찾아보면 습관을 들일 만한 좋은 일이 많이 있다.

다른 일로 넘어가기

> 살아남는 종(種)은 가장 강한 종도 아니고,
> 가장 영리한 종도 아니고 변화에 가장 잘 적응하는 종이다.
> -찰스 다윈

누구에게나 돌아보고 싶지 않은 과거가 있다. 실패한 사업이든, 끝나 버린 사랑이든, 괴로웠던 이혼이든, 놓쳐버린 학업이든, 후회스러운 싸움이든 누구도 행복하고 자랑스러운 길로 곧게 걸어갈 수만은 없다. 우리는 비틀거리며 배우고, 살다 보면 때로 부실한 여행 가방을 들고 먼 길을 떠나야 할 때도 있다. 그러니 가끔 실수하는 것은 당연하다. 시도하고, 경험하고, 배우는 것이 인생이다.

후회와 씁쓸함 그리고 고통을 영원히 간직할 수도 있다. 거의 무의식적이고 비합리적이지만 이것은 너무도 인간적인 반응이고 우리가 자주 하는 선택이다. 호소하고 싶은 사람(특히 자신)에게 얼마나 자신이 상처받았는가를 보여주는 데 꼭 필요한 방법이다. 조금 비뚤어진 방법의 복수로 다른 사람에게 모든 아픔의 죗값을 떠넘기는 방법이며, 스스로 피해자를 자처하는 방법이다. 하지만 누구나 살아가면서 상처받는다. 나만 겪는 불행이 아니다. 나만이 불행하다고 나만이 생각하고 있을 뿐이다.

이제 발목을 잡고 있는 이 족쇄의 고리를 끊을 때가 왔다. 다른 사람에게 자기가 받은 상처를 보여준다면, 가장 먼저 고통받는 사람은 바로 자신이다. 스스로 자신을 해치고 있다는 사실은 깨닫기도 어렵고, 또 태도를 변화시키기도 간단치 않다. 이런 자학적인 습관을 고치려면 지혜와 함께 그만큼의 의지도 있어야 한다. 의지는 상반된 두 방향으로 나타난다.

무엇을 '향하는' 의지는 더 멀리 나아가려는 노력을 지원한다. 이것은 발전을 위한 의지다. 젊은이가 자신의 야망에 맞는 직장을 얻기 위해 열심히 공부하게 하는 의지다. 운동선수가 고된 훈련을 견뎌내게 하고, 산악인을 정상에 오르게 하며, 뚜렷한 목표가 있는 사람이 이를 악물고 앞으로 나아가게 하는 의지다.

반면에 무엇에 '맞서는' 의지는 해로운 욕망에 굴복하지 않게 하는 의지다. 이것은 눈앞에 있는 마시멜로의 유혹에 저항하는 어린아이들의 의지고, 담배를 끊으려는 흡연자의 의지며, 이성의 유혹에 저항하는 기혼자의 의지고, 불행의 습관을 버리기로 작정한 사람의 의지다.

이것을 마감하고 다른 것으로 넘어간다는 것은 단순히 이것을 잊어버린다는 뜻이 아니다. 내게 상처 준 사람을 용서한다는 뜻도 아니고, 불행했던 과거와 화해한다는 뜻도 아니다. 단지 불완전하고 예측할 수 없는 인생을 있는 그대로 받아들인다는 뜻이다. 이미 일어난 일은 돌이킬 수도, 달라질 수도 없다. 달라지는 것이 있다면, 그것은 나의 정신이다.

9장

의미

................🖉

현대 인간의 비극은 인생의 의미를 모르는 것이 아니라
의미에 점점 덜 방해받는 것이다.
-바츨라프 하벨

"인생에 의미가 있는가?"

의미에는 여러 가지 뜻이 있겠지만, 나는 크게 두 가지로 생각한다. 방향과 상징이다. 자기 인생에 의미를 둔다는 것은 한편으로 어떤 목표나 가치 또는 필요성을 발견하거나 선택하는 것이고, 다른 한편으로 자신의 행동을 이런 가치나 목표로 향하게 하는 것이다.

인생의 의미가 우리에게 부여되는가? 그렇다면 그 의미는 어디에 있는가? 우리 스스로 찾아내야 하는 것인가? 아니면 각자에게 부여되는 것인가? 이 땅에 어떤 역할이나 임무 또는 부름이 있어서 이것이 인생에 의미를 주는가?

"이루지 못한 소명 때문에 인생의 빛이 바랜다."라고 발자크는 썼다. 하지만 자신의 소명을 어떻게 찾을 것인가? 어떻게 하면 놓치지 않을 수 있는가? 자신의 소명을 놓친다는 생각만으로도 이미 불행해지리라는 것을 알 수 있다. 자신을 '불행하게 하는 습관'과 이제야 깨달은 자신의 어리석은 태도가 해로운 이유는 거기에 아무런 '의미'가 없다는 데 있다. 이런 습관과 태도에는 어떤 방향성이나 상징도 없다. 오히려 원하고 이루고자 하는 것과 반대되는 방향으로 나아간다. 불행을 부르는 습관과 어리석은 태도는 잡초만이 자라는 황폐한 땅, 버려진 정원과 같다.

그렇다면, 어떻게 해야 마치 아름다운 정원을 가꾸듯이 자신의 인생을 잘 정리할 수 있을까? 목표를 세우고 우리의 습관과 태도가 잘못되지 않도록 이끌려면 어떻게 해야 할까?

행복한 인생을 살겠다는 장기적인 계획은 삶의 목표를 정하고 거기에 모든 에너지를 집중함으로써 실현된다. 예를 들어 가정을 꾸미고, 자녀를 기르고, 직장에서 성공하고, 학위를 받고, 책을 집필하고, 건물을 짓고, 농사에 성공하고, 봉사활동에 전념하는 등의 목표가 그런 것이다. 계획은 우리가 어떤 목표를 설정하고 거기에 도달하기 위해 행동할 때 목적지 쪽으로 방향을 가리키는 등대 같은 것이지만, 반드시 필요한 것은 아니다. 왜냐면 우리는 매일 다양한 일들을 겪고, 예기치 못했던 상황에 놓일 때 '자기답게' 살기 위해 은연중에 이런저런 목표들을 세우고 있기 때문이다. 게다가 인생의 몇몇 고비에서는 장기적인 계획에서 전혀 의미를 찾지 못할 수도 있다. 하지만 몇 년이 흐른 뒤에 지나간 사건과 힘겨웠던 시련을 돌아보면서 거기에 매우 심오한 의미가 있었음을 알게 되고, 결국 자신의 장기적인 계획이 기복을 거치면서도 꾸준히 실현되고 있었음을 깨닫게 된다.

소비자, 저축자, 납세자

> 돈이 없어도 누릴 수 있는 모든 풍요로움을 알고 있을 때
> 진정으로 돈을 무시할 수 있다.
> ―아벨 보나르

제2차 세계대전 이후 매우 활발했던 경제 성장은 오래 지속하지 못하고 새로운 균형을 찾아야 했지만, 그럼에도 우리의 물질적 풍요는 과거와 비교할 때 그 규모가 엄청나다.

그런데도 미디어에서는 쉴 새 없이 경제 위기를 외친다. 은행에 돈을 쌓아둔 사람이든, 빈 지갑밖에 없는 사람이든 주식시장의 사정에 따라 긴축과 낭비 사이를 오가고, 정부는 도산 직전의 은행과 기업에 엄청난 지원금을 쏟아부으며 사람들을 안심시킨다. 돌이켜보면 인류가 이처럼 돈에 좌우된 적도 없었던 듯싶다.

정부는 미디어를 통해 저축자를 보호하고 납세자를 안심시키고 소비자에게 동기를 부여해야 한다고 앵무새처럼 지껄인다. 이것은 모두 우리를 두고 하는 말일까? '경제 체제'라는 거대한 기계에서 우리는 단지 소비하고, 저축하고, 세금으로 바치는 돈으로 표현되는 작은 톱니바퀴에 불과하다는 말인가?

미디어는 우리에게 '좌절하라.'고 강요한다. 소비자는 표정이 어둡고, 장바구니는 가벼워졌다고 한다. 아이에게 먹이는 우유도 줄이고, 여름에는 에어컨 판매량이 줄었고, 겨울에는 연말연시 선물세트가 전년보다 덜 나간다고 떠들어댄다. 그리고 TV 화면에는 예외 없이 슈퍼마켓에서 장바구니를 들고 침울한 표정으로 물건을 고르는 주부가 등장한다.

언제부터 장바구니가 우리의 기분을 나타내는 바로미터가 됐을까? 돈이 싫은 사람은 없겠지만, 장바구니가 두둑하면 행복은 저절로 따라오는 것일까? 혹시 권력과 힘을 가진 자들이 우리가 그렇게 믿기를 강요하고 있는 것은 아닐까? 우리는 단지 구매력으로만 행복의 양을 측정할 수 있는 지갑에 불과할까? '허리끈을 조여야 할 때'라는 말은 당연히 즐거움을 포기해야 한다는 뜻일까? 사람들은 침울한 표정으로 말한다. "좀 더 노력해야 합니다, 희생해야 합니다! 어려운 시기입니다! 긴장해야 합니다!"

이제 행복과 돈의 관계를 살펴볼 때가 됐다. 새학기에 아이에게 새 가방을 사주지 않아도, 신형 스마트폰을 사지 않아도 살아가는 데 지장 없으며, 이런 구매는 결국 글로벌 기업의 배만 불릴 뿐이다. 이런 것들 없이도 전혀 우울하지 않게 지낼 수 있고, 자원 낭비나 공해도 피할 수 있다.

소비가 폭발적으로 늘어나는 사회에서 자랐지만, 이제 행복과 관련해서 우리가 가진 무기를 바꿔야 할 때가 왔다. 행복은 반드시 돈과 직결된 것이 아니다. 먹고, 놀고, 일하고, 이동하는 등 일상의 모든 행동이 삶에 의미를 부여할 수도 있고, 우리를 불행하게 할 수도 있다.

멋진 사람이 되려면 반드시 큰 차가 있어야 하는 것도 아니고, 아름다운 여자가 되려면 꼭 유행을 따라야 하는 것도 아니다. 먼 나라에 여행하러 가서 호텔 수영장에서만 시간을 보낸다면 비행기를 타고 바다를 건너는 것이 무슨 의미가 있겠는가? 아이들에게 그 많은 선물이 필요할까? 부모와 함께 재미있게 지내는 시간이 더 행복하지 않을까? 가족이 모두 모여 수다를 떨면서 한바탕 크게 웃는 것이 아이에게 최신 게임기를 사주는 것보다 훨씬 유익할 것이다. 이것은 결코 판에 박힌 도적적 훈화가 아니다.

우리는 언제나 행복과 소비를 연결해서 생각하기에 너무 많은 물건 더미 속에서 뒹굴고, 없어도 괜찮은 가전제품들을 사느라고 빚까지 진다. 광고는 끝없이 구매를 부추기고, 새로운 상품이 나올 때마다 제품의 기능이 늘어날 때마다 그만큼 더 많은 행복을 약속한다.

너무 많은 가능성이 오히려 자유를 얻기 어려운 것으로 변질시킨다. 우리는 그 복잡하고 다양한 가능성 중에서 하나만을 고르고 거기 얽매여 나중에는 다른 가능성이 있다는 사실조차 잊어버린다. '성공한 인생은 곧 문제없는 삶이다.'라는 이 직선적인 공식을 따르기 위해 얼마나 많은 곡선이 배제되고, 우회가 부정되고, 유머는 우울로 변했던가? 철학자 얀 달라글리오는 말한다.[41] "삶을 성공의 한 요소로 환원하려고 끈질기게 인생의 지도를 그리다 보면 하나의 지형이 나타나고 이것이 자신의 유일한 목표가 된다. (…) 그렇게 정해놓은 목표에 모든 것을 바치는 편집증적인 형태를 보이는 것이다. 시대마다 선두에 서 있는 자는 자기 뒤에 길게 줄지어 늘어선 사람들을 향해 미끼를 흔들어댄다. 우리 시대의 미끼는 '구매력을 최대한 키워서 사고 싶은 것을 마음껏 산다'는 것이다." 이렇게 해서 삶은 맹목적으로 소비욕의 늪으로 빠져들고, '삶'이라는 목적과 바꿀 수 없는 '돈'이라는 도구를 좇고, 돈을 벌기 위해 삶을 잃고, 끔찍할 만큼 괴롭고 진을 빼는 목표를 위해 다시는 채울 수 없는 시간을 다 써버린다.

과연 우리에게는 '소비자'라는 정체성이 적합한 것일까? 우리에게는 '소비자'라는 정체성 말고도 '다정한 부모', '사랑하는 배우자', '유쾌한 동료', '실천하는 시민', '세심한 이웃', '마음씨 좋은 친구'라는 더 훌륭한 정체성이 있다.

---

41) Yann Dall'aglio, *Une Rolex à 50 ans, A-t-on le droit de rater sa vie?* (쉰 살의 롤렉스시계, 우리에겐 실패할 권리가 있는가?), Flammarion, 2011.

화려한 그러나 복잡한

인간은 영혼이 자유로운 감옥과 같다.
─빅토르 위고

민주주의 문화는 다른 시대 문화와 비교하면 비록 결점은 있어도 사회 문제를 가장 많이 해결했다는 사실을 부정할 수 없다. 우리는 전례 없는 자유의 시대를 살고 있다. 독신 또는 커플로 살 수 있고, 미혼 또는 기혼으로 살 수 있으며, 양성애자 또는 동성애자로 살 수도 있고, 자녀를 두거나 두지 않을 수도 있으며, 다문화 가정을 꾸릴 수도 있고, 전통적 가정을 존중할 수도 있다. 지구상에 다양한 지역이 있는 만큼이나 다양한 형태의 생활 양식이 허용된다.

종교에서도 놀라운 자유를 획득했다. 성당, 교회, 사찰, 모스크, 시나고그 등 어느 예배 장소에나 자유로이 갈 수 있고, 지옥이나 감옥에 갈 걱정 없이 신을 믿지 않는다고 말할 수 있다.

원하는 스타일의 옷을 입고, 원하는 직종에서 일할 수 있으며, 자기 생각을 자유롭게 표현하고, 정치적 입장을 표출할 수 있다. 이런 자유는 이미 획득한 다른 모든 권리처럼 당연한 것으로 보일지 모르지만, 사실 그리 오래된 것이 아니며 지구의 다른 어떤 지역에서 이런 자유를 누린다는 것은 여전히 요원한 희망일 뿐이다.

우리 앞에는 유사 이래 가장 큰 가능성의 지평이 열려 있다. 더 나은 삶을 원한다면, 자신이 생각하는 것보다 훨씬 더 큰 가능성이 있다는 사실을 알아야 한다. 자신이 불행하다고 생각하면서 인생을 낭비하고 있다면, 그런 상황을 바로잡을 가능성도 그만큼 크다는 사실을 잊지 말아야 한다.

시도하고 창조하고 발명하기

지적 호기심, 즉 이해하려는 욕구에는
식욕이나 성욕도 그렇듯이 근본적으로 필요한 것이 있다.
바로 탐험 에너지다.
-아서 쾨슬러

지금 가고 있는 길이 자신에게 맞지 않는다는 자각이 생기면서, 쇠가 자석에 끌리듯 다른 길로 끌려갈 때가 있다. 그것을 본능적으로 알고 있다는 듯이 몸이 마치 나침반처럼 우리를 그쪽 방향으로 잡아끈다는 느낌이 드는 것이다. 그럴 때는 따라야 한다. 이유를 밝힐 수는 없지만, 우리는 분명히 그것을 느낀다. 때로 "멈춰!"라고 말하는 내면의 소리가 들리면 따라야 한다. 왜냐면 이것은 우리에게 어렴풋한 기억으로 남아 있는 건강한 생존 본능이 보내는 메시지이기 때문이다.

누구도 부정할 수 없는 단 하나의 사실은 우리가 태어나서 얼마 지나면 반드시 죽는다는 것이다. 탄생과 죽음 사이에는 이 아름다운 지구에서 보낼 몇십 년의 세월이 있을 뿐이다. 중요한 것은 우리가 세상을 떠나는 날 "그렇게 살 만한 가치가 있었어! 지난 내 삶에 만족해."라고 말할 수 있어야 한다는 것이다. 이 수십 년의 시간에 우리는 과연 무엇을 할 것인가? 어떻게 살 것인가? 무엇을 이룰 것인가? 아무도 우리에게 강요하지 않는다. 모든 사람은 자기 의견이 있고, 자기가 설정한 전범이 있으며 근본적으로 자유롭다.

물론 사회에서 지켜야 할 법이 있고, 가정과 직장, 국가에서 맡은 책임도 있다. 하지만 이를 제외하면 우리가 누리는 자유의 평원은 드넓다. 똑바로 걸어도 되고, 지그재그로 걸어도 된다. 꽃과 꽃 사이를 뛰어다녀도 되고, 토끼처럼 쏜살같이 달려도 된다. 원한다면 매미가 될 수도 있고 개미가 될 수도 있다. 위험을 적게 감수할 수도, 크게 감수할 수도 있다. 어리석은 직업이 없듯이 어리석은 인생도 없다. 우리에게는 모두 각자의 행복 바로미터가 있다.

좋은 인생이란 무엇인가? 고대 로마인들은 'Primum non nocere.'라고 했다. "무엇보다도 해롭게 하지 마라."라는 뜻이다. 이것은 어쩌면 모든 이에게 적용되는 중요한 교훈이다.

어느 누구도 우리에게 어떻게 살라고 강요할 자격이 없다. 나는 지금까지 정신적·심리적으로 자기 인생을 깔끔하게 정리하지 못해 인생을 망치는 몇 가지 해로운 태도를 들춰냈고, 여러분이 스스로 그것들을 자각하도록 도우려고 했다. 또한, 더 나은 삶을 살아가는 데 도움이 될 만한 몇 가지 제안도 했다. 하지만 이제부터는 여러분이 원하는 대로 하시라! 여러분의 삶을 어떻게 할 것인가는 여러분 마음에 달렸다.

인생은 여러분 손안에 있다. 기록에 쫓기는 단거리 경주자처럼 살 것인지, 여유 있는 여행자처럼 살 것인지는 각자가 결정할 일이다. '여유 있는 인생을 원한다면, 먼저 인생을 놓아주라. 한계를 지으며 정의하지 마라. 너무 진지해서 어리석을 정도로 거짓된 목적으로 인생을 이용하지 마라. 우리는 마치 인생을 다 이해했다는 듯이 딱딱한 이성이라는 무대 위에 서서 오만한 연기를 하고 있을 뿐이다.'[42]

---

42) Yann Dall'aglio, *ibid*.

인생을 즐기며 산다는 것은 아무것도 기대하지 않고, 겁 없이 새로운 것들을 체험하고, 예측하지 못한 실패를 걱정하지 않는다는 것이다. '만약 우리에게 인생에서 성공하거나 실패할 권리가 없다면, 우리 앞에는 영원히 교차하지 않는 성공의 길과 실패의 길만이 놓여 있을 것이다. 그래서 결국 우리에게는 성공한 실패인 실패한 성공의 가능성만이 남을 것이다. 그렇게 우리는 금붕어 두 마리가 서로 스치지 않고 지나다니는 살균된 물로 가득 찬 수족관 같은 세상에서 독일의 아우토반을 달리듯이 직선으로 난 성공 가도를 화살처럼 빠르게 달려야 할 것이다.'[43]

인생의 의미에 집착해서 인생을 망치는 짓을 멈추려면 인생에 정해진 의미는 없다는 사실을 받아들여야 한다! 위대한 작가 밀란 쿤데라는 '인생의 진정한 의미는 인생과 즐겁게 노는 데 있다.'고 '가볍게' 말했다.

그렇다면 어떻게 해야 인생과 즐겁게 놀 수 있을까? 어쩌면 자신이 좋아하는 것을 잘하는 것이 아닐까? 소질이 있는 것을 잘하는 것? 자신을 행복하게 해주는 것을 잘하는 것? 그럴 수 있다면 인생은 놀라움과 즐거움으로 가득한 넓은 공원과 같아서 그곳에서 우리는 자신에게 똑 맞는 자리를 발견할 수 있을 것이다. 그곳으로 향하는 모든 길은 각기 그만의 가치가 있다. 중요한 것은 자기 마음에 드는 길을 골라 가는 데 있다.

자신이 원하는 것이라면 무엇을 하든 상관없다. 환상에 빠지지 않고, 출구 없는 길을 고집하지 않고, 바꿀 수 없는 것을 바꾸려 들지 않는다면, 우리 앞에는 무한한 가능성이 열려 있고, 정리된 인생을 살아갈 수 있다. 그런 삶에 오래된 불행 따위는 절대 들어설 자리가 없다. 정말이다.

---

43) *ibid.*

모든 기술이 그렇듯이 인생 정리의 기술도 그 중요도는 각자가 부여하기 나름이다. 기술은 훌륭한 것이지만 터득하기 쉽지 않고, 필요한 것이지만 쓸모없을 수도 있으며, 유익한 것이지만 때로 지나칠 수도 있다. 우리가 살아가면서 느끼는 혼란도 마찬가지다. 때로 절망적이지만 그래서 오히려 흥미롭고, 어리석지만 그 나름대로 의미가 있으며, 슬프면서도 한편으로 우습기도 하다. 모든 예술 작품이 그렇듯이 남들이 뭐라고 하든 내 생각에 따라서 내 불행에 가치를 부여할 수도 있고, 눈앞에서 치워버릴 수도 있다. 모든 것이 우리의 선택, 우리의 자유에 달렸다. 그러니 웃자!

그러니 웃자!

원하는 대로 자기 인생을 살아갈 가능성이 있다는 사실은 한편으로 환상적인 기회이면서도 다른 한편으로 부담스러운 선물이기도 하다. 가능성의 땅은 더할 나위 없이 넓지만, 그렇다고 해서 우리가 모두 행복해지는 것은 아니다.

우리는 자신이 원했던 것과 다른 인생을 살기에 불행하다. 장난감으로 가득 찬 방에서 지루해하는 아이처럼 원하는 장난감을 받지 못해서, 혹은 장난감이 너무 많아 어떤 것을 골라야 할지 몰라서 불평하고, 혹은 좋아하는 장난감이 있다고 해도 잃어버릴까 봐 겁나서 가지고 놀지도 못한다. 게다가 너무 많은 장난감은 즐거움을 느끼지 못하게 한다.

우리는 인생을 너무 복잡하게 만들기에 불행하다. 우리 몸과 뇌는 오늘날 사회처럼 미친 듯이 돌아가는 속도에 맞춰 살도록 설계되지 않았다. 우리는 원래 자연을 맨발로 걷고, 눈앞의 위험에 대처하고, 손에 닿는 대로 식량을 구하도록 만들어졌지만, 마치 빨리 감기로 돌아가는 영화 속으로 떨어진 것처럼 빌딩과 지하철과 대형 마트 사이를 헤매고 있다.

우리는 지능이 있지만 인생의 의미를 찾지 못해 불행하다. 이 두 가지가 길항하면 참을 수 없이 괴롭다. 그래서 좋은 머리로 쓸데없이 복잡한 일을 만들고, 눈부시게 아름다운 것만이 아니라 턱없이 어리석은 것도 창조한다. 자기 존재의 부조리를 숨기거나 견딜 수 없는 권태를 벗어나려고 하찮은 소일거리들을 수없이 찾아낸다.

우리는 야성을 잃어가기에 불행하다. 이제 힘이 지배하는 시대는 끝났다. 문명 사회에 걸맞은 모습이 돼야 한다. 충동을 자제하고, 규칙을 준수하고, 상대가 야비하거나 치졸한 인간이어도 배려해야 한다. 지루하고 불필요한 많은 것을 배워야 하고, 너무 늦기 전에 인생에서 진정으로 원하는 것을 찾기 위해 자신을 해방해야 한다.

우리는 자신을 잘못 알고 있기에 불행하다. 자신을 제대로 이해하지 못한 채 무언가를 바란다고 믿거나 그래야 한다고 생각하면서 그것을 알지 못한다는 사실에 두려움을 느낀다. 그래서 자신의 직감이나 진정한 욕구를 따르지 않고, TV와 인터넷, 유행과 전문가의 말을 따른다. 자유를 얻기 위해 싸워본 적도 없이 과자 상자에 든 깜짝 선물처럼 받았기에 자유의 소중함도 모른다.

우리는 아프지만 그것을 숨기기에 불행하다. 속으로 울면서도 사랑하는 사람을 위해 웃고, 고통으로 아파하고, 수치심으로 부끄러워하며, 무서워할까 봐 겁을 낸다. 왜냐면 우리는 자기 본연의 모습과 너무나 멀어졌기 때문이다.

우리는 모든 것을 너무 복잡하고 심각하게 생각하기에 불행하다. 자기 삶이지만, 그 삶을 어떻게 살아야 할지 몰라서 '이렇게 살라.'고 알려주는 책을 읽는다. 자기가 걸어온 길이지만, 그 길에서 길을 잃었기에 모든 것을 처음부터 다시 배운다. 건강하게 먹는 법, 자기 몸을 돌보는 법, 화를 가라앉히는 법, 말하는 법, 글쓰는 법, 사랑하는 법, 싸우는 법, 숨 쉬는 법까지 배운다. 러닝머신 위를 달리고, TV 모니터로 세상을 보고, SNS로 대화하고, 늘 소통한다고 하지만, 서로 전혀 이해하지 못한다.

그러니 이 혼란스러운 인생을 깔끔하게 정리하고 나서 큰 소리로 웃자. 우리의 선택과 어리석음을 책임지라고 독촉하는 자유에 대해 웃자. 진실 앞에서 적당히 타협하려는 우리의 소소한 속임수에 대해서도 웃자. 돌이킬 수 없이 어긋나버린 것들, 절망적인 회복 불가능성에 대해서도 웃자. 불완전한 사랑, 사랑을 잃어버린 이유에 대해서도 웃자. 안타깝게 우리 손아귀에서 빠져나간 성공, 우리를 갓길에 내려놓는 실패에 대해서도 웃자.

인생 망치는 법
불행해지는 습관 버리기

1판 1쇄 발행일 2017년 10월 25일
1판 2쇄 발행일 2018년 5월 15일

지은이 | 마리 안더슨
옮긴이 | 이진
펴낸이 | 김문영
펴낸곳 | 이숲
등록 | 2008년 3월 28일 제301-2008-086호
주소 | 서울시 중구 장충단로8가길 2-1(장충동 1가 38-70)
전화 | 2235-5580
팩스 | 6442-5581
홈페이지 | http://www.esoope.com
페이스북 | http://www.facebook.com/EsoopPublishing
Email | esoope@naver.com
ISBN | 979-11-86921-48-7 03190
ⓒ 이숲, 2017, printed in Korea.

▶ 이 도서의 국립중앙도서관 출판시도서목록(CIP)은 e-CIP홈페이지(http://www.nl.go.kr/
ecip)와 국가자료공동목록시스템 (http://www.nl.go.kr/kolisnet)에서 이용하실 수 있습니
다.(CIP제어번호 : CIP2017024604)